中国共产党苏州历史

第一卷

(1919—1949)

中共苏州市委党史工作办公室 著

图书在版编目(CIP)数据

中国共产党苏州历史. 第一卷，1919—1949 / 中共苏州市委党史工作办公室著. — 苏州：苏州大学出版社，2021.6
　ISBN 978-7-5672-3584-7

Ⅰ.①中⋯ Ⅱ.①中⋯ Ⅲ.①中国共产党－地方组织－党史－苏州－1919-1949 Ⅳ.①D235.533

中国版本图书馆 CIP 数据核字(2021)第 100013 号

书　　名	中国共产党苏州历史第一卷(1919—1949)
著　　者	中共苏州市委党史工作办公室
责任编辑	孙佳颖
装帧设计	吴　钰
出版发行	苏州大学出版社(Soochow University Press)
社　　址	苏州市十梓街 1 号　邮编：215006
印　　刷	苏州市深广印刷有限公司
邮购热线	0512-67480030
销售热线	0512-67481020
开　　本	710 mm×1 000 mm　1/16　印张：21.75　字数：253 千
版　　次	2021 年 6 月第 1 版
印　　次	2021 年 6 月第 1 次印刷
书　　号	ISBN 978-7-5672-3584-7
定　　价	68.00 元

若有印装错误，本社负责调换
苏州大学出版社营销部　电话：0512-67481020
苏州大学出版社网址　http://www.sudapress.com
苏州大学出版社邮箱　sdcbs@suda.edu.cn

目 录

引 言 1

第 一 编
中国共产党的创立和大革命时期
（1919年5月—1927年7月）

第一章 "五四"运动的反响和人民群众的觉醒 9

 第一节 反帝浪潮席卷苏州 9

 第二节 反帝浪潮由学生运动发展成学工商
    一致行动 12

 第三节 马克思主义在苏州的传播 15

 第四节 日益兴起的工农群众斗争 19

第二章 苏州党组织的创建及其初期的革命活动
 24

 第一节 在"五卅"运动风暴中 24

第二节　募捐、抵制仇货和争取关税自主行动 …… 27
第三节　中共苏州地方组织的建立 …… 30
第四节　建党初期的革命活动 …… 33
第五节　苏州建党初期为党捐躯第一人 …… 35

第三章　大革命洪流中的苏州 …… 38

第一节　国共合作中的共产党人 …… 38
第二节　接应北伐军进驻苏州 …… 40
第三节　各县临时行政机构的建立 …… 45
第四节　国民党组织的公开和工农群众运动的高涨
　　　　 …… 48
第五节　大革命在苏州的失败 …… 53
第六节　反革命的"清党"活动 …… 55

第 二 编
土地革命战争时期

（1927年8月—1937年6月）

第四章　党组织的恢复及党领导的农民暴动 …… 61

第一节　苏州党团组织的恢复 …… 61

第二节 "八七"会议精神的贯彻 64
第三节 沙洲后塍三次农民暴动 68
第四节 杨舍暴动、后塍第四次暴动和苏州未遂的
      暴动 71
第五节 连绵不绝的农村抗租斗争 77

第五章 不屈不挠的城市斗争 83

第一节 胜利的罢工斗争和未遂的城市暴动 83
第二节 党团组织连遭破坏 88
第三节 工作重点转向城市后党组织的调整 91
第四节 苏州、常熟城区的革命活动 93
第五节 苏州监狱及反省院内不屈的共产党人
      98
第六节 党团组织活动的中止 101

第六章 抗日救亡运动的兴起 106

第一节 "九一八"事变在苏州的反响 106
第二节 淞沪抗战的后盾 109
第三节 声援"一二·九"运动 113
第四节 援绥抗日 115
第五节 苏州文化界的抗日救亡运动 117

第六节　从进社到武卫会常熟分会 …………………… 120

第七节　营救七君子的斗争 …………………………… 121

第 三 编
全面抗战时期
（1937年7月—1945年8月）

第七章　从救亡运动转向敌后武装斗争 …………………… 129

第一节　在"八一三"淞沪抗战中 …………………… 129

第二节　苏州沦陷 ……………………………………… 133

第三节　苏州党组织的重建和游击基点的创立
………………………………………………………… 137

第八章　苏常游击区的形成和坚持 ………………………… 143

第一节　"江抗"东进 …………………………………… 143

第二节　蓬勃兴起的苏常游击区 ……………………… 149

第三节　"江抗"西撤 …………………………………… 154

第四节　重建"江抗" …………………………………… 156

第五节　坚持独立自主发展抗日力量 ………………… 162

第九章 创建抗日游击根据地 169

第一节 开创东路抗日游击根据地的决策 169
第二节 大力拓展抗日游击根据地 171
第三节 加强根据地群众的组织发动工作 179
第四节 坚决击退反共逆流 182
第五节 根据地建设全面发展 190

第十章 英勇顽强的反"清乡"斗争 198

第一节 日伪"清乡"的出笼及根据地遭受的破坏 198
第二节 反"清乡"从内线坚持到分区转移 201
第三节 保卫南北战略通道的艰苦战斗 206
第四节 恢复苏常太、澄锡虞根据地的斗争 209
第五节 苏西太湖游击根据地的开辟和太湖、淀山湖地区的反"清乡"斗争 216

第十一章 苏州城区、昆山城区和吴江严墓地区的抗日活动 224

第一节 东路地区党组织在苏州城区的活动 224

第二节　江苏省委(华中城工部)系统地下党在
苏州城区的活动 ………………………………… 226

第三节　吴江严墓地区地下党的活动和上海学委
系统地下党在昆山的活动 ……………………… 229

第十二章　重建根据地,迎接抗战胜利 ……………… 232

第一节　进入战略反攻阶段党组织系统的恢复和
调整 ………………………………………………… 232

第二节　发动群众重建根据地 ……………………… 235

第三节　迎接抗战最后胜利 ………………………… 242

第 四 编
解放战争时期

(1945年9月—1949年5月)

第十三章　抗战胜利后新四军和党组织的活动 ……… 251

第一节　新四军北撤 ………………………………… 251

第二节　留守人员转入地下 ………………………… 255

第三节　城区地下党立下脚跟、积聚力量 ………… 259

第十四章　内战爆发后的农村斗争 ... 263

第一节　华中十地委的建立和遭到破坏 ... 263
第二节　国民党的疯狂"清剿" ... 267
第三节　开展锄奸活动 ... 273
第四节　依靠群众坚持反"清剿" ... 275
第五节　抗丁、抗粮、抗税斗争 ... 278

第十五章　城区斗争的勃兴 ... 283

第一节　城区党组织的调整 ... 283
第二节　反美抗暴斗争 ... 288
第三节　反饥饿、反内战、反迫害斗争 ... 290
第四节　大、中学校的助学运动和反美运动 ... 294
第五节　罢工斗争和抢米风潮 ... 296

第十六章　迎接苏州解放的斗争 ... 300

第一节　党组织的统一和发展 ... 300
第二节　城市斗争的新进展 ... 303
第三节　发动政治攻势 ... 308
第四节　加强统一战线工作 ... 310
第五节　分化瓦解打击敌人 ... 312

第六节　开展护厂护校斗争 …………………………… 314

第七节　策应大军南下 ………………………………… 318

第八节　苏州全境解放 ………………………………… 322

第九节　人民政权的诞生 ……………………………… 329

结　语 …………………………………………………………… 333

引　言

19世纪中叶，鸦片战争爆发，长期闭锁的中国国门，被西方列强的坚船利炮轰然打开，清王朝被迫签订了一系列丧权辱国的不平等条约，西方资本主义势力长驱直入全国各地，绵延2 000余年的大一统的封建社会，逐渐演变成了由多个西方资本主义势力与本国封建王朝相互勾结、共同统治的半殖民地半封建社会。整个国家积贫积弱，任凭西方列强肆意宰割，面临的是苦难深重、极度屈辱的悲惨前景，人民生活在水深火热之中。

1894年中日甲午之战，清王朝惨败。翌年被迫签订了一个不平等条约——中日《马关条约》，将苏州辟为新的4个通商口岸之一。1897年，《中日通商苏州租界章程》订立，在苏州盘门外青旸地辟日租界。日租界以东设立公共租界（公共通商场）。日租界内设领事馆、警察局、学校、邮局等机构，日本人握有行政、司法、治安、财税等特权。1896年设立的苏州海关，实权完全操纵在列强手里。从开关到1919年，苏州海关12任税务司，全由英、美、日、葡、俄等国人员担任。在进出口税率上，列强强迫清政府确认低进（3%—4%）高出（5%以上）的所谓"协定税率"。所得关税收入，绝大部分作为偿付列强侵略中国的"战争赔偿"及对外借款的担保而落入洋人腰包。

租界和海关的设立，为各国商品的倾销和资本的输入洞开大门。自1896年到1919年，列强各国在苏州设立了工商、交通、保险等企业33家。苏州城乡，洋货充斥。仅据1919年统计，各国通过苏州海关输入的舶来品达数百种，棉纱、火油、卷烟、火柴、仁丹、味精、缝衣针等滚滚而来。火油、卷烟等商品，几乎垄断了整个市场。19世纪末20世纪初，苏州缫丝、纺织等手工工场颇具规模。1895年，前国子监祭酒陆润庠受两江总督张之洞委派举办的苏纶纱厂、苏经丝厂诞生，开创了苏州现代工业的先河。之后，又有一批工厂陆续问世。可是，弱小的民族工业在列强商品倾销面前，毫无招架之力。以棉纱为例，1898年至1903年间，仅日纱就占了中国市场的50%以上，国产纱受到排挤，苏纶纱厂在此期间亏损白银31万两。其他行业也大体相似。尚在襁褓中的民族工业奄奄一息，濒临夭折的危险。

号称"鱼米之乡"的苏州，农村经济在封建官僚、地主的重重盘剥和洋米、洋面、洋布的冲击下，也逃脱不了日趋凋敝、江河日下的命运。连绵2 000多年"男耕女织"式的、自给自足的自然经济基础受到破坏，土地兼并加剧，两极分化加深。"五四"运动前夕，常熟全县160万亩耕地，60%集中在1 000多户地主手中。太仓占农户总数1.7%的地主，却占有全县47.5%的土地。从1905年到1914年，昆山县的自耕农占比由26%下降为11.7%，佃农占比由57%上升为71.7%。吴县占农户总数4.5%的地主握有全县180万亩农田的80%。破产后的广大农民，被迫背井离乡，或加入城市无产阶级队伍，或沦为农村的无产者——佃雇农。他们受尽剥削和压迫，终年辛劳，所得无几，过着食不果腹、衣不蔽体、牛马不如的生活，苦苦挣扎在饥饿和死亡线上。

伴随着政治的、军事的、经济的占领和掠夺，帝国主义列强对中国还实施了文化渗透和侵略。20世纪初，西方教会势力在苏州城区建立的天主教、基督教教堂就有26座。同时，设立大学1所、中学11所、小学12所、医院6所。尽管它们披着种种伪善的外衣，但终究遮盖不了其文化侵略的本质。正如一个西方传教士在建立东吴大学时坦言："通过中国人民思想上、文化上的基督化，将整个中国变成一个基督化的国家。"以奴役中国人民为目的的帝国主义殖民文化与以宣扬伦理纲常为核心的封建传统文化相掺和，形成了当时半殖民地半封建文化的特有色彩，统治着中国人民。

帝国主义与中华民族的矛盾，封建主义与人民大众的矛盾，是贯穿中国近代社会的主要矛盾。帝国主义和封建主义像两座大山那样压在中国人民头上，残酷地压迫、剥削、奴役中国人民，阻碍中国社会的进步，使中国长期处于贫穷、落后和分裂的状态。中国人民为了反抗帝国主义及封建势力，建立一个独立的民主主义社会，从鸦片战争开始，经过太平天国运动、中法战争、中日战争、戊戌变法、义和团运动和辛亥革命，直至"五四"运动以前，长达80年的不屈不挠、可歌可泣的斗争，才使中国免于被帝国主义灭亡的命运。

在这一系列的斗争中，规模最大、影响最广的是太平天国运动和辛亥革命。洪秀全领导的太平天国运动是中国旧式农民战争的最高峰。从1851年至1864年14年的斗争中，太平天国运动有十多年时间以江苏为中心，它沉重地打击和削弱了封建统治。1911年，以孙中山为领袖的资产阶级民主派领导的辛亥革命，推翻了清王朝的统治，结束了中国2 000余年的封建君主专政制度，大大促进了中国人民的思想解放。但是，由于农民阶级并非是先进生产方式的代表，中国民族资产阶级具有先天的软弱性和革命的不彻底性，他们没有也不可能提出明确、完整的反帝反封建的政治纲领，所以都未能取得最终胜利。辛亥革命后，窃国大盗袁世凯攫取了革命胜利果实，于1915年企图复辟帝制。但是他的"洪宪"帝制丑剧刚开场，便遭到全国人民和北洋政府内部各政治派别的反对，结果他在愁苦之中一命呜呼。从此，中国进入了各派军阀长期混战的时期，中华民族的危机愈来愈深重。

在此期间，苏州人民先后卷入了上述两场斗争风暴。太平天国运动中，苏州一度成为苏福省省会所在地。苏州人民配合太平军与李鸿章所部清军及戈登所率外国侵略军"常胜军"展开激烈的战斗。辛亥革命前后，苏州民主运动活跃。武昌起义后，配合同盟会在沪宁一线的活动，苏州一度宣布独立，驻苏州的江苏巡抚衙门换上了"江苏都督府"的牌子，其实是换汤不换药，只不过统治权力由封建王朝手里转移到了封建军阀手里。与此同时，还发生了无数次地方性的反帝反封建斗争。例如，1905年针对美帝强迫清政府续签保存虐待华侨条款而引起的抵制美货的斗争；1905年至1910年鞭线业、酱业、洋广货业、钱典业、纱缎业等为反对清政府对外滥借洋债、对内横征暴敛、搜刮民脂民膏而引起的抗捐税斗争；1906年至1911年由苏州绅商发起，联合全省共同反对美帝妄图攫取沪宁线筑路权的"苏路风潮"；1915年反对袁世凯签订二十一条卖国条约的斗争；等等。农村抗租斗争和饥民暴动，更是层出不穷。例如，1910年吴县香山、吴江平望、黎里、芦墟、震泽一带农民因抗租捣毁自治（警察）局及绅董房屋的风潮；1911年昆山、常熟、昭文、沙洲及吴江同里、吴县横泾等地成千饥民抢劫米行、当铺、富户的暴动；澄、锡、虞三县交界处农民组织"千人会"同心抗租的斗争；等等。但是，这一场场斗争，也都因缺乏正确的领导而告失败。

在广大人民坚持英勇斗争的同时，地主阶级中的革新派和资产阶级改良派，也提出了各种救亡图存的主张。素称钟灵毓秀、人杰地灵的苏州，此时也涌现了一批探索救国救民真理的志士仁人。如早期提出学习西方政治经济制度、大力发展民族工商业主张的冯桂芬、王韬，支持资产阶级改良派康有为、梁启超等人变法维新的同（治）光（绪）帝师翁同龢，辛亥革命前后以结社、集会、办报、讲课等形式传播反清爱国思想、积极鼓吹革命的黄摩西、庞树柏、章太炎、朱梁任、包天笑、柳亚子、陈去病等，就是他们中的代表人物。尽管同其他先驱者一样，他们也未能取得成功，但他们的革新进取精神，仍值得后人敬仰和称道。

那个时期，苏州人民和全国人民一样，始终处于帝国主义、封建主义的双重压迫之下，暗无天日。人间天堂，只不过是少数野心家、冒险家和富豪缙绅的乐园，对劳苦大众而言，则是地狱。

然而，任何力量也阻挡不住滚滚向前的历史车轮，世界革命和进步的潮流不断冲刷着旧中国，茫茫黑夜中逐渐透出一缕缕希望的曙光。

曙光之一是有了新的领导阶级无产阶级。它开始诞生于19世纪中叶外国资本家在中国经营的企业中。到了六七十年代，一部分官僚、地主、商人投资近代工业，无产阶级队伍得到了初步发展。第一次世界大战期间，列强无暇东顾，中国的民族工业有了较快发展，无产阶级队伍也随之壮大。此时，中国产业工人有200余万人。苏州的情况也大体如此。到20世纪20年代，出现了棉纺、缫丝、丝织、电力、造纸、火柴、制皂、碾米、食品、印刷、邮政、电信、航运等一批企业，诞生了第一代产业工人。虽然他们人数不多，但非常集中，受帝国主义、封建势力和资产阶级剥削、压迫之深，为世界各国所罕见。因此，他们具有革命的坚定性和彻底性，具有强大的战斗力，自然成为中国革命新的领导者。

曙光之二是有了新的思想武器马克思主义。"五四"运动以前，指导中国资产阶级革命的是近代资产阶级的社会政治学说。虽然在反对封建思想的斗争中，它起过进步作用，可是因为世界历史已进入帝国主义时代，这种资产阶级思想武器业已陈旧落后，不能解决中国现实的矛盾。俄国十月革命一声炮响，送来了马克思列宁主义。它是无产阶级先进的科学思想体系，开创历史新纪元的指路明灯，一旦与中国工人运动的实践相结合，必将指导中国革命走向胜利。

新的领导阶级和新的思想武器的出现，昭示着一场荡涤旧世界，创立新中国的新的民主革命风暴即将席卷中国大地，领导这场反帝反封建斗争的责任，历史地落到了中国无产阶级及其政党的肩上。

第一编　中国共产党的创立和大革命时期

(1919年5月—1927年7月)

1919年到1927年，中国历史经历了具有划时代意义的"五四"运动和马克思主义在中国的广泛传播；经历了1921年7月中国共产党第一次全国代表大会的召开和中国共产党的正式成立；经历了第一次国共合作和轰轰烈烈的大革命；经历了国民党新右派背信弃义地对共产党及其领导的工农群众的突然袭击和陈独秀右倾机会主义的错误，导致大革命的失败。苏州人民同样经受了上述惊心动魄的革命斗争的洗礼，并凭借自身的若干条件，使苏州的这段革命实践呈现出以下特点：一、在"五四"运动和"五卅"运动中，紧随全国形势，反响强烈，声势浩大；二、由于早期共产党人的宣传活动和大批有觉悟的知识青年的参与，马克思主义在苏州较好地得到传播，广大工农群众开始觉醒；三、苏州党组织建立后发展较快，从一开始便较注重思想建设和组织建设，共产党员在第一次国共合作和大革命中起了明显的骨干作用；四、由于中共江浙区委和苏州独立支部对国民党新右派的反动面目有所察觉和防范，在"四一二"反革命政变中损失较小，党的力量保存较好。

第一章 "五四"运动的反响和人民群众的觉醒

第一节 反帝浪潮席卷苏州

1918年11月,第一次世界大战以协约国的胜利而告终。1919年1月开始的帝国主义分赃会议——巴黎和会,拒绝中国人民维护国家领土主权的正义要求,决定将战前德国在山东的特权转让给日本帝国主义。卖国的北洋军阀政府代表竟然准备在这样丧权辱国的条约上签字。5月4日,北京10所大学3 000多名学生在天安门前集会,举行示威游行,反对北洋军阀政府的卖国政策,许德珩等32名学生被捕。这场反帝爱国斗争迅速波及全国,中国民主主义革命史从此翻开了新的一页。

苏州地区的报纸迅速报道上述消息,苏州人民郁积已久的愤怒似火山一样迸发出来,人们纷纷以通电声讨、示威游行、宣传演说、罢课罢市、抵制日货等方式投入轰轰烈烈的"五四"运动。

学生首起响应。5月6日,苏州学界吴研因等向北京总统府、广州军政府、各省教育会、全国学生及上海报界通电,怒斥北洋政府屈服于帝国主义压力、出卖民族利益的罪行,发出"当卖国贼群小危害我大学生,全国学校应俱散学,全国学生应与俱死"的口号。5月9日,是袁世凯对日签订二十一条卖国条约的国耻纪念日,苏州各大、中、小学将国耻纪念活动与声援"五四"运动结合起来。8

日下午，东吴大学召开国耻纪念会，致电北洋政府要求立即释放被捕学生。苏州师范学校300多名学生手持书有"国耻"字样的小旗上街游行，沿途大量散发传单。省立第二女子师范附属学校在集会演讲国耻痛史之后，全体学生列队前往日本驻苏州领事馆提出强烈抗议。9日下午，东吴大学、省立二中、桃坞、晏成、萃英、英华等校学生在公共体育场召开大会。会后，学生手持写有"人心未死""国民速起""力争青岛""毋忘国耻"等字样的标语旗在城内游行。随后几天，各校学生相继于课后上街游行，"随地演说，沿途听者甚众，颇能令人油然而生爱国之心"。

声援活动中，爱国学生深感组织起来的必要性。在酝酿成熟的基础上，5月18日，苏州学生联合会宣告成立。从此，苏州学生运动由各学校自发行动进入到统一组织罢课斗争的新阶段。5月24日，苏州学联组织2500多名学生集会，通电全国，表示"愿联络全国学界共策进行"。5月27日，苏州学联召开紧急会议，决定从次日起，全市中等以上学校一律罢课。罢课决议被印成通告广为散发和张贴。通告指出：外交失败，内政日紊，学生等呼吁无效，杞忧难已，望绝路穷，痛深虑切，谨于5月28日起一律罢课。

5月28日，全市20余所学校万余罢课学生列队前往观前、阊门等闹市区游行，沿途高呼"拒绝巴黎和约签字""外争国权，内惩国贼""废除二十一条卖国条约""争回山东权利""抵制日货"等口号。一路上观者如潮，学生的爱国热情和罢课行动深得各界群众的同情和支持。许多学校校长和教职员工亦通电北洋政府和南京督军，表示支持学生的爱国行动。平日门禁森严的二女师学生也冲破阻力投入罢课斗争。她们在手帕和香袋上绣上"毋忘国耻""抵制日货"等字样，用面粉捏成卖国贼曹汝霖、章宗祥、陆宗舆的模拟像，煎而食之，以示痛恨。当时各校流传的一首歌曲，充分表达了学生的心情："豺狼当道，猛虎横行，害我中华，几阵炮声，满街热血，一场残杀，有志竟成。休让英魂含冤天下。热泪抛，太烦恼，烦恼！心头似火烧，火烧！有仇必报，必报！"

6月1日，北洋军阀政府竟敢冒天下之大不韪，一面公然表彰被民众斥之为卖国贼的曹汝霖、章宗祥、陆宗舆，一面下令取缔学生一切爱国行动，进一步激起了全国学生及其他爱国群众的愤怒。从6月3日起，北京学生再次走上街头演讲。北洋军阀政府出动军警镇压，有800多名学生被捕。从6月5日起，上海产业工人六七万人举行罢工，声援北京爱国学生。工人阶级作为独立的政治力量登上反帝反封建的政治舞台，标志着一个新时代的到来。"五四"运动的中心也由北京移至上海。苏州各界爱国群众的声援活动随之掀起新的高潮。学界、商界纷纷发出通电，强烈要求罢免曹、章、陆三个卖国贼的职务，并立即释放北京被捕学生。东吴、晏成、萃英、桃坞等教会学校校方下令学生限期复课，并威胁如不复课，将"一律出校，不准停留"。东吴大学全体学生针锋相对，发表散学宣言，实行空校罢课，表示"目的未达，罢课万难中止"。6月6日，全市19所学校的代表针对教育当局提前放假、破坏罢课的阴谋，决定各校学生在放假后，都得在本籍组织学生联合会支会，互通声气，并派代表去上海同全国学联取得联系。二女师学生顾谷若刺臂血书"学生为救国罢课，提前放暑假不予承认"。6月8日，吴县教育会发动小学总罢课，已经宣布罢课的苏州中等学校数千学生再次走上街头，举行示威游行。

同时，常熟、太仓、昆山、吴江等地学生也纷纷走上街头，宣传演讲，集会游行，号召罢工罢市，抵制日货，掀起声援"五四"

运动热潮。5月27日，常熟教育会、商会、农会等群众团体在公共体育场召开数千人大会，成立常熟国民大会。28日，常熟学生联合会成立，当天城区学生再次举行游行。6月21日，清华、同济、南京高师等30多所外地大、中专返虞学生代表51人集会，成立中国学生联合会常熟支会。这些组织的成立，标志着常熟各界人士在爱国反帝旗帜下，更加紧密地团结起来。

第二节　反帝浪潮由学生运动发展成学工商一致行动

1919年"六三"以后，苏州工人开始参加斗争运动。1919年6月6日，苏经、延龄、三星等丝织厂工人首先举行罢工。接着，日商瑞丰丝厂女工冲破日方严密控制，进行局部罢工和怠工。人力车工人、码头工人、搬运工人和部分内河航运工人相继进行罢工和集会。他们同学生一起散发传单，拒绝装运日货，在车站、码头查禁日货。人力车工人在车子背面挂上标语，勉励学生"坚持到底，勿要五分钟热度"。6月16日，苏州火车站全体工人加入沪宁全线铁路工人罢工斗争，迫使沪宁铁路全线停运。罢工斗争不断扩大，苏州城区相继参加罢工的还有火柴厂、梗片厂、造纸厂、面粉厂的工人。

商界的罢市斗争是在爱国学生的竭力敦促下进行的。6月6日，苏州学联派代表去总商会要求各商店一律罢市，以配合学生的罢课斗争。总商会犹豫不决，反而要学生"力持镇静"。7日，学联在公共体育场召开烈士追悼会。会后，学生列队前往总商会，再次要求商界罢市。此时，上海罢市风潮愈演愈烈，南京、无锡、镇江、扬州等地也相继罢市。苏州城内"商界中人，亦到处散发传单，鼓吹罢市"。在这种形势下，总商会决定8日下午3时起全面罢市。常熟的罢市斗争在6月10日开始。县商会规定，除与群众日常生活密切相关的行业，可根据情况罢市外，其他商店一律全天罢市，并要求各商店门口悬挂"不除国贼，不释学生，不还青岛，不愿开市"的白旗，以表明斗争的决心。

由此，学生罢课、工人罢工、商人罢市的局面形成。它和全国的革命洪流汇合在一起，终于迫使北洋军阀政府不得不释放被捕学生，将曹、章、陆三个卖国贼撤职，也没敢在和约上签字。6月下旬，斗争胜利的消息传到苏州各地，城乡一片欢腾，"三罢"斗争也在欢呼声中落下帷幕。

提倡国货、抵制日货是"五四"运动中学生、商人乃至一般市民出于爱国热情，同当时"三罢"斗争并行的一项活动。5月8日，"五四"运动的消息传到苏州的第三天，省立第一师范全体师生致函总商会，"外交危急，民意未伸。同人盼望贵会一致提倡国货，以为外交后盾"。同日，总商会接到上海商业公会函，要求将上海"不装日本船，不用日本货，不用日本纸币"的决定转告苏州市民。此举得到总商会的响应，表示"若有贪利忘义，而暗中私售日货，或私自收用日本纸币者，吾各界当共弃之"。接着，学界、商界共同决定，拒用日本正金、台湾（当时在日本殖民统治之下）两银行发行的纸币。

5月15日，学生组成演讲队，上街劝市民"不购日货，不用日币，不与日本人交易"。各报馆也联合拒登日商广告。5月下旬，各界组织的救国团、劝用国货团走上街头，为劝用国货、抵制日货奔走呼号。他们深入各商店检查，一经发现日货，立即加以查封。还将竖立在火车站及市内多处的日货广告牌砸毁。5月20日，省立第二农业学校将查获的百余种日货集中在炮台营操场当众烧毁,数万参观者"靡不鼓掌称快,互相劝勉"。7月21日,又将查获的几批日货销毁。常熟市民也普遍以使用日货为耻。一些人将日本草帽踩烂、钱包撕毁、瓷器砸碎。浒浦镇耀华药记一艘贩运日本药丸的货船被群众捣毁。沙洲西塘市和杨舍镇联合行动,对查获偷运日货的船只,除了没收货物外,还予以重罚。日本领事馆为此提出抗议,苏州各界不予理睬。抵制日货的斗争一直持续到1920年4月才告一段落。

在抵制日货过程中,发生了一起与日商争夺办电权的斗争。1906年,苏州建立生生电力公司(后改名振兴电灯公司),对市民供电。1918年,该公司以招股为名,暗中将公司出售给日商大仓洋行。一时舆论哗然,民情激愤。许多商店改用汽灯照明,居民十有八九将用电合同作废,宁可点油灯。金阊市民公社提议筹建苏州电气公司,与日电抗衡。"五四"运动爆发后,苏州市民中业已存在的愤懑如火上加油。5月17日,苏州学联致函总商会,指出"市民对于燃灯,自应同作抵制"。总商会表示"果欲抵制日货,当自电灯始",决定劝导各界,一律停用日电,并招股集资30万元,以加快自办电厂进度。此举得到市民广泛响应,"认购(集资)者甚为踊跃"。8月初资金已基本筹措到位,1920年电厂建成。日资电灯公司无法维持,不得不将产权出让。一场抵制日电的斗争,以苏州人民的胜利而告终。苏州电气公司的成立,充分表现了苏州人民的爱国主义觉悟。

"五四"运动一开始,以苏常镇守使朱申甫、苏常道尹王可耕为首的军阀当局,即采取造谣诬蔑、销毁传单、禁止游行、查拿纠办等种种软硬兼施的手段加以阻挠、制止和破坏。而这一切,就像蚍蜉撼树、螳臂当车一样,丝毫也阻挡不住觉醒了的苏州人民的反帝爱国热情，阻挡不住如潮水般的滚滚革命洪流。

第三节　马克思主义在苏州的传播

"五四"运动既是一场反帝反封建的政治斗争，又是一场以传播科学和民主、宣传马克思主义为内容的新文化运动。经过"五四"运动的洗礼，苏州知识青年，尤其是其中的先进分子逐渐认识到，反对强大的帝国主义和封建势力，必须唤起群众，特别是工人群众，走俄国十月革命的道路。"五四"运动后不久，苏州各地出现了演剧、办学、办报、结社等活动。

1919年暑假以后，曾积极投身于"五四"运动的省立一师学生汪伯乐、刘铭九等6人，在丝织工人聚居处旧学前文山小学内创办了工人义务夜校。夜校招收的主要对象是年长失学的职工，报名者踊跃异常，开学初期就有近百人，不久增加到150余人，依然满足不了入学者的要求，又在菉葭小学办了分校。1920年年初，又借城西清微小学办了一所同样性质的学校。义务夜校为平民所办，授课内容有识字、珠算、常识及时事讲评等，很受学员欢迎。汪伯乐等人白天自己读书，晚上为职工义务上课，为宣传新思想、普及新文化做了尝试，也为自己接近和了解劳动群众，日后从事革命斗争打下了基础。

"五四"运动之前，常熟小学教员陈惺轩等创办己未俭德社。入社者多为小学教员、旅外学生及社会青年，会员总数有四五百人。办社初期以宣传崇尚节俭、摒弃不良嗜好为宗旨。"五四"运动以后，其政治倾向越来越鲜明。它组织的讲演会及创办的夜校所宣传的内容，"大多以介绍新思想为主"。己未俭德社办夜校在常熟是个创举,一切设备都是借用的,学员多为商店伙友、年长失学的工人及一般贫苦市民。己未俭德社在常熟的新文化运动中,起到了积极作用。

孙选和顾近仁等一批知识青年,在沙洲三甲里、西塘桥一带组织青年读书会,排演文明戏。他们利用庙会宣传民主思想,揭露封建统治的腐败和帝国主义的野心,并利用庙宇、祠堂等公产兴办学校,开展新文化运动。

1919年七八月间,省立一师学生张建初、华有文、龚宝善、朱枕薪、陈德征等人常在一起交流思想,漫谈时政,探索人生,发现在反帝反封建等重大问题上彼此观点一致,决定组织定名"人社"的团体。不久,华有文等通过友人介绍结识了邵力子、苏爱南、陈独秀。苏爱南是一个无政府主义者,常向"人社"邮寄宣传无政府主义观点的小册子。陈独秀作为中国早期的马克思主义者,满腔热情地向"人社"提供了《新青年》《劳动界》《工商之友》《共产党宣言》《两个工人的谈话》等革命书刊,给"人社"以正确的引导。张建初等利用这些书刊,在校内办起了书报贩卖部,向同学出售、出借各种书刊,吸引不少同学共同追求进步,探索真理。其中一些优秀分子在随后的革命实践中,逐步摒弃了无政府主义思想,树立起马克思主义的科学世界观,走上了革命的人生之路。1921年秋,陈独秀介绍东吴大学学生徐雉同华有文取得联系,在潘儒小学开办工人夜校,进行马克思主义启蒙教育,在工人群众中产生了较大影响。

1920年5月,叶圣陶在苏州编辑出版《妇女评论》。这是国内最早研究和论述妇女运动的专刊之一。刊物登载《无锡丝厂女工的现状》《吴江外来妇女生活状况》等文章,揭露妇女的痛苦生活和悲惨命运，鞭挞旧中国的不平等现状。《妇女评论》就妇女解放道路的问题组织讨论，充分表达了妇女解放的迫切愿望。同时，还通过登载叶圣陶自撰评论、小说、诗文，登载正在苏联访问的瞿秋白的专稿，转载《新青年》的文章，介绍苏联妇女儿童的幸福生活，称颂"俄罗斯苏维埃共和国实开数百年无数社会主义者理想成功的创始的第一个国"。这对于广大不知道苏维埃和布尔什维克为何物的人来说，不啻是打开了一个崭新的世界。

1923年，柳亚子创办《新黎里》半月刊，宣传新文化。在《新黎里》刊物的影响下，吴江各地先后办起《新吴江》《新盛泽》《新同里》等9种"新"字号报纸，为苏州各县所仅见。

1923年冬，苏州第二高级小学教师顾容川、徐述先、蔡绍襄等，在草桥中学创办工人夜校。而后，又和东吴大学进步学生费青、宗教界人士毛吟槎等，在丝织工人聚居地濂溪坊白蚬桥创办了苏州第一工人俱乐部（对外称联谊社），吸收300多名工人参加识字、京戏、乒乓、国乐、阅报、交谊等活动。俱乐部邀请共产党员恽代英等人前来演讲，培养了葛炳元、张春山、舒正基、陈长和等一批工人骨干。他们在以后的斗争中先后加入了中国共产党，成为工会的组织者和领导人，在大革命高潮中，在反对国民党反动派的斗争中，发挥了卓越的领导才能。到1924年，苏州城区已有工人夜校13所、21个班、学员1 200余人。

在新文化运动中，由于苏州离中国共产党诞生地和现代工业中心上海很近，得天独厚的条件使它成为建党初期一些著名活动家经常来往的地方。他们在苏州的活动极大地推动了马克思主义在苏州的传播，对于唤起群众、发动革命斗争、建立党的组织、促进国共合作都起了重要作用。

1923年下半年，中共上海地委兼区委委员沈雁冰为建立党组织多次来苏州考察。

1923年10月14日，少年中国学会（该会成立于1919年7月，是"五四"时期最大的群众性进步团体，李大钊、毛泽东、恽代英、邓中夏、赵世炎、张闻天、侯绍裘均系该会会员，也有右翼分子参加）会员陈启天、杨效春、邓中夏、恽代英、刘仁静、左舜生、杨钟健等17人在苏州留园举行第四次年会。会上，围绕拟订宣言和纲领，以邓中夏、恽代英等为代表的左派与以左舜生、杨效春等为代表的右派展开了激烈的争论，左派取得了论战的胜利。针对右派反对革命实践的谬论，宣言明确主张"到青年中去"。并宣布"本届苏州大会……决然一致以求中华民族的独立相号召，务以打倒国际帝国主义势力，还我自由为目的，同人等为求此目的，决定同人的任务为到青年中去，以鼓吹预备而切实进行民族独立的运动事业"。会议制定的9条纲领，充分体现了宣言的精神，在反对帝国主义及封建军阀、号召青年积极投身社会革命等方面，坚持了正确的立场，否定了右派的错误主张。

年会也存在一些不足，主要是没有坚持将中国革命的理论指南马克思主义写进宣言和纲领中。这一妥协，为以后右派窃取学会领导权，学会的政治态度倒退，导致学会最后解体埋下了祸根。

1924年年初，恽代英应苏州第一工人俱乐部之邀，到苏进行演讲。1925年年初，苏州国民会议促成会在共产党员刘重民、叶天底等努力下成立，恽代英又应邀到会演讲。同年4月4日，苏州各界3 000余人在公共体育场举行孙中山先生追悼会，恽代英再次来到苏州，并在追悼会上发表演讲，号召民众继承中山先生未竟之业，继续进行国民革命。苏州建党以后，他又多次来苏，以乐益女中为落脚点,在该校及公园图书馆等处进行反帝反封建的宣传活动。

萧楚女也多次来苏州从事革命活动。1925年下半年,应侯绍裘之邀,萧楚女在平林中学做演讲。"五卅"运动后期,苏州各界掀起争取关税自主的群众运动,苏州学生联合会邀请萧楚女、姜长林来苏州做关于关税自主的报告。11月22日,萧、姜二位在苏州青年会礼堂演讲,"除男女学生外,尚有许多平民,一时座位极为拥挤"。1926年年初,萧楚女还以中共中央特派员身份,到吴江等地视察工作。在一封写给林育南的信中,他谈到在吴江同几位共产党员和共青团员接触的情况。

著名国民党左派柳亚子同许多中共党员有亲密的关系。据不完全统计,在第一次国共合作时期的1925年至1926年间,应柳亚子之邀前往吴江的中共著名活动家,就有侯绍裘、恽代英、萧楚女、向警予、陈望道、杨之华、沈雁冰、董亦湘、杨贤江、刘重民等。他们或者是单独前往调查研究,或者是联袂前往参加国民党吴江县代表大会,举办讲习班等。有如此众多的中共早期重要领导人亲临,是吴江革命斗争史上的一件盛事。

第四节　日益兴起的工农群众斗争

20世纪20年代初,苏州虽然出现了一些现代工业,但是作坊和工场手工劳动仍是主要方式。生产环境恶劣,设备陈旧简陋,工人的劳动时间长、强度大,工资极低。第一次世界大战结束后,战时无暇东顾的帝国主义势力又卷土重来,工人阶级成为中外资本势力相互竞争的牺牲品。资本家千方百计压低工资,增加劳动强度,雇佣女工及童工。工人所受剥削进一步加重,生活状况更趋恶化。以苏纶纱厂为例,工人每天劳动10多个小时,而工资报酬仅为:女工每天2角,童工每天1角,苦力每天1角5分到2角。再以丝织业为例,1923年,苏州有大小丝织厂30余家,工人3 000多人。各厂制定的厂规及罚款条例多达20余条,一般工人每天工资仅1角5分左右,上班迟到5分钟,有的厂规定罚款3角,相当于2天的工资;出了油渍,罚款3至5角;断行织一条,罚款5角;等等。平时,工人须将工资的一成作为押金。如工人停工,则将押金罚没。超时的劳动,微薄的工资,名目繁多的罚款,加上物价不断上涨,使工人难以为生。帝国主义在苏州办的企业对中国工人惨无人道的压迫和敲骨吸髓的剥削更是令人发指。以日资瑞丰丝厂为例,该厂工人上下班都要经过抄身弄,由外国资本家豢养的走狗对他们抄身,工人稍有反抗,便遭毒打、罚款或开除。厂内那棵老树上,不知吊打过多少中国工人。现在,抄身弄及这棵老树已经成为外国资本家虐待中国劳工的活见证。

为反抗资本家的残酷剥削和压迫,罢工风潮迭起。盘门外的苏经丝厂,缫丝女工不仅劳动强度大,工作条件极其艰苦,而且工资比其他厂更菲薄。工头还动辄虐待和殴打工人。1920年6月11日,一位女工横遭工头毒打,激起全厂女工的愤怒,女工们一致将蚕茧倒入锅内,举行罢工。当时正是新茧上市、缫丝最紧张的季节,罢工无疑是对资本家的沉重打击。厂方慌了手脚,威胁利诱,工人不为所动。她们向厂方提出增加工资、惩办打人凶手、规定工作时间等3项条件,并表示厂方如不答应,宁可饿死,决不复工。迫于无奈,厂方只得答应工人提出的条件,罢工斗争取得胜利。丝厂风潮未平,织厂风潮又起。丝织业资方组织云锦公所曾向工人许诺,若每石(1石=100升)米价超过100文,即给工人增加工资。当时米价已接近200文，资方却毫无动静。6月15日，丝织工人的组织霞章公所致函云锦公所，要求资方履行诺言，增加工资，并组织全体工人于次日罢工。资方一面口头敷衍，一面勾结警察厅监视和威胁工人，并收买霞章公所代表，从内部分化工人。21日，愤怒的工人一举捣毁了被收买者的住所，冲进了污蔑工人"无理取闹"的报馆，砸毁了印刷机及门窗、桌椅。警察进行镇压，10多名工人被捕。22日，数百名工人涌向县署，要求释放被捕工人，还到云锦公所及王义庄缎庄示威，再次同前来镇压的警察发生冲突，又有20多人被捕。全体工人没有因此屈服。23日，他们发表宣言，向社会阐明真相，驳斥资本家和警方的污蔑，揭露其血腥镇压工人的罪行，并表示要结成"坚固的团体"，"和那辈恶魔作斗争"，"情愿牺牲"。当天，工人焚毁了一批绸缎及百余架木机。24、25日，罢工浪潮波及陆墓、唯亭等地。经过全体工人的坚决斗争，资方被迫答应增加三成工资，警察厅也被迫释放被捕工人，罢工取得胜利。

以上两起罢工事件，在当时产生了较大的影响。由陈独秀等编辑的《劳动界》对此曾做专门介绍。1921年冬至1922年春，苏州还先后发生煤炭、人力车、铁木机、石匠、橱柜、漆业、糕团等行业的工人罢工，有的罢工持续达数月之久。这些罢工斗争尽管大多迫于生计，限于经济斗争范畴，但它使广大工人经受了锻炼，提高了觉悟，加强了团结，增长了才干，为以后的工人运动乃至党组织的建立，准备了条件。

与工人一样，农民所受的剥削也极其残酷。苏州赋税历来苛重。地租则有双租、板租、预板租、押租、劳力租等繁多名目。租额一般为产量的五成，多到七八成。此外，还有高利贷、徭役及各种苛捐杂税，使农民难以承受。"农民头上三把刀，租米重，捐税多，利息高","农民出路有三条：一逃荒，二坐牢，三上吊"。这些流传甚广的民谣，真切地道出了当时农民遭受的苦难。

由此引发的苏州农民抗租斗争，往往与年景相关。年景稍好，农民聊以糊口，矛盾暂时趋向缓和；一遇灾害，民不聊生，斗争便骤然而起，势不可当。进入20世纪20年代，这类斗争由于土地兼并和两极分化的加剧而更趋激烈。1920年，苏州农村又一次遭受灾害，作物歉收而税租不减，饥民骤增。7月10日，常熟饥民数百人结队前往县城，包围了狄家米行，抢去大米1 200余石、油菜籽400余担（1担＝50千克），并将米行及狄宅捣毁。同年秋，遭受虫灾的吴县农村，收成锐减，要求减租的呼声四起。但是，地主豪绅不闻不问，把灾民逼上绝路。11月9日，吴县西北部数百饥民相约在东桥乡集会，地主勾结警察，驱散群众，并拘押了几名为首者。刚被驱散的农民重新集合起来，一举捣毁警察所，救出被拘押的农民。11月14日，吴县浒关等七八个乡的农民，群起抗租，被警察拘捕数人。农民愤而捣毁警察所。闻讯前来镇压的县知事，也被包围起来。知事被迫释放被押农民，答应豁免租米后，农民才散去。

1925年秋，昆山、吴县两地发生严重虫灾，秋熟减收。9月26日，昆山南星渎等地农民手持被虫子咬死的稻子到县里报荒。10月初，农民要求省财政厅派员苍勘，却不见人影。10月8日，数百名农民手持枯稻，赴县署求见知事。他们不顾门岗阻拦，直闯署内，知事闻风而逃。11月18日，昆山陈墓、吴县甪直等地农民鸣锣集中，手持火把，到催甲家中纵火烧屋，吓得地主及催甲纷纷外逃，当局不得不对受灾佃户减租、免租。

1926年年初，昆山蓬阆乡农民联合抗租。县署差船下乡，差役挨户催逼，兵希村农民鸣锣聚集2 000余人，扣住差船，追打差役，并将乡公所砸毁。然后，结队去豪绅家，打开粮仓"吃大户"。县侦缉队和乡自卫团赶往镇压，农民毫不畏惧，与之搏斗。此后，抗租范围越来越大，土豪劣绅见势不妙，上告县署，要求查办"肇事为首者"。在武力镇压下，抗租斗争暂趋平息。

第二章　苏州党组织的创建及其初期的革命活动

第一节　在"五卅"运动风暴中

1925年5月15日,上海日本纱厂资本家枪杀工人顾正红(中共党员),打伤工人10余人,激起全市工人、学生和市民的愤怒。5月30日,上海1000多名学生在租界内宣传声援工人,号召收回租界,被租界巡捕逮捕100多人。随后万余群众集中在南京路英租界巡捕房门首,要求释放被捕者,高呼"打倒帝国主义"等口号,英国巡捕开枪屠杀,打死工人、学生等13人,伤者不计其数,造成震惊中外的"五卅"惨案。

当时,常熟旅沪学生李强(曾培洪)、顾治本、周文在、曹元标、王耕英等参加了示威游行,周文在被捕。

"五卅"惨案发生的当晚,中共中央召开紧急会议,决定把斗争扩大到各阶层人民中去,结成广泛的反帝统一战线,并号召立即掀起工人罢工、学生罢课、商人罢市的"三罢"运动。翌日清晨,中共党员、国民党江苏省党部秘书长姜长林,受恽代英、侯绍裘(国民党江苏省党部常务委员、中共党团书记)派遣,从上海赶到苏州,与乐益女中教师叶天底(中共党员)、苏州工专学生秦邦宪、博文中学教师许金元等取得联系,向他们介绍了"五卅"惨案经过,传达党的指示,决定迅速行动起来,扩大宣传,发动苏州人民支援上海人民反帝爱国斗争。

5月31日下午,苏州学联在北局青年会召开紧急会议。到会的有东吴大学、晏成中学、萃英中学、苏州工专等13校学生近800人。与会学生对帝国主义枪杀中国人民的暴行无不义愤填膺,当即宣布,自即日起,各校举行罢课示威,向帝国主义表示抗议。

叶天底、潘志春和许金元等党团员骨干分头组织各界人士开展声援活动,成立了由工人俱乐部、学联、教育会和总商会等团体组成的苏州各界联合会,统一领导全市的声援活动。许多团体、行业、单位也分别建立了相应的机构,如全市工人组织的"'五卅'惨案后援会"、学生和妇女界的"'五卅'支援会"等,使支援声势越来越大。

6月1日上午,各校学生走上街头,在闹市区、交通要道、茶馆、剧院、码头散发传单,演讲惨案经过,鼓动工人、商人、市民雪耻救国,以实际行动支援上海人民的斗争。6月2日,20多所学校的2000多名学生在公共体育场集会。会后,大家手持旗帜,上街游行,沿途高呼"打倒帝国主义""援助上海失业工人""废除不平等条约"等口号,形成苏州声援活动的第一个高潮。

6月2日,上海举行20余万工人的总同盟罢工、5万余学生的罢课,绝大部分商人也冲破阻力,实行罢市,使上海租界陷入瘫痪的境地。苏州各界立即响应,除继续组织示威游行外,6月4日,苏州学联、吴县教育会还致电上海报界和北京外交部,为"五卅"惨案向日、英帝国主义提出严重抗议,要求"卫国权""保民命"。6月5日,吴县总商会、市民公会、苏州学联等19个团体联名发出公电:"五卅惨案,凡吾同胞,无不发指,本总商会等,业已发电表示,愿共奋斗。本日复组织联席会议,共同讨论,一致主张,本案交涉当以惩凶、赔偿、请罪为最低要求，取消领事裁判权为根本的解决。"6月6日，各界联合会在北局等闹市区组织演讲大会，进行"中国为什么穷""国耻小史""帝国主义的手段""怎样对待列强"等专题演讲，听众近万人。同日晚，进步青年组织中国孤星社委员长安剑平在东吴大学礼堂发表题为"我对于沪案之观察并告公正外人"的演讲，沉痛呼吁"我们中国这次断不能退让下来，若退让下来除非亡国"，四五百名听众无不动容。6月7日，苏州学联发起组织各界群众4 000多人再次举行盛大游行，事先印制了内容有"打倒英日帝国主义""废除不平等条约""还我河山、收回租界"的标语1万张、传单3万份，并组织3 000名丝织工人将标语传单贴遍大街小巷。游行队伍从体育场出发，经干将坊、松鹤板场、临顿路、观前街、东西中市，"连亘有数里之长"，沿途高唱《"五卅"烈士纪念歌》，形成声援活动的第二个高潮。

6月19日，香港10余万工人大罢工，声援上海工人斗争。港英当局用紧急戒严和封锁对付罢工。23日下午，回到广州的香港罢工工人和广州罢工工人、农民、学生以及黄埔军校学生共10余万人举行示威游行。当游行队伍经过沙基时，驻在隔岸沙面租界的英、法两国军警突然向群众开枪扫射，当场打死52人、重伤170多人，造成骇人听闻的"沙基惨案"。为此，全国近500个城镇一致决定6月25日为全国总示威日。是日，苏州各主要街道及店铺、居民住户门口都张挂上书"卧薪尝胆""永志不忘""万众一心"等字样的横幅、标语，各工厂、学校、团体一律悬挂半旗，以示对死难民众的哀悼。同时，苏州各界联合会组织2 000多人的示威游行，形成声援活动的第三个高潮。

6月30日，苏州各界联合会在公共体育场举行"沪沙惨案死难诸先烈追悼大会",万余群众臂缠黑纱,手持白旗,同声严斥日、英帝国主义屠杀中国民众的暴行。大会号召"全苏州人民一致奋起,继承流血烈士的遗志,打倒残暴的帝国主义"。会后举行声势浩大的示威游行,上万名群众涌向街头,高唱《"五卅"烈士纪念歌》,呼喊"打倒帝国主义""取消不平等条约"等口号,浩浩荡荡地经过全市各主要街道。最后,来到苏州镇守使署,强烈抗议帝国主义暴行,要求政府据理力争。这是苏州人民在长达一个月的声援活动中掀起的第四个高潮。

与此同时,常熟、太仓、昆山、吴江等县各界群众,也都纷纷集会游行,通电声讨,悼念沪、汉、粤、川死难人员,掀起如火如荼的声援热潮。

第二节 募捐、抵制仇货和争取关税自主行动

"五卅"运动中上海工人罢工持续数月,生活发生困难,苏州人民责无旁贷,积极开展募捐活动,支援上海工人。

经过工人俱乐部的发动,东吴绸厂工人首先发出倡议:即日起将荤菜一律除去,改吃咸菜10天,将省下来的钱接济上海的工人……全市36家丝织厂工人群起响应,一致决定,半月之内以酱油汤、萝卜干代替荤菜,共节约菜金2 200多元。其他行业也纷纷行动,竞相捐献。

各校师生也以各种形式开展募捐活动。东吴一中学生决定每天只吃素食,省下菜金做捐献。乐益女子中学成为全市各校募捐活动的先导。在中共党员、该校教师叶天底组织下,6月3日,在学生中间发起募捐。次日,派出4名学生和3名教师乘火车去无锡劝募,

并散发传单,扩大影响。同日,苏州学联召开会议,通过开展募捐活动议案。6月6日起,各校统一行动,组成1 000多个劝募小组,每组三四人,人人佩戴标志,每组配备盛钱的竹筒,分别向茶馆、书场、戏院、饭店、殷实人家及路人劝募。有的还走出城市,下乡募捐。叶天底取得校方支持,组织学生义演筹款。3天演出,场场客满,引起轰动。上海申报曾有报道:"组织募捐,乐益女中成绩最优。"

6月7日,学生联合会在青年会当众剖开盛钱的竹筒。9日,学联会长兰琢如将各界首批捐集的大洋6 000元如数送交上海罢工工人。到6月中旬,又募款近5 000元。

在工人、学生爱国热情感召下,商业、文艺、市民公社等各界人士也纷纷解囊。商界由西中市祥大号发起,函请商会通告各店,提议将端午节筵资捐助上海工人。评弹艺人组织光裕社举办会书3天,收入悉数捐助。苏州各界共募集捐款近2万元。这笔捐款中的一部分因运动后期上海市总商会态度暧昧,被退回苏州。7月10日,经苏州各界联合会讨论决定,用这笔余款将马军弄拓宽成大路,取名"五卅路"永志纪念。

常熟从6月7日开始,发起紧急募捐。常熟女子高小、县立师范、淑琴师范等10校学生组织"协济沪工团"赴城厢内外劝募,募得大洋733元。常熟银钱业、书画助长事务所、浒浦"'五卅'惨案后援会"、归义乡剧社等捐款1 200多元。这笔款当即汇寄上海工人和学生组织。

昆山的募捐活动主要在学生中展开。6月8日,县立初级中学30余名学生携带竹筒,组织5个募捐队,分赴各乡镇劝募。至11日,共募集大洋134元、小洋597角、铜圆114千。6月5日起,蓬阊第一小学全体师生利用每天课余时间走出学校,向各界群众劝募。至10日,筹集大洋60元及小洋、铜圆一批。昆籍旅外学生在开展宣传演讲活动的同时,也进行募捐活动,捐得大洋472元、小洋522角、铜圆一批。

太仓各校学生在教师指导下,纷纷组成募捐队,在城厢内外及毛市、葛隆、陆渡等地宣传劝募。县立师范学生劝募3天,得大洋350多元。江苏省立第四中学和浏河镇各校学生举行义演,演出所得全部支援上海工人。

抵制日货、英货是"五卅"运动的一个重要内容。运动后期,重点转入争取关税自主的斗争。

6月5日,吴县教育会率先致函苏州总商会,要求"劝告各商,对于中国货一致积极提倡"。6月8日,学生联合会也致函总商会,"务希贵会调查各商店之英日存货,劝勿再售,并严密规定惩罚续进办法,以警不肖而壮民气。尤望贵会劝告商店,自后报纸勿登英日广告"。6月13日,苏州各界召开联席会议,商定即日起对英、日两国经济绝交,调查各店英、日货存底,对"彰明较著之英、日货,如大英牌香烟、仁丹之类"立即停止进货。工商界也提出"不与仇人交易,不进仇货"的口号。全国中华国货维持会为此专门派人前来联络指导。

对抵制仇货,苏州商界内部意见不一,行动不力。各界联合会和苏州学联于7月2日、7日、8日三次致函敦促。总商会被迫于7日邀集各业共同议决了抵制仇货的五项具体办法,规定:如查有私运证据,应将该店牌号、姓名登报公布,以为忘耻者戒。并决定:提倡国货,由本会会员发起集股组设国货商场。为推动商界查禁仇货,学联组成18人调查组,会同商界一起调查外货。在此过程中,学生拆除、捣毁了设在道前街、山塘街、临顿路、金门城墙、阊门中市、广济桥等通衢大道上的十几处英商大型广告牌，并在全城张贴"毋忘国耻""提倡国货""万众一心"的大标语，愤怒的群众还迫使洋税公司将查获的136两（1两＝50克）鸦片在北局当众烧毁。

随着斗争的深入，苏州学界、商界越来越认识到抵制仇货的根本在于关税自主。7月8日，苏州总商会致电段祺瑞执政府，要求"向英国严重交涉，以还我关税自主权，国民誓为后盾，不达目的不止"。学生联合会除致电段祺瑞执政府外，还出版关税自主专刊，邀请对关税问题素有研究的萧楚女等于11月22日下午在苏州青年会做专题演讲。11月24日，苏州学联组织学生就关税自主问题到玄妙观和阊门马路做演讲，并在全城散发传单数万份。12月26日，苏州学联再次致电段祺瑞执政府，指出"保护本国工商业之发展，非关税自主不可"，关税能否自主，"实我民族经济解放之第一重要关键"。这一新的觉醒，无疑是"五卅"运动的一大思想成果。

在此过程中，吴县知事公署和苏州警方对学生及各界爱国行动横加干涉，一再劝诫"恪守轨道"，并以"严缉究办"相威胁。爱国学生和各界群众对此嗤之以鼻。同时，民族资产阶级的两面性也充分展现。运动初期对他们有利时，曾表现出一定程度的民族义愤和爱国热情，及至运动深入，地方当局频频阻挠，便动摇退却。到11月11日，总商会致函各界联合会，宣布退出该组织。

第三节　中共苏州地方组织的建立

1923年7月，中共上海地方委员会兼江浙区执行委员会（简称中共上海地委）讨论外埠组织工作时，即将苏州列入建党计划。之后，陆续派出党员到苏州活动。10月，苏州城区已有多名青年加入中国社会主义青年团。1924年上半年，中共党员潘志春回到苏州邮局工作。他是苏州最早的中共党员。潘志春和进步青年顾容川等在丝织工人中积极活动，通过俱乐部和夜校，传播革命思想，启发工人觉悟。同年5月，社会主义青年团团员许金元回苏州博文中学任教，成立非基督教大同盟苏州支部，领导开展以反帝为目标的反基督教运动，团结大批青年学生，造就一批优秀骨干，为建党建团创造条件。7月，中共党员、中国社会主义青年团创始人之一叶天底，应聘到私立苏州乐益女子中学任教。他以国民党员的半公开身份团结了一批追求进步的青年知识分子，积极投身于苏州的革命活动。在乐益女中、省立第一师范及省立工专等学校，先后发展了一批社会主义青年团团员及国民党员。

1925年5月，中共上海地委批准成立中共苏州支部，成员仅候补党员陆秋心1人。由于党处于秘密状态，时在苏州的叶天底、潘志春未与陆秋心取得联系，在当时轰轰烈烈的声援"五卅"运动中尚未形成党的核心领导。

1925年8月21日，中共上海地委改组为中共上海区委（亦称中共江浙区委），仍领导江浙沪地区党的工作。针对苏州支部名存实亡的状况，中共上海区委决定派人到苏州重新建立党组织。

中共党员、上海大学附中校务主任侯绍裘此时正好应邀到苏州乐益女子中学任校务主任，区委决定由他负责组建苏州党组织。8月底，侯绍裘邀集刚在上海大学入党的张闻天及共青团员张世瑜、徐镜平等一起到苏州任教。在上海景贤女中读书的团员沈霭春、沈联春姐妹也随他们转学到乐益女中。侯绍裘、张闻天与已在该校任教的叶天底联系后，于9月初成立了中共苏州独立支部。因侯绍裘身兼数职,活动繁忙,只担任委员,而由叶天底任书记兼组织委员,张闻天负责宣传。

中共苏州独立支部是当时中共上海区委下属的外埠9个独立支部之一。它的建立,揭开了苏州人民革命斗争的新篇章。

沙洲西部的南沙、后塍、中兴、大新一带,当时隶属江阴管辖,沙洲东南部则隶属于常熟。沙洲人民革命斗争的历史,是江阴、常熟人民革命斗争史的组成部分。

1924年,曾在"五四"运动中积极组织青年读书会,追求真理、追求进步的知识青年孙选结识了侯绍裘,开始接受共产主义思想;不久,由侯绍裘介绍加入国民党。1925年3月,中共上海地委派共产党员刘重民等到沙洲一带活动,以筹建国民党组织的名义发展共产党员。5月16日,孙选在上海由中共上海地委批准为中共党员。接着,中共上海地委决定建立中共江阴支部,由孙选任支部书记。1926年春,中共上海区委决定将中共江阴支部改为独立支部,由孙选任独立支部书记。

1926年2月,中共上海区委委派原就读于上海东华大学、积极参加"五卅"运动的共青团江浙区委候补委员李强回家乡常熟开展工作。他首先在先进青年中物色对象,首批发展曾在上海参加"五卅"运动、后因病辍学在家的上海大学学生王耕英和曾雍孙加入共青团。这时,曾在"五卅"运动中被捕的中共党员周文在出狱后回常熟过寒假。2月11日,李强找到周文在,成立中共常熟特别支部。

1926年8月,原执教苏州乐益女中,后由侯绍裘派往上海景贤女中任教的中共党员王芝九由组织派遣,到达昆山,以昆山县立中学训育主任为职业掩护,开展革命活动。王芝九到昆山后,一方面着手筹建国民党昆山县党部,另一方面根据中共中央有关"在国民党中的我党党员和团员应该成立秘密组织"的指示,建立中共昆山独立支部,由他本人任书记。

至此,苏州(包括吴县)、江阴(包括张家港)、常熟、昆山的党的地方组织相继建立,开始担当起这一地区革命斗争的领导责任,为即将到来的大革命高潮准备了领导核心力量。

第四节 建党初期的革命活动

中国共产党成立初期,苏州各地党组织的成员很少,思想理论修养不高,缺少斗争经验,同工农群众也缺少联系,而面临的却是国共合作,迎接大革命高潮到来的艰巨任务。因此,迅速壮大党团组织的力量,提高党团员的思想理论水平,增强党团组织的战斗力,显得刻不容缓。

中共苏州独立支部成立后,以乐益女中为基点,先后邀请恽代英、萧楚女、施存统、安东晚等来苏做演讲,宣传革命形势,启迪群众觉悟,推动党团组织的发展,共商革命斗争大计。

1925年乐益女中新学年开学典礼,正逢9月7日国耻日。典礼由侯绍裘主持,张闻天主讲"帝国主义与辛丑条约",叶天底主讲"'九七'与'五卅'",对全校师生进行教育。课余时间,侯绍裘、叶天底经常到学生中去,通过谈心、交流思想,培养积极分子,创造条件发展党员。

独立支部成员还将工作范围扩大到校外,特别注意深入到产业工人中去。"五卅"运动以后,苏州城区工人斗争风潮迭起,其性质逐步由以往单纯的经济斗争发展到争取经济利益和提出政治要求相结合,斗争规模也由一厂一店发展到全行业乃至各行业的联合斗争。

支部成员经常深入工厂,了解情况,进行教育,团结工人积极分子。1925年12月,天孙丝厂发生劳资纠纷,工人举行罢工。独立支部派人前往支持,并发动其他工厂声援,终于使罢工斗争取得胜利。他们还通过组织学习《〈资本论〉浅说》《共产主义ABC》等马克思主义普及读物,武装党团员和积极分子,为壮大革命队伍、提高党团员思想理论水平而努力工作。

中共江阴支部建立后,1925年9月,孙选与中共党员周水平以澄南小学为基点,联络该校青年教师,组织星光社,秘密出版《星光》旬刊,揭露军阀、官僚及土豪劣绅的罪恶,传播革命思想。

中共常熟特别支部经常教育党团员认清党在现阶段的主要任务是反帝反封建,强调党团员要有牺牲精神,服从组织安排,遵守党的纪律,并针对党团员工作中遇到的问题,如怎样争取对象、怎样开展斗争、怎样做好隐蔽、怎样锻炼意志等展开讨论,提高大家的思想觉悟和工作能力。

中共昆山独立支部以县中为基地,在学生中秘密进行马克思主义的教育,引导学生从内忧外患、民生疾苦的事实中,懂得争取中国独立自由的唯一出路,在于打倒帝国主义,推翻封建军阀的统治。独立支部还在校内组织时事学习小组及宣传队,办起了集合图书馆,相互传阅《洪水》《新青年》《觉悟报》等进步书刊。通过这些活动,团结积极分子,为发展党团员工作打下了基础。

苏州各党组织对于经过教育和实际锻炼涌现出来的条件成熟的积极分子,及时地吸收入党,壮大党的力量。中共苏州独立支部在乐益女中吸收入党的有教师王芝九、徐镜平、张世瑜,学生沈蔼春等,在其他学校吸收入党的有许金元、汪伯乐等,在产业工人中发展的党员有葛炳元、张春山等。1925年10月,中央选调一批干部去苏联莫斯科中山大学学习，张闻天、沈霭春被选调，经上海赴苏联。到1925年底，中共苏州独立支部已有党团员24人。

独立支部的活动不久便引起了当局的注意。乐益女中校董会被迫以经费困难为由，在学期结束时，辞退了侯绍裘、叶天底等进步教师。1926年初，侯绍裘、叶天底先后离开苏州到达上海。中共上海区委派正在外地学习的许金元回苏，接任中共苏州独立支部书记。许金元回苏后，以博文中学教师职业为掩护开展工作，并单独成立中国共产主义青年团苏州特别支部，由工专学生周学熙任书记。当时有党员20人、团员18人。

中共常熟特别支部成立后，首先注意在"同志联欢社""改作社""非基督教同盟"等进步团体内发现和培养积极分子，吸收了邹逸中、钱宗灏、陈芷湘、邹思廉等人入团，又以他们为骨干，领导进步团体的活动。再按照共产党员、共青团员的标准，把条件成熟的人员分别吸收入党、入团。1926年秋，特别支部发展党团员10多人。

中共昆山独立支部成立后不久，发展周巨中、冯山林等几名进步学生入团。中共党员刘秉彝因在苏州从事学生运动和工人运动，被省立第一师范开除。回到昆山，他受独立支部委托，在花家桥、蓬阆、陆家浜等地团结进步青年，组织进步团体，继续从事革命活动。

第五节　苏州建党初期为党捐躯第一人

在苏州建党初期，为党捐躯的第一人是中共党员周水平。

周水平系澄、锡、虞三县交界处顾山镇周东庄人。1892年生，

1917年曾赴日本留学。"五四"运动中,他和东京其他留学生一起举行游行示威,向帝国主义列强驻日使馆递交抗议书,两度被捕入狱。他愤而回国,在家乡及外地任教。1924年,他结识了柳亚子和侯绍裘,先后加入国民党和共产党。1925年夏,他去上海治病回乡后,即发动农民与地主斗争。当年夏秋,江南大旱,澄、锡、虞三县交界处又发生螟灾,收成大减,官府却对农民的痛苦和减免租税的要求置之不理,相反要求带征水利特捐和提前开征漕银,把农民逼上绝路。

深知农民痛苦的周水平就在家乡发起组织"佃户合作自救会",其宗旨为"减轻租额,改良农业,增进农民生产,发挥互助精神及宣传文化,以期社会改进之实现"。是年11月,周水平在顾山沈舍里、常熟野八亩庙会等处登台演说,散发传单。他的通俗而又深刻的宣传,把农民鼓动了起来。澄、锡、虞三县佃户入会者多至数千人,联合起来抗交租税,形成很大声势。

"佃户合作自救会"的成立,使地主豪绅惊恐异常,沙炳元等33户地主豪绅联名向官府控告周水平"宣传赤化,鼓吹共产"。11月18日,周水平被捕入狱。在审讯中,周水平痛斥官府非法捕人,并继续揭露地主罪行。1926年初,军阀孙传芳发动苏、浙、皖、赣、闽五省"借漕饷",要江苏按每担地租预借1.5元。澄、锡、虞三处地主即以"无法筹措预借冬漕"为托词,联名向孙传芳控告,借机陷害周水平。孙传芳即以"潜谋不轨"的罪名,下令加害。江阴县署接到命令,于1926年1月17日晨,将周水平押至江阴市桥北堍杀害。临刑时,周水平大呼:"我叫周水平,并非盗匪,亦非为个人计,为平民而死,死何足惧!"刽子手向周水平连砍三刀,还将他的头颅悬挂县署示众,残酷至极。

周水平牺牲后，他的灵柩被运回了顾山家里，农民们每日成群结队到他灵前磕头。他们说："周先生是为我们死的，我们要给他报仇！"中国济难会、全国学生总会、全国妇联、上海总工会、国民党江苏省党部、国民党上海特别市党部纷纷发表文告，谴责孙传芳的罪行。毛泽东在《向导》上发表的《江浙农民的痛苦及其反抗运动》一文中热情赞扬和评价周水平的英勇事迹。周水平不愧为革命先驱、党员楷模，他的光辉形象永远活在人们心中。

第三章　大革命洪流中的苏州

第一节　国共合作中的共产党人

1923年6月，中国共产党召开第三次全国代表大会。大会接受共产国际的建议，决定与国民党进行合作，共同进行反对北洋军阀的国民革命。

1924年1月，孙中山主持召开中国国民党第一次全国代表大会，在事实上确立了"联俄、联共、扶助农工"的三大政策。大会选举国民党中央执行委员会时，李大钊、谭平山、毛泽东、林祖涵、瞿秋白等10名共产党员当选执委或候补执委，占总数的1/4。国民党一大的召开，标志着第一次国共合作正式形成。

会后不久，国民党江苏省临时执行委员会即派柳亚子回吴江发展党员，建立组织。邵力子也派人到震泽一带发展国民党员，先后组建了城区、同里、盛泽、黎里、平望等5个区党部、13个区分部。1924年8月24日，国民党吴江县第一次代表大会在盛泽镇城隍庙召开，柳亚子、朱季恂、侯绍裘、邵力子等出席。大会宣布成立国民党吴江县党部，柳亚子当选常务执行委员。不久全县国民党员发展到200人，设立区党部9个、区分部34个。国民党吴江县党部是全省最早成立的县党部，它对推动、促进苏州各地发展和建立国民党组织，实现国共合作，乃至国民革命的兴起，起了积极作用。从1924年8月至1927年4月，吴江国民党组织曾先后召开6次代表大

第三章 大革命洪流中的苏州

会。中共早期的一些著名活动家先后莅会，发表演说，指导工作，成为大革命时期吴江国共合作的一段佳话。

1925年年初，苏州中共组织建立之前，共产党员叶天底及共青团员许金元等即以国民党员身份发展了一批知识青年参加国民党。当时在苏州求学的秦邦宪、匡亚明等人就在此时成为国民党员。1925年5月31日，在三元坊县立中学成立国民党苏州第一区党部，许金元当选为区党部负责人。这是苏州城区第一个国民党基层组织。

苏州各地中共组织建立之后，遵照上级指示，为推进国共合作，发展国民党员，建立国民党基层组织和县级组织，倾注了大量精力。

1925年11月4日，在侯绍裘指导下，苏州召开国民党全体党员会议，宣布成立国民党苏州市党部，选举产生市党部执行委员和监察委员。11月24日，市党部发出通电，正式宣布成立，许金元任常务执行委员。市党部下辖3个区党部、14个区分部。1926年8月，许金元调任国民党江苏省党部委员，不久又被派往广州中山大学学习。国民党苏州市党部改选，中共党员汪伯乐任市党部常务委员。下辖区党部增加到4个，区分部增加到15个，国民党员近200人。

1926年2月，中共常熟特别支部成立后，即抓紧发展国民党员的工作。到下半年，活动范围从县城扩大到浒浦、唐市、何市、福山、大义、谢桥、徐市等集镇。九十月间，李强与国民党江苏省党部、苏州市党部联系，于年底先后建立了县城、浒浦、大义等3个国民党区党部，各区党部下各有3个区分部，登记党员112人。1927年1月，国民党苏州市党部监察委员、中共党员尹介眉和国民党江苏省党部特派员、中共党员万益到常熟，主持召开国民党常熟县代表大会，选举产生县党部执委会和监委会，宣告国民党常熟县党部正式成立。大会还通过了反对西山会议派、拥护孙中山三大政策（联俄、联共、扶助农工）的决议。在监、执两委召开的第一次会议上，中共常熟特别支部成员邹逸中当选为县党部常务委员。

1926年9月，王芝九以国民党江苏省党部特派员身份，在昆山发展了一批国民党员，不久召开全体党员大会，组建国民党昆山县临时党部，王芝九为监察委员。10月，省党部指示昆山县临时党部改组成立正式县党部，并派朱季恂到昆山演讲北伐革命的形势。11月，省党部负责人侯绍裘委派中共党员黄旭初在沪宁沿线调查党务并指导工作。王芝九按省党部指示精神，在各区分部的基础上，改组成3个区党部。1927年1月1日，国民党昆山县代表大会在周墅乡第一初级小学秘密召开，正式成立国民党昆山县党部，选出王芝九等执、监委员10人。

在国共两党实行合作、建立统一战线过程中，苏州各地中共组织坚持了"打倒列强、除军阀"的斗争方向，控制了领导权。国民党苏州市党部7名执行委员中，有6名是中共党员。市党部的下属机关如宣传部、组织部、农民部、工人部等，都由中共党员担任部长。在教育会、学生联合会以及非基督教同盟等群众组织中，也都建有共产党的秘密组织。国民党常熟县党部、昆山县党部也大致如此。国民党吴江县党部成立之初，吴江境内还没有中共组织。但是，侯绍裘、张应春等中共党员与国民党元老柳亚子等志同道合、亲密无间，他们积极宣传党的主张，扩大党的影响，实际上起到了党的领导作用。

第二节　接应北伐军进驻苏州

"五卅"运动后，全国掀起群众性的革命高潮。国民革命军肃清了广东境内的军阀势力,在苏联军事顾问的建议下,制定了"集中兵力、各个歼敌"的战略方针。1926年7月9日,国民革命军誓师北伐,分三路向湖南、江西、福建进军。由于中国共产党组织各地工农群众积极支援和配合,北伐军所向披靡、势如破竹。其中第三路军经福建、浙江进入江苏,逼近苏州。

8月,中共苏州独立支部书记许金元调离苏州,由以纯一小学教师为职业掩护的汪伯乐继任。这时,驻苏州军阀部队是号称苏、皖、浙、赣、闽五省联军总司令的孙传芳所属上官云相部及直鲁联军程国瑞部。北伐军广东誓师的消息传来,北洋军阀预感末日来临,变本加厉地大搞白色恐怖,"反赤化"叫嚣日甚一日,暗探密布,军警横行,加紧镇压革命活动。中共苏州独立支部和共青团苏州特别支部冒着极大的危险,秘密开展策应北伐军抵苏的准备工作。

此时,中共苏州独立支部下辖铁机、电气、邮务、小教、学生等10个党小组,有党员30多人。汪伯乐领导独立支部成员紧张工作,积劳成疾。1926年10月中旬,中共上海区委召开外埠党组织负责人会议,汪伯乐抱病参加。会议重点讨论了北伐战争的形势,部署迎接北伐军的工作。

汪伯乐回苏后,冒着白色恐怖,召开独立支部会议,传达上海会议精神,并根据中共上海区委的指示分工潘志春、舒正基、葛炳元等,加强对党的外围组织"工人促进会"的领导,积极发展党员,拓展工作范围。独立支部的这一举措,为日后苏州工会组织的普遍建立、工人运动的蓬勃发展、迎接大革命的到来,起到了重要作用。

北伐军在两湖及闽、赣、浙等地的节节胜利,鼓舞着中共苏州独立支部加倍紧张工作。独立支部书记汪伯乐辞去纯一小学教职,来到阊门外中国体专任职。借助该校校长、老同盟会会员柳伯英的关系，在体专秘密建立"迎接北伐军中心组"，对外称"中华体育学术研究会"，以避开军阀耳目。下设国器、球类、田径3个小组。国器组的任务是筹建自卫武装，维护社会治安，必要时配合北伐军采取军事行动。另外两个组分别负责工厂、学校的宣传发动工作。中心组还邀请柳伯英任军事指导。紧张的工作使汪伯乐的病情进一步恶化，以至不得不住进医院，在病榻上组织指挥。

12月11日，苏州军警督察处从邮检中截获中心组成员唐觉民给女友的信，信中透露了有关策应北伐军抵苏的活动情况。唐觉民遭逮捕，在严刑逼供下，招认了自己国民党员身份及有关情况，致使汪伯乐、柳伯英被捕。

12月14日夜，南京当局急电苏州，命将汪伯乐、柳伯英、唐觉民3人押送南京。重病在身的汪伯乐躺在担架上向同志、家人、亲友坦然挥手告别。

汪伯乐被捕的消息震惊全苏州，各群众团体及知名人士纷纷出面营救。但是，垂死挣扎的军阀当局没有经过任何审判程序，于12月16日凌晨，将汪伯乐、柳伯英、唐觉民秘密杀害。

在军阀政府行将覆灭、北伐军即将光复苏州的前夕，汪伯乐不幸牺牲。消息传开，激起苏州及沪宁沿线各地的强烈反响，广大群众无不切齿痛恨军阀的残暴行径。国民党江苏省党部、苏州市党部分别发出通电，声讨军阀孙传芳，号召群众同仇敌忾，推翻军阀的反动统治。上海学生联合会、中国济难会南京分会等社会团体也纷纷发表通电和宣言，揭露和谴责军阀政府镇压群众、草菅人命的罪行。

中共苏州独立支部采取紧急措施，布置大部分党员转移隐蔽。国民党苏州市党部部分委员也撤至上海，成立驻沪办事处，继续指挥苏州的革命活动。中共苏州独立支部选举顾容川接任书记和国民党苏州市党部常务委员。待局势稍为平静，转移到外地的中共苏州独立支部及国民党苏州市党部成员陆续回苏，继续进行迎接北伐军的工作。

1926年冬，由潘志春、舒正基、葛炳元等秘密组建了吴县总工会，活动地点设在北显子巷13号潘志春家中，同时着手筹建农民协会等组织。

1927年2月中下旬，北伐军克复浙江全境，兵分几路，以摧枯拉朽之势，向上海、江苏等地进军。军阀部队垂死挣扎，犹作困兽斗。北伐军攻克古城苏州已指日可待。

2月28日，国民革命军二十一师六十三团二连由浙江进入吴江县黎里镇，这是北伐军克复苏州地区的第一镇。翌日，国民党黎里区党部召开大会欢迎北伐军。六十三团团长陈诚到达黎里，设团指挥部于天主教堂内。3月5日，北伐军攻克平望，前锋部队直取同里镇。3月14日，先遣军司令李明扬部到达芦墟。

军阀部队调兵遣将，增援吴江守敌。直鲁联军十三旅二十五团及一六五旅分别由苏州调往吴江松陵、同里，企图与北伐军对抗。3月17日，北伐军向吴江县城松陵镇发起进攻，同军阀部队在龙王庙一带激战，当天攻克吴江。3月18日，军阀部队慌乱北撤，麇集于吴江县城外瓜泾桥一带。3月19日黎明，国民革命军二十一师师长严重率六十一、六十二、六十三团官兵相继进驻城厢。国民党吴江县党部由黎里迁至县城办公。3月20日中午起，二十一师分3路乘胜追击军阀残部，在瓜泾桥一带激战。次日上午，军阀部队终于支持不住，向北溃逃，吴江全境收复。

3月20日，苏州城内军阀部队见大势已去，作鸟兽散。上官云相部逃离苏州，张镇部向北伐军投降。中共苏州独立支部通过国民党苏州市党部，邀集各界代表商量迎接北伐军进城事宜。会上，组成"欢迎北伐军来苏筹备委员会"，派代表连夜乘汽艇赶往吴江，同北伐军取得联系。3月21日下午，国民党苏州市党部在公共体育场召开"欢迎北伐军莅苏大会"，参加大会的有各界民众数千人。中共苏州独立支部书记顾容川，吴县总工会负责人舒正基、葛炳元等在会上讲话，要求大家组织起来，保卫工厂、商店，维护社会治安，以积极姿态欢迎北伐军。会后组织游行，游行队伍经观前街、护龙街，分两路出盘门和胥门迎接北伐军。游行队伍沿途高呼"打倒帝国主义""打倒军阀""铲除土豪劣绅"等口号，"打倒列强！打倒列强！除军阀！除军阀！"的歌声响彻云霄。3月21日晚9时左右，二十一师师长严重率官兵进入苏州，兵不血刃，结束了北洋军阀在苏州的统治。北伐军司令部先后驻扎在民兴新剧社和留园内。二十一师入驻苏州后，严重师长即向地方当局郑重表示，不用地方一分钱，不派私人参加地方机关，不干涉地方正常工作。这一态度给苏州民众极大鼓舞。

北伐军兵分两路进入昆山境内。3月19日，二十一师六十三团由吴江方向追击向北逃窜的军阀部队，在周庄击溃直鲁联军200余人，占领该镇。3月21日，驻昆山的军阀部队劫得民船百余条，向太仓、常熟方向败退。残部200余人被昆山各地自卫团、商团、水陆警分别抓获。第二天，北伐军二十六军一师一团1个先遣营，不费一枪一弹收复昆山县城。3月23日，北伐军一军二师和二十六军一师分别由师长刘峙、伍文渊率领，从青浦、吴江两地进入昆山。

3月21日，北伐军二十六军一部在浏河一带击溃军阀部队。第二天，太仓全境收复。

北伐军势如破竹，军阀部队望风披靡。3月21日、22日，孙传芳残部6 000余人陆续溃逃到常熟境内，麇集于福山、浒浦一线，企图渡江北窜。3月23日，二十一师六十三团陈诚部两个营挺进常熟，分头追剿军阀残部。3月26日，常熟境内军阀势力全被消灭。3月27日，北伐军东路先遣军李明扬部抵达常熟。

从2月28日至3月26日，北伐军用了近1个月时间，肃清军阀残余，收复苏州全境，彻底结束了北洋军阀在苏州的统治，使苏州大革命运动出现了一个短暂而辉煌的高潮。

北伐军抵达苏州后，受到各界民众的热烈欢迎。二十一师抵达吴江县城时，全城民众夹道欢迎，3 000多人参加了军民联欢。3月23日下午，苏州各界群众4万多人在公共体育场召开欢迎北伐军克复苏州联欢大会。昆山、太仓、常熟等县也都在北伐军抵达后，分别举行隆重热烈的欢迎活动。

第三节　各县临时行政机构的建立

北伐军攻克苏州全境，军阀政权一朝覆亡，建立地方行政权力机构成为当务之急。北伐军抵达后，明确宣布，军队不参加地方政权机构。但是，他们对地方政权机构的人员组成，一般都发表了意见，甚至往往是决定性的意见。这种超然于地方政权之外又凌驾于地方政权之上的做法，使地方各派政治力量在争取地方行政机构的领导权时，必须谋求军队的支持。

3月19日，二十一师占领吴江县城的当天，师政治部党务科长陈士鼎邀集吴江各界代表83人在下塘街国民党吴江县党部开会，宣布吴江县临时行政委员会成立，杨天骥任主席。

苏州行政权力机构的产生经历了以共产党员及国民党左派为代表的进步势力同国民党新右派和以官僚士绅为代表的地方守旧势力的激烈斗争。北伐军进入苏州前，苏州的一些官僚士绅已得到国民党新右派钮永键的允诺，俨然以民意代表自居。3月22日，北伐军进城的第二天，苏州士绅张一鹏等避开国民党苏州市党部，暗中商量成立政权机构事宜。中共苏州独立支部及共青团苏州特别支部闻讯后，即派葛炳元、周学熙、刘铭九等带领工人纠察队赶赴会场，制止会议的召开。但是，在国民党上层新右派势力的压迫下，二十一师师长严重委托刚从军阀营垒中摇身一变而钻进北伐军的独立第十旅旅长张镇召集各界代表开会，讨论成立临时政府机构。由这样一个人物出面协调地方政务，其结局是可想而知的。果然，张镇邀请的对象主要是地方士绅、名流，连以前清朝的道尹也应邀参加了会议，而将国民党苏州市党部及总工会的代表置于陪衬地位。只是由于国民党苏州市党部及总工会代表据理力争，才不至于使即将诞生的行政机构一边倒。最后，二十一师师长严重决定，由张一鹏等组成政府，而国民党苏州市党部主管党务，负责监督。3月23日，吴县临时行政委员会成立，由张一鹏任临时行政委员会主席。7名委员中只有两人是由国民党苏州市党部推荐的。3月25日，吴县临时行政委员会宣誓就职，发布第一号通告。委员会每次开会，中共苏州独立支部都以国民党苏州市党部的名义派代表列席。人们对这个基本上由封建官僚及商贾士绅控制、政治态度暧昧、缺乏革命生气的政府不可能寄予多大期望，中共苏州独立支部及国民党苏州市党部主要通过自己的努力，推动革命运动继续向前发展。

北伐军进入常熟后，中共常熟特别支部配合军事行动，立即采取措施，接管县政府。3月26日，国民党常熟县党部召开执、监委会议，讨论县政府组成人选。会议一致推举李强任县行政权力机构负责人。当晚，县党部派人会见原知事庄炎，勒令他交出权力。第二天，宣告常熟县行政委员会成立。对此，反动守旧势力竭力反对。中共常熟特别支部和国民党县党部从政策和策略考虑，做了必要让步，决定请老同盟会会员、国民党常熟县支部长钱南山入主县政，并由县党部和北伐军六十三团政治部联合讨论决定县临时行政委员会的各项人选。此举遭六十三团团长陈诚反对，他主张由原知事庄炎出任主席。为此，李强连夜赶往苏州面见二十一师师长严重，争取他的支持。3月28日，二十一师政治部派代表到常熟，在群众大会上宣布了严重的任命，委钱南山、李强等7人为行政委员，由钱南山任主席兼民政股长，李强兼公益股长，县党部执、监委员周启新、夏李民等分别出任实业、司法股长，其他各股也由倾向进步的人士主持。县临时行政委员会基本上控制在共产党员及国民党左派手中。

昆山和太仓两县也在北伐军抵达不久后，筹建了县级行政权力机构。3月25日，国民党昆山县党部召开党员大会，决议组织政务委员会接管县政府，选举朱秀章等7人为政务委员会委员。第二天，县政务委员会勒令县知事吴邦珍交出权力。3月27日，县政务委员会正式迁入县署办公。但是，昆山驻军是刚由北伐军收编的原北洋军阀周凤岐部，其政治态度是保守的。他们借口政务委员会缺乏人才，下令还权于吴邦珍，使县政务委员会成为换汤不换药的旧机构。北伐军抵达太仓后，县知事公署改为县政府，下设分管民政、内务的第一科，分管财政、工商、建设的第二科以及教育局、公安局。黄埔军校第三期毕业生刘蕉元出任县长。刘蕉元上任后，召开民众大会，阐明北伐军的任务是打倒列强，铲除军阀，打倒土豪劣绅，新政府的宗旨是为老百姓办事。刘蕉元在任期间，兴利除弊，做了大量工作，深得民众好评。

第四节　国民党组织的公开和工农群众运动的高涨

军阀统治时期，各地国民党组织处于半公开状态，北伐军攻克苏州后，国民党组织完全公开化。由于中共党员在国民党组织中处于核心地位，因此，实际上革命的领导权掌握在共产党人手中。

吴县临时行政委员会成立的当天，国民党苏州市党部正式挂牌。市党部执行委员、候补执行委员及监察委员由顾容川、刘铭九、蒋靖涛、葛炳元、周学熙、范公任、张浚元、沈炳魁、尹介眉等9人组成。其中，蒋靖涛系国民党左派，其余均为中共党员。

吴江、常熟、昆山等县的国民党组织也都在北伐军抵达后公开活动。吴江、昆山国民党组织公开后，其工作受驻军政治部领导，而驻军政治部都由共产党员控制。昆山驻军一军二师政治部特派员、中共党员姚雄担任国民党昆山县党部指导员后，常向大家宣传马克思主义。

随着行政权力机构的建立，人民群众的革命热情空前高涨，革命运动以前所未有的气势向前发展。工会及其他群众团体的活动更加活跃，革命运动走向高潮。

1927年3月22日，北伐军进入苏州的第二天，原由共产党员潘志春、舒正基等组织的处于秘密状态的吴县总工会在草桥中学召开大会，各业工人代表200余人参加。会上宣布成立苏州总工会筹备委员会，选举舒正基、葛炳元等6人为筹备委员会委员。3月31日，苏州总工会筹委会召开代表大会，正式成立苏州总工会，选举舒正基、葛炳元为总工会执行委员会正、副委员长，周学熙被聘为秘书长。总工会成立后，积极领导工人运动，维护工人权益，发动、组织各行业基层工会。总工会在全市工人中享有很高的威信，在不到20天的时间内，全市就成立了印刷、电报、电话、烟兑、橱柜、绸缎、洋货、木机、铁机、漆业、香业、人力车等40多个行业工会，会员达数万人。中共党员及受党的教育、影响的工人积极分子担任各行业工会的领导工作。

苏州总工会的成立，翻开了苏州工人运动新的一页，标志着革命运动走向新的高潮。工人有了为自己争取平等地位和合法权益的组织者和领导者。在工会领导下，工人推派代表与资方谈判，要求废除不合理的制度和规定，争取政治、经济及人身平等权利。迫于形势的压力，一些工厂的资方不得不对工人的要求做出让步，工人的政治地位、劳动条件及生活待遇得到有限度的改善。也有一些工厂的资方仍然顽固坚持原有立场，对工人的要求置若罔闻，工会就领导工人起来与资本家做斗争。全市3 000余人力车工人要求车主降低租价，鸿生火柴厂、苏纶纱厂、延昌恒丝厂、恒利丝厂等工人要求增加工资和不准厂方随意解雇工人。这些要求都在苏州总工会的支持下得到实现。

北伐军抵达常熟后不久，绸布业、布厂业、南货业、药材业、衣裘业、人力车业等行业先后建立了工会组织。4月上旬，由钱宗灏、顾近仁等发起组织县总工会。县总工会在人力车工会内抽调100名觉悟较高的工人组成工人纠察队，负责社会治安。国民党常熟县党部成立劳资仲裁委员会，支持工人合理要求，维护和保障工人的权益。

吴江、昆山等县的工人也都按行业相继建立起工会组织。

在工会组织的带动下，其他群众团体也纷纷成立。1927年3月下旬，吴县农民协会筹备委员会成立。横泾、浒关、唯亭、田泾、木渎、湘城等乡镇也相继组织起农民协会。常熟的情况也大致相仿。4月上旬，中共党员谢恺领导建立归义乡农民协会。不久，全县建立起11个农民协会分会。农协号召农民"组织起来，抗租抗息，打倒收租米人"。一些农民协会发动贫苦农民控诉地主罪行，烧掉地主的田契和租簿。其他如商民协会、妇女联合会、教育协会等群众团体也先后建立。4月10日，苏州学生联合会宣告成立并发表《宣言》，"拥护民众利益""扶助工农阶级""打倒贪官污吏、土豪劣绅"。组织起来的工农商学各界都以新的姿态登上政治舞台，投入北伐革命斗争。

北伐军占领长江以南广大地区后渡江继续北上，英、美、日等帝国主义同北洋军阀勾结，千方百计阻挠和破坏。1927年3月24日，游弋在长江内的英、美军舰，借口保护侨民利益，炮轰南京，中国军民遭到严重伤亡。"南京惨案"彻底暴露了帝国主义庇护北洋军阀、仇视北伐革命的反动立场。同时，也加速了以蒋介石为代表的国民党新右派同帝国主义势力相勾结的步伐。国民革命面临中途夭折的危险。

"南京惨案"的消息传到苏州后，各界民众群情激愤，纷纷上街示威游行，抗议帝国主义的暴行。中共苏州独立支部和共青团苏州特别支部对"南京惨案"做出公开反应，分别发表《反英讨奉告苏州民众书》《告苏州青年工人、农民、学生、妇女及一切被压迫青年书》，声讨帝国主义支持军阀、阻挠北伐的罪行。这是自1925年5月苏州建党以来，党团组织首次公开自己组织的名称，这对正处于大革命高潮之中的苏州人民是极大的鼓舞。4月2日，国民党苏州市党部和苏州总工会在体育场联合召开反英讨奉大会，与会者达6万余人。大会号召全市工人、农民、士兵及各界民众全力以赴，反对帝国主义的暴行，讨伐北洋军阀，将国民革命继续进行下去。国民党苏州市党部机关报《国民日报》发表特刊，抗议帝国主义对中国内政的粗暴干涉。

4月10日，日资瑞丰丝厂在拖欠工人工资的情况下，宣布关厂。工人向厂方索取所欠工资，日本大班蛮不讲理，拒绝工人的正当要求。事情闹到日本领事馆。苏州总工会委员长舒正基等代表工人，同日本领事谈判。日方在事实面前被迫答应工人的要求。同时又诡称苏州无现款，要工人代表陪同前往上海取款，暗中则布置关闭所有在苏的日资企业，撤离日侨。其阴谋被揭露后，工人群众怒不可遏，收缴了日本领事馆警卫的枪支。此时，日本帝国主义在汉口枪杀中国工人的"四三"事件消息传到苏州，各界群众更加气愤。苏州总工会、苏州学联及国民党苏州市党部等分别发表声明，声讨日本帝国主义屠杀中国民众的罪行，坚决要求收回日租界。

在农村，长期受地主豪绅压迫剥削的贫苦农民也有一种获得解放的感觉。吴县、常熟、沙洲等地的农民运动风起云涌，各地农民协会成为农民同地主豪绅做斗争的坚强后盾。贫苦农民扬眉吐气，地主豪绅威风扫地。

1927年春，担任国民党江苏省党部农民运动特派员的中共江阴独支书记孙选在接受广州第六届农民运动讲习所培训后，发动沙洲农民成立"救荒会"，要求当局开仓济赈。北伐军抵达后，江阴县农民协会成立，孙选当选为会长。农民协会具有很高的权威。钱庄、银行领用款项须经县农民协会批准；因欠租、抗租坐牢的农民被一

对某大学校园网网络结构系统图的识读与分析　　　　　　　表 7-3-3

序号	主要单元部分及设备	在网络系统中的作用	说　明
1	核心交换机 4 台	作为校园网的核心交换层的主要设备	4 台核心交换机采用环状连接构成校园网络核心交换层，采用开放最短路径优先(OSPF)动态路由协议，保证了网络的健壮性
2	区域汇聚交换机 9 台	作为校园网的区域汇聚交换层的主要设备	在核心交换层的外围由 9 台区域汇聚交换机组成校园网络的区域汇聚交换层。4 台教学、科研、办公区汇聚层设备分布在南校区东南片区、西南片区、西北片区和原计专片区；3 台校内学生宿舍区域汇聚网络设备分布在南校区男生宿舍区、南校区女生宿舍区和北校区学生宿舍区；2 台外学生宿舍区域汇聚网络设备分布在学生宿舍区。区域汇聚层网络设备除北校区学生宿舍区和学生宿舍区是一条 1000M 光纤链路连接外，其他都是两条 1000M 光纤链路分别连接到两台不同的核心交换机上
3	楼栋汇聚交换机 84 个	作为校园网的楼栋汇聚层主要设备	从汇聚层交换机向下以 1000M 光纤连接到校园每栋楼的楼栋汇聚交换机，这部分楼栋汇聚交换机构成了校园网络的楼栋汇聚层，即校园网络的主干节点。主干节点千兆光纤交换机。目前，1000M 主干节点基本覆盖了各教学、科研、办公大楼，院系主楼及实验室等，1000M 主干节点总数为 84 个
4	接入层交换机	作为终端用户接入层的主要设备	从楼栋汇聚层交换机向下以 100M 双绞线连接到终端用户接入交换机，再以 10/100M 的带宽使用双绞线连接到终端用户。校园网网络信息点总数为 14038 个
5	中国电信出口路由器	校园网的两个网络出口之一	中国电信 163 出口为 1300M，中国电信出口路由器为华为 NE40—8。中国电信出口路由器与核心交换机以 1000M 光纤连接
6	教育网出口路由器	校园网的两个网络出口之一	校园网有到互联网出口两个，除了中国电信 163 出口外，还有到教育网(CERNET)的出口，其中 CERNET 出口带宽为 1000M，教育网出口路由器为华为 NE40—4，该路由器对内与核心交换机以 1000M 光纤连接
7	透明硬件防火墙	为校园信息网络的安全运行提供安全屏障	为确保校园信息网络的安全运行，在学校网络的出口安装了透明硬件防火墙，配置外部访问内部规则，做到即能开放正常服务，又能有效隔离与外部网络的其他连接

律释放；禁烟、禁赌、禁盗等活动在农协领导下轰轰烈烈开展起来；平日作威作福、欺压百姓的土豪劣绅在县农协面前只能规规矩矩，威风扫地；平时凶神恶煞的警察和衙役，也成了丧家之犬，惶惶不可终日。3月底，县农民协会举办了由各乡镇农运积极分子40多人参加的农运训练班，培养了一批农民运动骨干。一批基层农会先后建立起来。农训班学员茅学勤回乡后，首先组织起后塍农民协会。成立当天，数千农民参加大会，抓来一批土豪劣绅，批斗游街。接着，南沙、中兴等地也先后建起了基层农民协会。3月底，县农民协会在杨舍镇查封了江阴县前议长郭丕纲的家产，县地方款产处总董陈旨章、参事周康、孟岱坤和后塍镇土豪吴阮琴、反动牧师王森宝等被群众扭送到县监狱关押，恶讼师俞道聘被游街示众。

北伐军抵达后，为周水平烈士申冤的机会到了。江阴县成立了以县农民协会为主体，由各界代表参加的"周案调查委员会"，领导农民同参与谋害周水平烈士的土豪劣绅展开清算斗争。1927年3月26日，江阴的"周案"要犯沙文明、陈美斋等几十户土豪劣绅的家产被查封。在常熟，"打倒土豪劣绅""为周水平烈士报仇"的标语遍贴城乡各地，形成强大的社会舆论。共产党员谢恺带了传单到王庄，在城隍庙广场召开市民大会。他号召农民组织起来，打倒收租米人。在这次为周水平报仇的声讨活动中，由谢恺领导的王庄农民协会成立了。4月中旬，鹿苑召开市民大会，查封了"周案"要犯钱祠笙的家产。

农民群众把昔日骑在头上的土豪劣绅打翻在地，大革命高潮时期的农民运动成为广大贫苦农民的盛大节日。

第五节　大革命在苏州的失败

大革命的高潮刚刚兴起，苏州人民和全国人民一起沉浸在胜利的喜悦之中。这样的大好形势却遭到了暗藏在革命阵营中的国民党新右派蒋介石的忌恨。对于蒋介石的反革命面目，一些中国共产党人与国民党左派早有觉察和防范。但是，由于以陈独秀为代表的右倾机会主义在全党占统治地位，国民党右派的叛变阴谋未被有效制止。

1927年3月26日起，蒋介石在上海同帝国主义分子、江浙财阀、流氓头子频频密谋，并调集嫡系部队控制了江浙两省。4月6日，以白崇禧为首的东路军前敌总指挥部政治部以开会名义，把中共党员控制的驻苏二十一师政治部领导成员诱骗到上海龙华扣押，另委鄞某为政治部主任，更换全体工作人员。随后，以增援江北战线为名，将二十一师调离苏州，迫使师长严重辞职，由蒋介石亲信六十三团团长陈诚接任。同时，委任独立十旅旅长张镇为苏州警备司令，控制苏州的局势。

4月7日，张镇奉命去上海晋谒蒋介石表示效忠。4月8日，张镇回到苏州，当即派兵冲砸苏州总工会。4月9日凌晨，蒋介石乘火车去南京途经苏州时，又召见张镇，面授机宜。张镇当天便以警备司令的名义发表布告，声言对"反动分子"要"严加惩处"，并以加强社会治安为由，派出全副武装的士兵上街巡逻。

国民党右派集团在完成了对中国共产党及工农大众突然袭击的准备之后，一场血腥的反革命政变迫在眉睫。

4月9日，蒋介石到达南京时，侯绍裘等正组织南京市民三四万人，在公共体育场召开欢迎汪精卫复职和欢迎蒋介石莅宁的大会。蒋介石却派出特务头子率领流氓、打手捣毁了国民党江苏省党部、南京市党部和总工会，拘捕了张曙时、黄竞西等30余人。

4月10日上午，南京各界群众集会游行，强烈要求释放被捕人员，惩办凶手，保护工人运动，蒋介石指使流氓、打手持枪行凶，酿成流血惨案。当晚，中共南京地委召开紧急扩大会议，会场被国民党侦缉队包围，对苏州建党及革命运动做出重大贡献的侯绍裘、刘重民、张应春、许金元等10多人被捕，惨遭杀害，被秘密抛入秦淮河中。

4月12日，蒋介石在上海向共产党人和革命群众举起屠刀。接着，在全国范围内开始了对中国共产党及工农革命群众的大逮捕、大屠杀，把轰轰烈烈的大革命镇压下去。4月18日，蒋介石建立了代表帝国主义、大地主、大资产阶级利益的南京国民政府。

"四一二"反革命政变前夕，苏州群众的革命热情仍然十分高涨。4月10日，日资瑞丰丝厂爆发工潮后，日驻苏领事急忙赶到上海，向北伐军东路前敌总指挥白崇禧诬告工人聚众闹事，要求派兵保护。这正好给反动派镇压革命提供了借口。白崇禧电令张镇以"保护日侨安全"为由，加强镇压措施，并于4月11日派出一中队宪兵赴苏州协同"维护地方治安"。张镇接电后，立即将被工人收缴的枪支归还日本领事馆，并派兵在日领馆周围巡逻。张镇还制造舆论，称有"反动分子煽动工潮，聚众闹事"，为进一步镇压革命做准备。

"四一二"反革命政变当晚，白崇禧急令张镇在苏州动手。张镇接令后，立即宣布实行戒严，禁止两人以上集会。4月13日中午，第十独立旅司令部副官董友贤奉张镇命令，率领两个排士兵，将苏州总工会包围，冲进总工会抓人。总工会负责人舒正基、潘志春等正在后院吃饭，听见前面人声嘈杂，预感到出事了，立即将文件、档案捆在身上，从后院翻墙出走，避开了搜捕。反动军队在总工会内翻箱倒柜，乱砸一气，对工作人员逐个抄身赶出门外，然后查封了总工会。下午，张镇发出捉拿舒正基等总工会负责人的通缉令。晚上，白崇禧又急电张镇，指名将舒正基押送上海。张镇连夜派兵四出搜查，所幸舒正基躲开了搜查，安然脱险，并立即离苏赴沪，才未落入虎口。

4月13日晚，中共苏州独立支部紧急集会，讨论应变计划，决定党内同志凡已暴露身份的，立即转移。常熟特别支部也做出相应部署，决定李强立即撤离，特别支部工作由担任国民党常熟县党部常委而没有暴露身份的共青团员邹逸中负责。4月14日，李强撤往上海。由于苏州党团组织对国民党右派集团的反革命阴谋活动有所觉察、有所防备，事变中又应变及时，措置得当，因此，在"四一二"反革命政变中，苏州的党团组织基本上没有遭到破坏，这为不久以后恢复党团活动保存了力量。

第六节　反革命的"清党"活动

"四一二"反革命政变以后，国民党右派集团为进一步剪除异己，巩固其统治，迅速部署开展"清党"活动。

4月13日，北伐军东路前敌指挥部政治部主任陈群派张品泉到苏州任吴县政治监察员，着手"军政联合清党"。4月17日，以共产党员和国民党左派为主体的国民党苏州市党部被查封、解散。4月22日，张品泉召集第十独立旅政治部、水警厅政治部、吴县监察委员会及苏州公安局政治部头目开会，成立"清党委员会"，代替已被解散的国民党苏州市党部，专事"肃清跨党分子及投机分子"。在"清党委员会"11名成员中，没有暴露身份的中共党员顾容川、沈炳魁、郑醒夫分别以国民党市党部常务委员及教育协会、商民协会负责人身份，被视为"忠实同志"而名列其中。郑醒夫为"清党委员会"文书股长，沈炳魁任会计股长，顾容川甚至还与张品泉、黄启元组成3人主席团，成为苏州"清党"的核心人物。顾容川等人便利用这些特殊身份，在敌人心脏内部进行机智勇敢的斗争。每逢"清党委员会"开会、决定逮捕革命者时，沈炳魁等就利用誊写名单的机会，把情报及时递送出去，让即将受到危险的同志迅速隐蔽，造成敌人屡屡扑空，使清理"跨党分子"的行动收效甚微。这些引起了东路前敌总指挥部政治部主任、"清党"委员陈群的怀疑。4月底，顾容川等被迫离开苏州。

工人运动始终是国民党新右派的心腹之患，反革命政变得手之后，国民党当局力图把工人运动纳入自己的操纵之下。4月21日，苏州"清党委员会"开会，决定成立职工统一委员会，受第十独立旅、水警厅、公安局以及吴县监察委员会联合控制，取代已经被查封和取缔的苏州总工会。4月27日，职工统一委员会一成立，便要求各行业工会"清除内部捣乱分子"。但是，苏州工人运动有着坚实的群众基础，数十个行业工会的领导权多数仍掌握在中共党员手中。不久，丝织工人反对当局及资本家的斗争，就是由以共产党员为核心领导的铁机工会一手组织的。

5月上旬，东路前敌总指挥部政治部派员到苏州检查"清党"工作，认为苏州的"清党"工作已经完成，可以重新组织市党部。苏州"清党"期间，共"清理"党员705人，当局认为可以登记的仅 43 人。5 月中旬，东路前敌总指挥部政治部派党务整理委员陶凤威到苏州，宣布撤销"苏州清党委员会"，组成由他为首的国民党苏州市党部。同时，吴县农民协会筹备委员会、苏州妇女联合会等革命群众团体先后停止了活动。6 月 15 日，吴县临时行政委员会被由国民党右派组成的吴县县公署正式取代。

6 月，国民党的"清党"活动扩展到常熟。江苏省"清党"委员会派员坐镇指挥，中共常熟特别支部受命转入隐蔽活动。共产党员周文在、严企光、顾近仁等分批经上海撤往武汉，同时撤离的有朱文元、钱学周等。稍后，周文在、朱文元、顾近仁等参加了八一南昌起义。常熟著名的农民运动领袖、中共党员谢恺是土豪劣绅的眼中钉。6 月下旬，谢恺准备撤往武汉，却在出发前一天被恶霸地主王北山等杀害。中共常熟特别支部临时负责人邹逸中出走扬州。一些国民党左派人士如周启新等也远走他乡。

吴江、昆山、太仓等地也先后进行"清党"。吴江县党部被查封，县党部执行委员遭搜捕。蒋介石派驻苏州的第十独立旅到吴江，指名缉拿柳亚子和毛啸岑。柳亚子藏身家中复壁内，才幸免被捕，不久东渡日本避难。中共党员、国民党江苏省党部秘书长毛啸岑被迫出走浙江。县党部委员、县总工会负责人吴锡圭被逮捕，后瘐死上海漕河泾监狱。县党部其他骨干和左派人士均遭通缉，纷纷出走他乡。昆山县警察局长奉二十六军一师政治部训令，严密缉拿"跨党分子"。县党部常务委员朱秀章因有共产党嫌疑遭逮捕，其他成员先后撤离昆山。7 月中旬，"'清党'委员会"成立，凡由中共党员介绍的或有左派嫌疑的国民党员一概被清除。工、学、商、妇等群众团体也被勒令解散。太仓自"清党"后，国民党左派停止活动，转入地下，或出走外地。7 月，国民党右派组织县党部，成为蒋介石集团在太仓的代表。

第一次国共合作下发动的大革命,在中国大地上掀起了规模空前的工农群众革命大风暴,给帝国主义和封建势力以沉重打击。以苏州而言,从此建立起了中共苏州地方组织,知识分子(主要是青年学生)和工农群众得到了前所未有的发动,帝国主义和封建势力受到了前所未有的打击,基本结束了封建军阀在苏州的反动统治,为以后的革命斗争提供了良好基础。大革命的失败,外部因素,是由于帝国主义和封建势力暂时比革命力量大得多,作为它们的代表——以蒋介石为首的国民党右派早就看中江浙和沪宁地区,从而进行精心策划和部署的结果;内部因素,是以陈独秀为代表的中共中央犯了右倾机会主义的错误,同时中国共产党还处在幼年时期,缺少革命斗争的实践和经验。

大革命虽然失败了,大批共产党员和革命群众倒在血泊之中,但是,党在群众中的政治影响是抹不掉的,党从大革命失败的痛苦经历中受到了锻炼,获得了极其深刻的经验教训,为领导中国革命走向新阶段准备了条件。值得指出的是,苏州党组织从建立初期起,就显示了自己的智慧、胆识和机警,从而使它在反革命的血雨腥风中减少了损失,这是十分难能可贵的。不久,它又以大无畏的革命气概,率领党员和群众,积极投身到新的革命斗争中去。

第二编　土地革命战争时期

(1927年8月—1937年6月)

大革命失败后，国民党政权确立了对全国的反动统治，到处笼罩着白色恐怖。中国革命向何处去？共产党人从失败的痛苦和斗争实践中悟出了一个真理：中国革命必须从土地革命着手，开展武装斗争，建立农村革命根据地，走农村包围城市、武装夺取政权的独特道路。1927年的中共中央"八七"会议，正是标志着由大革命失败到土地革命战争兴起的历史性转折。在此前后相继爆发的南昌起义、秋收起义、广州起义和其他地区的一系列武装起义，以及建立井冈山革命根据地，深入进行土地革命，正是开辟这一独特道路的实践和尝试。可是，当革命走向复兴时，党的领导又遭受"左"倾错误，特别是王明"左"倾冒险主义错误的控制，使革命严重受挫。苏区红军由此遭受了第五次反"围剿"失败，被迫进行二万五千里长征。1935年1月长征途中召开的遵义会议，事实上确立了以毛泽东为核心的党中央的正确领导，在极其危急的情况下挽救了革命、挽救了党，赢得了长征的胜利，推动了抗日救亡运动，建立起了抗日民族统一战线，中国革命出现了新局面。

这一时期的苏州革命斗争，前阶段在"左"倾错误统治下，频频出现城乡暴动，致使革命力量遭受重大损失。后阶段随着"九一八""一·二八"等事变的发生和民族危机的加深，沉寂一时的群众运动再次高涨，掀起了抗日救亡高潮，民众的觉醒达到了新的境界。

第四章　党组织的恢复及党领导的农民暴动

第一节　苏州党团组织的恢复

大革命失败后，一批党团员撤离苏州，中共苏州独立支部书记顾容川也撤往外地，党组织活动一度停顿。1927年4月29日，中共江浙区委在上海举行主席团会议，讨论宜兴、苏州等地的工作，指定正在上海隐蔽的中共苏州独立支部委员、共青团苏州特别支部书记周学熙担任中共苏州独立支部书记，回苏州工作。5月初，周学熙肩负使命，会同撤往上海的其他部分同志，回到苏州，联络同志，整理队伍，恢复党的组织。经过一个多月艰苦努力，周学熙等人重新聚集了老党员，发展了一批新党员，建立了5个基层党支部，党员人数达100余人，独立支部机关设在中张家巷26号的一座小楼上。

6月，根据中共中央决定，中共江浙区委分别组建江苏、浙江两个省委。6月上旬，中共江苏省委在上海成立。同时，经省委同意，中共苏州独立支部改为中共吴县县委，不久又改称中共苏州县委。周学熙任县委书记，委员有姚积安、潘志春等人。中共苏州县委是全省成立最早的县委之一。

6月26日和7月2日，省委机关两次遭国民党军警破坏，省委书记陈延年、省委代理书记赵世炎等人先后被捕，壮烈牺牲。省委机关连遭破坏，一时无力顾及外县，直至8月下旬起，才陆续派人到各地恢复党的工作。

11月,省委派赵霖到苏州担任中共苏州县委书记,周学熙改任县委委员。同时任县委委员的有高祖文、冯志良以及外地派来的黄惠之、王晓梅等。中共苏州县委领导吴县、吴江、常熟三县工作,但实际上吴江、常熟还没有恢复党的组织,苏州县委的工作范围基本上限于苏州城区及近郊。到1927年年底,县委下辖平江、胥盘、阊西3个区委、14个支部,党员190余名,还创办了县委机关刊物《每日新闻》,党的力量得到了较快的恢复和发展。

中共苏州县委成立后,共青团苏州特别支部也相应改称为共青团苏州市委,陈铿为书记,委员有房鉴钊、沈达等。团市委机关设在仓米巷2号内。年底,全市有团员300余人。

北伐军抵达太仓之前,太仓还没有建立党团组织。北伐军的到来,使太仓的政治空气活跃起来,特别是青年学生,革命热情高涨。省立第四中学高师科学生高炳泉经人介绍,前往上海同团省委负责人华少峰取得联系,加入了共青团。回太仓后,积极发展团员,筹建团的组织。1927年7月,共青团太仓特别支部成立,高炳泉为负责人。全县有团员14人。共青团太仓特别支部成立后,根据上级指示,抓紧在城镇职工、学生和农村教师中发展组织。到1927年年底,有团员30人。他们组织团员和青年学习革命理论,在白色恐怖下同国民党反动派展开斗争。1928年元宵节前夕,特别支部秘密印制了一批"打倒土豪劣绅""打倒帝国主义""打倒封建军阀"等内容的传单,张贴在县城各处,甚至贴到了县政府大门上,使国民党当局十分震惊。

1927年8月下旬,省委派顾亦人到昆山恢复党组织。由于党员中的骨干先后离去,党组织恢复工作遇阻。10月,省委再次派人到昆山恢复党组织，又未成功。直到1928年四五月间，中共昆山特别支部才重新建立，有党员3名。

大革命时期，国共两党在吴江有过亲密合作，还涌现了像张应春（女，吴江人，曾在上海体专求学。1925年8月任国民党江苏省党部执行委员、妇女部部长。同年秋加入中国共产党。在上海创办《吴江妇女》月刊。1927年4月11日在南京被捕牺牲）那样的优秀党员，但始终没有建立起中共组织。直至1927年8月，中共吴江独立支部才成立，但不久又无形消失。

"四一二"反革命政变后不久，刘峙部进驻常熟。中共常熟特别支部的一些党员对特别支部负责人过分迎合刘峙颇为不满。1927年5月，曾雍孙、钱宗灏、顾近仁等另建共青团特别支部，在学生中发展团员。曾雍孙通过撤往上海的李强同上级团组织接上关系。7月初，特别支部往来信件被当局查获，曾雍孙身份暴露而遭逮捕，移解南京。后经多方营救，于8月获释。

曾雍孙被捕后，团员中有人避往上海，有人藏身农村，在极其秘密的情况下，继续开展活动。到10月，已建立学校支部、农村支部各2个，电话局及店员支部各1个，团员总数达四五十人。在此基础上，根据团省委的指示，共青团常熟县委正式成立。此时，邹逸中从扬州返回常熟，他与钱宗灏被推选为团县委负责人。

1928年4月，参加江阴农民暴动的石楚材回到常熟，组织中共常熟临时委员会，由石楚材、徐衡伯、钱宗灏、屈雨时、欧阳芗等5人组成。后因屈雨时和欧阳芗经常缺席，改由陈新元、吕沛如替任。

5月12日，中共常熟县代表大会召开，选举屈雨时、石楚材、徐衡伯、龚建刚、钱宗灏等5人为县委委员，张惠英、吕沛如等2人为候补委员，正式组成中共常熟县委。在城区，县委利用"五卅"

纪念日召开工会代表会，介绍"五三"济南惨案真相，揭露国民党勾结帝国主义的罪行，宣传共产党反帝反封建的政治主张，并在衣裘业、帽业、窑业、竹业、机器业、腌腊业等行业发动了几次罢工。在农村，县委委员、钱家宅支部书记龚建刚发动农民进行抗租抗息斗争，并在浒浦贫苦渔民、盐民中发展了7名党员，在其他地区发展了10多名党员。

常熟县委成立之后进行了一些活动，但就整体而言，由于白色恐怖严重，加之缺少经验，难以开展工作。7月8日，省委派陈鸿到常熟，在联珠洞召开全县党代表大会。这时，朱文元、周文在在参加南昌起义，辗转潮汕后回到常熟。这次党代表大会选举朱文元、徐衡伯、程飞白、陆鹗祥、张惠英、杨原、陈新元、顾海×等8人为委员，朱文元任书记，周文在任秘书。

新的县委将全县党组织划分为东南、西南、东北、西北、东区、城区及近城7个区，并建立区委，开展工作。这时，全县共有店员、女工、王庄、港口、王市、横泾、浒浦、徐市等8个党支部，70多名党员，40多名团员。

第二节 "八七"会议精神的贯彻

1927年8月7日，中共中央在汉口召开紧急会议，总结大革命失败教训，纠正陈独秀右倾投降主义错误，改选中央领导机构，确定了土地革命和武装反抗国民党反动派的总方针，并把发动农民举行秋收起义作为当前党的最主要的任务。但是，会议在反对右倾错误时没有防止"左"倾错误，反而容许、助长了冒险主义和命令主义的倾向。

第四章 党组织的恢复及党领导的农民暴动

"八七"会议后不久,中共江苏省委于9月制定了《江苏省委农民运动工作计划》,作为贯彻执行"八七"会议精神的总体部署。

该计划分析了"四一二"反革命政变以来,江苏农村阶级关系的急剧变化,认为一些仅有的基础薄弱的农民组织被摧毁殆尽,在白色恐怖之下,捐税突增,匪军骚乱,农民增加了许多经济上的压迫,江苏广大贫苦农民"渴望着真正的革命"。并指出,江北搞农民暴动较有基础,但"这并不是说江南的农民不需要暴动"。

该计划将全省农民暴动划为13个区,其中吴县、常熟、吴江等县所在的无锡区被确定为江南农民暴动的中心区域。接着,省委组织部于10月初在上海召开江南各县负责人会议,决定宜兴、无锡、常州、江阴、常熟等地应在最短时期内发动农民暴动。

共青团江苏省委则在9月16日和29日两次召开会议,传达"八七"会议精神,部署农民运动工作。

周学熙、陈铿分别参加上述会议回到苏州后,多次召集党团员骨干在大乘庵、药师庵、承天寺等地开会,传达"八七"会议和党团省委会议精神,研究秋收暴动计划。尽管会议选择在寺庵举行,但还是引起了国民党当局的注意。一天夜里,团市委在承天寺开会时,两个国民党便衣特务闯了进来,会议警卫人员用订书机冒充手枪,将他们押到僧房锁住,参会人员才脱险转移到务初小学继续开会。

不久,按照党团省委的要求,苏州党团行动委员会成立,统一领导苏州工农群众运动。团市委书记陈铿担任行动委员会书记,并确定农运基础较好、邻近无锡的浒关一带为发动暴动的重点,以呼应全省重点农民暴动中心区域无锡的斗争。

接着,苏州党团行动委员会以赶庙会的名义,在城郊上方山召开党团活动分子会议。团省委书记华少峰专程前来参加。会议分析了形势,认为大革命失败后,苏州郊县农民在反动政权和地主豪绅的重重压迫下,生活困苦不堪,田赋之重甲于天下,减免田租与反抗豪绅是农民的迫切要求。这里又是沪宁、苏嘉铁路和京杭运河交会处,在这里组织农民暴动,意义非同寻常。当时,正值苏州城区铁机工人掀起反对资方"放机关厂"的大罢工。因此,会议决定,在城区,应把铁机工人的罢工扩大为全市性的总罢工,进而发动城市武装暴动;在农村,应把重点放在沪宁沿线的望亭、浒关、唯亭一线,尽快组织暴动,以期同无锡农民暴动相配合。

会后,党团行动委员会分派周学熙、陈铿等负责组织城市武装暴动,周倩伯、王晓梅、傅缉光、沈达等前往浒关、唯亭、郭巷等地组织农民协会,成立农民革命军,发动农村武装暴动。

10月19日,中央对江苏省委上报的农民运动工作计划提出了尖锐批评,尤其对有关"江苏农民暴动计划,应该特别注意江北方面"的观点深为不满,认为这种主张"很可能给江苏农民暴动以很坏的影响——机会主义的影响。如果不改正过来,江苏农运可能在这种倾向之下失败"。批评信还要求"江苏农运的政治路线应该是直线的,即抗租、抗税发展到实行乡村中的红色恐怖,杀豪绅官吏及一切反革命派,建立乡村的革命政权"。

10月下旬,省委连续两次对农民运动工作计划做出修改和补充。第一次,检讨原有计划"有重视江北的倾向",认为"江南的农民一样需要暴动","正因为江南农民离反动政治军事中心最近,所以,江南农民暴动的重要与意义尤为严重"。并且,要求把江南农民暴动的立足点放在"夺取政权"上。

几天以后,省委又对农民运动工作计划做了补充,强调农民暴动应采取进攻的策略,"努力开展暴动的区域,扩大暴动的数量","绝不采取守势,取守势一定失败"。此后,仿效江北,成立江南农民暴动特别委员会(简称"江南特委"),统一领导江南各县的农民暴动。11月1日,在省委领导下,宜兴举行声势浩大的农民暴动,打响了江南秋收起义的第一枪。中央对宜兴暴动极为重视,也不顾宜兴暴动的成败,给江苏省委紧急指示,要求"各县即应速起响应",并规定"各县暴动应特别注意乡村中的大暴动(杀豪绅官吏、没收土地、夺取武装和政权、消灭一切反动势力)"。

11月9日,中共中央召开临时政治局扩大会议,"确定实行全国暴动总策略,并以城市暴动为中心及指导者"。在此情况下,省委于同日做出组织全省暴动的《紧急决议案》,强调"毫不犹豫地去领导这一暴动"是"党目前的唯一任务",要求各地"在十一月十五日以前便要发动"。而且暴动一起,便要采取攻势,不得有丝毫准备后退或准备失败的心理。还规定如果暴动发起有1 000人参加,到第二天至少要发展到5 000人,第三天至少要增加到二三万人,不到几天全县农民要"尽数起来"。对于无锡、苏州等地更要求"尽可能占领县城"。

12月5日,省委又做出《农民运动第三次计划》。这时宜兴、无锡暴动已相继失败,而该计划仍加以充分肯定,并认为"工农革命潮流仍日愈高涨,已经到了群众直接起来武装暴动夺取政权的时期",强调"在江南努力从游击式作战去发动领导群众革命斗争,造成乡村中普遍骚乱局面,亦即创造总暴动的局面"。

总之,这一时期省委指导农民运动的"左"倾思想日甚一日,这影响了苏州各地的行动。这种状况,直至1928年才告结束。

第三节　沙洲后塍三次农民暴动

当时沙洲一带,地瘠民穷,百姓生活十分悲惨。1926年10月,毛泽东在《江浙农民的痛苦及其反抗运动》一文中,曾提到沙洲农民"经济上很痛苦"。1927年4月,中共江阴独立支部向中共江浙区委的汇报中,谈到沙洲现状时说,沙洲农民十之七八已至断粮地步,多无力买米,有一日仅得一餐者,有饿了一日隔日再得食者,活活饿死的、被迫寻死的到处都是。沙洲农民的吃饭问题,已到了山穷水尽的地步。

1927年10月,中共江阴县委成立后,省委派钱振标回江阴任县委书记。县委按"八七"会议精神和省委《农民运动计划》,将组织秋收暴动问题提上议事日程。刚开始,多数同志认为暴动时机未到,没有实力,并提出两个问题:一是没有武装,怎样暴动?二是暴动以后,怎样应付白色恐怖?讨论了好久,几乎把省委暴动计划根本否定。之后才决定选择农运工作基础较好的后塍作为突破口,并以后塍、三官、云亭、长寿及长泾等地的农运骨干为主力组成农民革命军,钱振标任暴动总指挥,茅学勤、陈叔璇、朱松寿等参加指挥工作。攻击目标选定为后塍公安分局和禁烟检验所,计划夺取两处的武器(公安分局驻警察20余人,有毛瑟枪10支,禁烟检验所有枪2支),武装暴动队员。暴动的方法拟为智取,搞突然袭击。待这两处得手后,再扩大战果。暴动时间定在11月14日晚。不料当日因联络工作没有做好,几处暴动队伍未按指定时间到达,指挥部决定推迟一天行动。

11月15日晚,钱振标、茅学勤等召集后塍农运骨干20余人,携带刀棍、长矛等武器，埋伏在暴动指挥所——通济桥堍一小屋四周，待机行动。11月16日凌晨1时许，农暴队员割断了后塍至江阴县城的电话线，分两路包围公安分局。当农暴队员逼近公安分局门口，岗哨发现有异鸣哨告警时，暴动队员已猛扑上去缴下枪支。一声令下，农暴队员奋起冲进公安分局巡士卧室，一片喊杀声中，惊魂未定的警察乱作一团。当晚，该分局局长在江阴未归，群龙无首的警察不知所措。农暴队员砍伤两名企图顽抗的警察，顺利地缴获手枪、步枪各1支、毛瑟枪5支及子弹、刺刀、警服等。农暴队员乘胜冲进禁烟检验所，砍死1名护缉队员，缴获毛瑟枪1支。两处据点被连续攻克。

接着，农暴队员涌进南街劣绅俞道聘家，将俞宅连同田单、债据、租簿等，统统付之一炬。俞本人因外出未归，躲过了这场冲击。

凌晨3时，农暴队员在张贴完农民委员会布告和标语后撤出后塍镇。清晨6时，当县公安局局长张品泉带领3个排警察赶到时，暴动队员早已无影无踪。但他们从一女孩口中诱供出了农暴领导人姓名，导致茅学勤父母和哥哥茅学友及其他16名群众被捕。茅学友遭到严刑审讯、长期监禁，惨死狱中。

12月20日，钱振标、茅学勤、陈叔璇、朱松寿等在江阴周庄开会，被国民党密探侦悉，26名警察前往搜捕时，钱振标等已离开，警察扑了空。晚上，由密探带路，警察包围了长寿朱家巷朱松寿家，逮捕了朱松寿、张老四及茅学勤的弟弟茅学思等3名农暴骨干，立即解往后塍关押。

得悉朱松寿等被捕后，县委立即召开紧急会议，决定组织劫狱，并借机再次举行暴动。茅学勤等召集百余名农暴队员，分成两路，一路攻打公安分局，一路攻打朱松寿等关押处——光华电灯厂。实施分割包围战术，切断两处警察之间的相互联系和支援。暴动队员颈系红布，统一了口令，进攻的武器除大刀、长矛、铁钗、棍棒外，还有4支驳壳枪、3支手枪及一些土制炸弹。比起首次暴动来，火力强多了。

12月21日凌晨3时许开始行动，守在外围的农民群众，一边高呼冲杀，一边在火油箱内点燃鞭炮，虚张声势。攻打公安分局的一路缴了1名岗哨的械，3名哨兵逃进局内报告。分局长俞慕周率警顽抗，激战1个多小时，农暴队员仍未攻克公安分局，且有1人牺牲，数人受伤。危急之中，农暴队员实施火攻，熊熊大火和滚滚浓烟迫使警察仓皇出逃。农暴队员终于胜利攻克公安分局，然后立即驰援电灯厂的战斗。

攻打电灯厂的队伍遭到守卫巡警顽抗，战斗十分激烈。待增援队伍一到，士气骤增。此时公安分局等处的冲天大火，使得驻警十分恐慌，纷纷从后门狼狈出逃。农暴队员冲进电灯厂，救出朱松寿等3人，当场将向警察告密的"眼线"俘获处死。这次战斗，击毙警察6名，剪除叛徒1名，缴获毛瑟枪3支。

早晨7时许，国民党江阴县长、公安局局长等赶到后塍时，暴动队伍已不知去向，只见满街张贴着"农民暴动""夺取政权""农民们快快起来"等标语口号以及署名"中国共产党农民暴动总司令沈铁华"的布告，警告反动当局不得加害无辜农民。

后塍两次暴动给国民党反动派及地主豪绅以沉重打击，给广大贫苦农民以巨大鼓舞。领导农民暴动的中国共产党在群众中的威望提高，党组织进一步壮大。1928年年初，中共江阴县第一次代表大会在后塍西南耿家宅基召开，选出新的县委领导机构。后塍地区一批共产党员和农暴骨干茅学勤、倪培青、徐江萍、余静嘉等进入县委，蒋云当选为县委书记，茅学勤为军事委员。会议决定成立全县农民革命军，在茅学勤统一指挥下，设三路武装支队。南路支队由朱松寿负责，东路、东北路支队由徐江萍、陆家林负责，西路支队由高大生、高小生负责。不久，农民革命军改称红军。

1928年1月1日，省委决定无锡、苏州、江阴、常熟等22个县在阴历年关发动农村游击战争。中共江阴县委随即决定在后塍再次举行暴动，回击国民党反动派正在进行的疯狂报复和镇压。

1月13日晚，茅学勤率领农民革命军六七十人到距后塍不远的五节桥，把作恶多端、民愤极大的劣绅卢鸿吉家5间住房烧掉，并处决了两名告密者。随后向后塍挺进，准备再次对公安分局发起攻击。1月14日凌晨1时许，队伍到达后塍南典当场刘家巷时，遭到公安分局局长俞慕周带领警察拼死抵抗。激战1个多小时，农民革命军为提防对方增援，主动撤出战斗，向长江边转移。

第四节　杨舍暴动、后塍第四次暴动和苏州未遂的暴动

杨舍是沙洲境内最大的集镇，近千户居民中有豪绅地主20多户。自农民暴动以来，国民党当局在杨舍设立公安分局、缉私盐局等机构，加强对人民的镇压。

1928年2月，又是一个春荒时节。农民缺吃少穿，地主豪绅出于对农民暴动的敌视，联合起来拒绝农民的借贷要求。中共江阴县委分析认为，后塍经过几次暴动，国民党当局的注意力集中于此，暂时不宜再在这里继续行动，可选择杨舍作为暴动点，既出其不意，又顺应杨舍地区农民的要求，易于得到支持，还可以造成更大的

影响。

2月20日,杨舍镇农民贴出布告,勒令豪绅富户7天内筹集现款3 000元赈济缺衣少食的农民度春荒。豪绅富户视若无睹。2月26日,限期一到,杨舍农民暴动爆发了。

这次暴动准备比较充分,事前做了战斗动员,编制好了队伍,规定了口令,分发了红旗,教习了军事知识。并确定以后塍200多名农暴队员为主力,会同云亭、长寿地区二三百名农民,在省委特派员钱振标及县委领导人茅学勤、陈叔璇、朱松寿等率领下,分三路向杨舍镇进发,重点攻击杨舍公安分局及缉私盐局。

杨舍公安分局在镇西,有枪13支,通夜布哨,戒备森严。农暴队伍有枪8支。暴动领导者决定,主力队伍绕到公安分局后面实施攻击。另一支队伍去西门埋伏,准备策应。第三支队伍直取东门水关的缉私盐局,要求攻克据点,缴获枪支,以减轻主力队伍的压力。2月26日深夜11时许,战斗打响。农暴队员在公安分局附近与岗哨接火。在一片荒地上,暴动队员抢占了有利地形,一面猛扔土炸弹,一面晃动手电迷惑对方。激战持续2个小时,双方相持不下,暴动队员又一次施用火攻战术。公安分局顿时烈火腾空,浓烟呛得对方难以支持。埋伏在西门的队伍看见火光,从正面向公安分局据点发起攻击,击伤警察1名,缴枪1支。警察见四面火起,又受到前后夹攻,斗志顿失,纷纷携枪狼狈出逃。农暴队员冲入公安分局,缴获一批弹药,大火将公安分局全部烧毁。攻打缉私盐局的50多名农暴队员没有遇到多大反抗,顺利冲了进去,砍伤3名盐警,缴获一些枪支及2万多元现金。两处战斗结束后,农暴队员分头包围了镇上20余家豪绅富商的店铺和宅第进行搜查,将租簿、田契、单据连同房子一起焚毁,将典当的银圆及浮财全部没收。欺压和剥削贫苦

第四章 党组织的恢复及党领导的农民暴动 73

农民的豪富得到严厉的惩罚。

2月27日凌晨3时，暴动队伍在街上集合，由农暴负责人进行总结，发表演说，号召组织苏维埃政权。在撤离前，农暴队员在大街上张贴标语"不缴租！不还债！不纳税！""没收地主土地，实行耕者有其田！""工农兵夺取政权！"并张贴预先准备好的揭露反动派政治上反动、军事上失败、经济上崩溃的布告，以及军事委员会的布告，枪毙土豪劣绅的布告，给反革命的国民党的布告，等等。

2月27日早晨，江阴公安局局长张品泉率领警察会同驻军赶到杨舍时，农暴队伍早已安全撤离，只得抓了10多个无辜农民回去交差。

杨舍暴动引起了强烈反响。上海《申报》做了专门报道，称这次暴动"颇有组织，并用红布围巾为记，手执三角小红旗，整队点名，当众演说，高呼'苏维埃政权万岁'！四处张贴布告。与巡士战时，均用伏地野战法，指挥员颇具军事学说"。

此伏彼起的沙洲农民暴动，使国民党江阴县政府惊恐万状。他们一面制订"清剿"计划，一面向省政府告急。国民党江苏省政府派遣1个加强连进驻后塍。江阴县政府也将公安队扩编为5个分队，另外又组编了2个特别队、1个骑巡队。各集镇相继建立民团、自卫团和商团等武装。从1928年3月起，进行分区划段联合"清剿"，四出搜捕，妄图将农民暴动镇压下去。一时间，反动军警和地方武装在沙洲地区气势汹汹，滥捕无辜，随意开枪射击农民群众，广大贫苦农民无不切齿痛恨。

中共江阴县委针锋相对，继续组织和领导农暴队员神出鬼没打击敌人。3月29日晚，茅学勤、朱松寿等在长寿泗河口开会。江阴县政府得到密报，连夜出动县警队搜捕，却扑了个空。3月30日凌晨1时许，县警队和公安分局军警在华士会合，再分路兜剿，又一无所获。最后，后塍公安分局军警在周庄芦场巷拘捕了无辜农民24人，准备押往后塍交差。县委接报后，立即派茅学勤组织300多名农民追击，因敌人远去，营救未成。茅学勤带领农民占领了周庄乡公所。此时，又有10多个警察由后塍方向前来周庄抓人，茅学勤立即率农暴队员埋伏在河对岸迎击。警察不敢恋战，向后塍仓皇逃窜。农暴队员紧追不舍，击毙军警1人，缴枪1支。在后塍附近，遭到40余名增援军警的拦截，农暴队员因武器不足，只得暂时退却。接着，县委决定，调集沙洲和东南乡农民3 000人，在当晚向后塍发起进攻，举行第四次后塍农民暴动。

3月30日晚6时许，10余名武装农暴队员向东北路抄袭，与5名查线兵遭遇，发生战斗。农暴队员击毙1人，缴枪1支。战斗一结束，立即向后塍镇靠拢。8时左右，徒手农民千余人抵达后塍，遭到反动军警火力阻击。9时许，南沙、中兴、周庄、长寿等地农民近千人赶到。农暴队员和前来支援的群众把后塍镇团团包围起来，公安分局20多名军警负隅顽抗，茅学勤等担心徒手群众的安全，动员他们后撤。但是，群众没有一个愿意退却。茅学勤把农暴队员分成两路合围公安分局，混战中，几路队伍失去联系。此时，朱松寿带领一部分武装前来支援，增强了攻击火力。国民党驻军得到农民暴动的消息，派出1个排兵力赶来镇压。双方展开激烈的巷战，相持不下，暴动战士纵火助攻，激烈的战斗持续了2个多小时。江阴县公安局局长张品泉又率60多人经占文桥从背后包抄农暴队伍，形势十分危急。茅学勤指挥农暴队员打退对方的进攻后，断然下令退却。但是多数农民看到火光越烧越旺，误以为暴动已经胜利，不愿退去。这时，对方第二次冲锋开始了。茅学勤一面组织退却，一面布置暴动战士埋伏在镇北通兴桥旁。军警见暴动队伍撤退,在代分局长徐振声率领下进行反扑。当他们冲上通兴桥头时,茅学勤、朱松寿身先士卒,带领农暴队员拦击,双方展开短兵相接的战斗。警方对这一突然袭击猝不及防,被密集的子弹打得不知所措,徐振声当场毙命,几名警察被土炸弹炸成重伤。农暴队员趁对方群龙无首、晕头转向时,带领农民迅速撤出战斗。这时,陈叔璇带领500多农民前来支援。待群众脱离险境后,两支队伍合力突破对方包围,向江边转移。转移途中,在柏村庵附近又击毙警方哨兵2名。

这次暴动,连续奋战10多个小时,暴动群众终因与对方力量对比悬殊而失利。暴动群众牺牲了60余人,伤10余人。国民党反动军警被击毙代分局长1人、巡官1人、士兵6人,伤10余人。在焚烧土豪劣绅房屋时,大火也波及了民房、商店计132家,376间房屋被烧。

后塍农暴不断发展,国民党当局的镇压也步步加紧,派出大批军警重兵围剿,挨户搜捕,疯狂报复。凡参加暴动的农民被抓获后,不是当场处死,就是被关押施刑,房屋财产被打砸抢烧殆尽,与茅学勤等农暴领袖有关的人员更是无一幸免,由茅学勤创办的学田圩小学也被烧成瓦砾一堆。各乡村普遍实行保甲连坐法,实施宵禁。从1928年4月到6月,两个月内农暴群众被杀200多人,被烧房屋306间,被迫外逃2 000多人。共产党员高五保被抓后被开膛破肚,头颅悬挂桥头示众。白色恐怖笼罩沙洲乡村。

在此期间,邻近的安镇、店岸、占文桥、峭岐等地也发生多起暴动,其规模、声势和激烈程度有的也不亚于后塍暴动。这一连串的暴动,使反动当局坐卧不安,国民党江阴县长吓得辞职而去。但是,这些轰轰烈烈的暴动,由于力量对比过于悬殊,在打击反动派的同时，也给革命带来了损失。

宜兴、无锡农暴消息传到苏州，加之上级一再催促，中共苏州县委开始动摇了原先静待时机的打算，分工组织农暴的团市委决定在浒关一带组织行动。其实，当时苏州近郊阶级矛盾的尖锐程度，农民生活状况和觉悟程度，以及反动当局的统治程度，与其他地区农村有所不同。勉强跟进，加之由一些不熟悉农村的城市青年来组织领导，不可避免地从一开始就埋下了失败的种子。1927年11月中旬，沈达、周倩伯、傅缉光、王晓梅等到达浒关地区。他们不依靠当地党团组织，不顾严重的白色恐怖，竟在火车站等地公开张贴标语，上街呼喊"抗租、抗税、抗粮、抗捐""大家起来暴动"等口号，立即招致敌人的镇压。11月15日，吴县公安局局长陈诚元亲自带领警察前往浒关搜捕，王晓梅等23人被捕，农暴行动受挫。

1928年3月，省委又一次做出决议，要求各地"实行游击战争，造成乡村割据，夺取城市，建立暴动政权"，并以此作为"造成今年秋收暴动普遍发动的基础"。

这时，在对待农暴问题上，中共苏州县委与团市委产生了意见分歧。县委认为，"农村的组织尚不周密，技术工作尚不完备，邻近农民尚未能广大发动"，主张"暂时仍为准备工作"。团市委则认为，浒关等地党团组织的力量较强，农民委员会已经建立，农民赤卫军也在酝酿组织之中，广大贫苦农民又普遍要求打土豪、分土地。因此，团市委主张尽快行动。最后，党团组织的意见在立足行动上统一起来，建立了行动委员会，县委还组成临时苏西区委，加强对暴动的领导。3月底，县委派人去上海筹措武器，一去十多天没有消息。团市委派人去上海，从团省委领到1支手枪。团市委委员潘逸耕和1名特派员到浒关附近的丁家桥活动，与警察相遇。他们泅水渡河，甩脱了警察的追捕，在麦田里躲藏了 1 天，辗转回到苏州。不久，传来了各地农暴失败、领导人被杀和反动当局大肆逮捕贫苦农民等消息，加之 5 名浒关农村党员被捕、3 名枫桥农运干部被杀，团市委不得不打消暴动的念头，党领导的苏州农民暴动也由此结束。

纵观这一时期的苏州农民暴动（其实也包括城市暴动），体现了党组织和广大党员奋不顾身地执行上级决定，义无反顾地与强敌做斗争的坚定信念和大无畏精神。但是，这些农民暴动无一取得也不可能取得真正意义上的成功，其原因是多方面的。一是苏州地处反动统治中心，手无寸铁的农民与强大的反动武装相抗衡，敌强我弱，相差太大；二是暴动领导者既无开展游击战的知识，又无组织领导武装斗争的经验，全凭对官府地主的仇恨和勇敢；三是仓促集合起来的农民缺乏严密的组织纪律，又没有受过必要的训练，聚散无常，进退无序，很难控制和指挥；四是缺少起码的武器装备。

辩证唯物论告诉我们：一切事物以时间、地点、条件为转移。中国社会经济发展的极大不平衡性，决定了革命发展的不平衡性。在国民党反动统治薄弱地区可能做的事，在苏州这样的反动统治密集区却无法去做。"左"倾盲动之所以错误，从认识论的根源讲，就在于背离了唯物辩证法，背离了一切从实际出发的实事求是原则。对此，1928 年 7 月中共江苏省委的报告中也指出"要纠正以前不顾群众，不审度客观环境的盲动主义"。其教训是极其深刻的。

第五节 连绵不绝的农村抗租斗争

党领导的农民暴动平息不久，农村自发的抗租斗争犹如野火春风，趁势又起。与以往不同的是，这时的抗租斗争平添了几分暴动的色彩。其中以吴县、常熟、太仓等地的抗租斗争尤为激烈。

1929年秋，吴县西山久旱无雨，农作物产量只及常年的1/5。地主蒋宗培等不但不减租，反而将租额提高到七八成以上。农民被逼上绝境，于是团结起来，联合"共荒"。

12月24日，凌桂友、徐才发等带领农民四五十人来到后堡地主蒋宗培家，要求减租。蒋支吾其事，灾民便将蒋家20斤大米、75斤团子吃个精光。

12月25日上午10时许，四五百名农民分成两路，一路再去蒋宗培家，一路直奔区公所。沿路群众纷纷加入。不料蒋已闻风逃逸，区长王淞葆一味敷衍，暗中指使警察弹压。群众识破其奸计，将区公所门窗及办公物件尽行捣毁，将国民党党旗撕成碎片，将王淞葆扭往后堡跟蒋宗培一起论理，两路农民会合到一起。公安分局长郑伟业闻讯带领20名警察赶来弹压，农民逼其表态支持减租，郑伟业声言须业主讨论决定。农民怒而将郑伟业团团围住，痛打一顿，郑伟业面部血流如注，随队警察都不敢上前。农民们拿出预先准备好的"今年田亩无收，无饭吃，要免租"的字条，迫令王淞葆、郑伟业两人画押，并在其应允交出蒋宗培、出具免租布告、召开佃户大会宣布免租3个条件之后，才将他们放回。

12月26日晨，王淞葆、郑伟业贴出所谓"本乡农民请求免租，自当据情转呈县政府"的模棱两可的布告4张，随即偷偷乘船到县告状。县公安局局长郑诚之接到西山农民抗租的告急后，于26日上午率队前往西山镇压，当即拘捕了徐才发、凌桂友等11人，施以老虎凳、灌火油等酷刑。地主土豪趁机反扑，强行逼租，轰动一时的西山农民抗租斗争遭到残酷镇压而告失败。

1931年秋，太仓、常熟交界的浜界乡洪涝成灾，常熟东张区区长、地主王鸿遇等强行征收"城余地"（历来不纳租的江边垦荒地）租税。这对灾民来说无疑是雪上加霜，引起农民群众的强烈反抗。10月初，王潮、高怀等农民前往王氏义庄找王鸿遇评理未成。10月5日，千余农民在长寿庙集合，手持受灾的棉秆、稻禾前往东张，在典当桥遭到王鸿遇调集的武装警察及保安队的阻拦，双方发生冲突，警察及保安队员竟向赤手空拳的群众开枪射击，3人中弹身亡，多人受伤，酿成血案。被激怒的群众用石头砸开义庄大门，同声怒斥王鸿遇，提出惩办凶手、减租济荒的要求。王鸿遇假装同意减租六成，转身却连夜派人逮捕了王潮、高怀等为首者。

典当桥事件发生后，群情激愤，舆论大哗。在强大压力下，王鸿遇不得不释放王潮等人。王潮出狱后，即去上海《商报》馆找同乡沈仲山伸张正义。颇有正义感的沈仲山随即书写印发《为十区区长王鸿遇枪杀农民泣告同胞书》，揭露事实真相，争取社会支持，并以私人名义写信给时在蒋介石身边的旧时同事陈布雷，要求惩办王鸿遇，为民雪冤。迫于社会压力，王鸿遇终于被收监坐牢，抗租斗争获得胜利。

1932年1月28日，日本帝国主义举兵侵犯上海，殃及太仓浮桥地区。时值青黄不接，农民流离失所，吃穿无着。国民党当局置农民死活于不顾，身处绝境的农民便自发组织起来"吃大户"。

3月28日，浮桥乡金家村独轮车行木工杨连宝带领饥民到浮桥以南一带地主家，要求施粥救济。地主慑于饥民团结一致，又见要求不高，便施粥的施粥，分粮的分粮。"吃大户"的消息一传开，四乡农民纷纷响应，不几天便形成风潮。

一些豪绅便设法对抗。4月2日，草庵桥、石孔等地的饥民，在曹昌、姚云甫等率领下，前往方家桥大地主陆步亭家要求借粮。陆步亭指使警察阻拦,愤怒的农民夺下警察的枪支,扔进河里,然后涌进陆家,打开粮仓,散发大米,并捣毁了陆家住房、糟坊。4月3日,饥民成群结队前往浮桥区区长、恶霸地主钱汉平家。钱汉平早有防备,组织商团武装及地痞流氓近百人严防。徒手饥民遭到镇压,四散而归。4月4日,钱汉平、陆步亭勾结国民党太仓县政府,派出大批警察和商团,大肆搜捕"吃大户"领导人。曹昌、钱小昌被活活打死,姚云甫、周文庆等住房被焚毁。至此,"吃大户"风潮被镇压下去。这场运动历时8天,遍及杨林塘南北,参加人数由开始的几百人发展到千人,饥民吃遍附近富豪百余家。

1934年秋,吴县旱情严重,受旱失收31万多亩,损失约600万元,为过去30年所未见。10月8日,国民党吴县政府迫于压力,组织勘灾会会同各区催甲下乡勘察。他们无视灾情,将租额定高,激起农民强烈不满,于是酿成长达两个多月、波及吴县东部和北部广大地区连续两次的反催甲斗争。有40多户催甲的住房被抗租农民烧毁。

10月10日,勘灾委员沈柏寒、汪稼等由催甲邢洪高陪同下乡勘灾,农民请求免租被拒绝。10月19日晚10时许,200多名农民手持火把,涌到邢家,引火烧屋,10间房屋被烧成灰烬。接着,又鸣锣聚众300余人,将平日作恶乡里的娄外宁南镇副镇长朱福昌家8间瓦房烧毁。旋即又捣毁了催甲朱根荣家的农具杂物,焚烧其猪舍。

10月20日凌晨2时许,抗租群众到达凤泾乡东浜,将催甲魏湘洲、毛金安、高六根3家烧毁,将催甲璩富元、璩恒山两家住房拆毁。这时抗租群众已汇成1000多人的队伍,一起涌向官渎里一带找催甲算账,途中被巡官张东山率警拦截于永安桥南。张东山令警鸣枪示威,拘捕群众数人。抗租队伍便转往琼城乡鸭城里,连焚催甲沈子祥、沈和清、沈金官3家房屋40余间。清晨6时许，又至梁城乡陈岐墩村，烧毁乡长梁富高及梁洪卿房屋9间，烧毁墩头村姚一仁等3家房屋三四十间。

反催甲之风一开，各地群起效仿。10月20日晚8时至10时许，蒌门外井湾乡催甲杜梅生、溪塘催甲陆家夫、车坊催甲史进才、葛庄乡催甲姚汉良、外跨塘杨家催甲朱松山、西村催甲顾云祥、前庄村催甲沈梅祥、朱庄催甲毛云泉等近10家住房被拆除烧毁。10月22日下午1时，湘城太平桥乡王行镇催甲张忆云家30余间住房、仓库被五六百名抗租农民烧毁。同时被烧毁、拆毁房屋的还有车坊催甲赵永珠、娄外乡催甲邱子根等近10家，计80余间。

四乡农民纷起抗租，反动当局风声鹤唳。吴县县长吴企云为"遏制乱萌"，10月20日上午，派一科科长徐玮、县保安大队副队长聂德昭率保安队员20多人赶赴斜塘，甪直公安分局局长丁锡丰也率警抵斜塘参与镇压，但抗租群众早已走避一空。徐玮等面对断垣残壁、堆堆瓦砾一筹莫展。10月21日，吴企云召集会议，研究对策，决定加派警力，出动弹压。对娄门外附郭、外跨塘、斜塘、车坊、郭巷一线实施大包围，以防抗租群众"闯入他处"。同时急电省民政厅，请求支援。省公安厅保安处随即派兵星夜来苏协助镇压，四出抓人，先后拘捕抗租群众三四十名。月底，抗租风潮渐趋平息。

12月初，各租栈开仓收租。地主、催甲凶相毕露，反催甲风潮再起。12月2日晚7时许，车坊北二都五、六、七图农民四五百人，先将凌家岗催甲吴道基房屋11间烧毁，然后扑向东南，在陆巷、陶浜村、西步角三地，先后将催甲蒋荣夫等3家房屋30余间付之一炬。12月3日晚7时，又到甪直西南澄湖边，连烧2户催甲房屋。同时，车坊夏马浜村农民百余人，手持火把，将该村催甲李聚彩房屋 30 余间及农具、家具、衣物、粮食等悉数烧毁。待警察赶到时，抗租群众早已散去。

农民的抗租斗争不仅危及催甲，而且直接影响到业主利益。地主范恒、潘盛年等 20 余人联名电省，要求"严惩抗租首要"，并"维持六成三分五厘的秋勘定案"。吴县县长吴企云也派员下乡迫令农民完租，反动警察及保安队在甪直等处拘捕农民 7 人。1935 年 3 月，当局判捕抗租农民 21 人，一些催甲趁机倒算，抗租斗争被再次镇压下去。

1935 年，吴县又遇灾年，农民朝无下锅米，夜无鼠耗粮。到 12 月中旬，全县尚未交租的有 80 万亩以上，佃户欠租 300 余万元。1936 年上半年，仅唯亭、湘城、斜塘、郭巷、渭塘、甪直等地就先后爆发抗租斗争 121 起，其中出动千人以上的 5 起，有力地打击了地主阶级的统治。

第五章　不屈不挠的城市斗争

第一节　胜利的罢工斗争和未遂的城市暴动

大革命失败后，工人群众在革命高潮时取得的有限权益顷刻之间便被剥夺，反而受到变本加厉的政治压迫和经济剥削。工厂门口贴出"禁止罢工"的通令，工人出入受到警察的监视和搜身，进厂做工要付保证金，要有"殷实铺保"。五花八门的罚款规定压得工人喘不过气来。代表工人利益的苏州总工会被查封后，反动当局拼凑成立的苏州职工统一委员会，成为国民党反动派的御用工具。资本家勾结当局，以告密、诬陷等手段，打击报复大革命中的积极分子。鸿生火柴厂、东吴绸厂、瑞丰丝厂的资本家还以开除和动用武力相威胁，压制工人的反抗。

但是，广大工人并没有屈服。在以共产党员为骨干的各基层工会领导下，工人们进行了针锋相对的斗争。1927年6月5日，木机、铁机、旅业等20多个行业工会召开联席会议，揭露和谴责充当资本家走狗的苏州职工统一委员会出卖工人利益、欺压工人的罪行，对它提出不信任案；并利用敌人内部的派系矛盾，迫使国民党苏州市党部决定在7月份解散苏州职工统一委员会，另行组建总工会。中共党员张春山、王渭生、华有文进入改组后的总工会筹备委员会，为中共苏州县委利用合法途径领导工人运动创造了条件。在这段时间里，全市铁机、木机、丝经、染坊、火柴、香烛、估衣、糖果、药业、典业、茶业等40多个行业的工人为反抗国民党反动统治及资本家剥削举行请愿、抗议、罢工斗争达73次,参加罢工人数达2万余人。罢工工人多次举行示威游行,要求恢复总工会,并打出"拥护南昌革命委员会""打倒蒋介石及其继起者"的标语。

在此伏彼起的罢工浪潮中,全市丝织工人53天大罢工影响最大。1927年5月下旬,三一绸厂资本家刘孚卿兄弟,因怀恨工人在大革命期间开展的斗争,勾结反动当局,收买工贼,密谋"放机关厂"。所谓"放机关厂",就是仿照以前纱绸庄"放料"的办法,把厂里的织机放给工人。但领取织机要有铺保,每台还要交二三百元保证金,原料和成品仍由厂里控制。这样做,既达到分散劳动、破坏工人团结、瓦解工人斗志的目的,又保证资本家攫取更多的利润。同时,由于机少人多,因此,这样做势必造成多数工人失业。况且,工人中十有七八是外地人,即使能领到织机,没有场地,亦无法生产。为维护工人利益,铁机工会出面与资方交涉,坚决反对"放机关厂"。在谈判会上,当工人代表指责资方压榨工人、放机关厂、勾结飞巡队捣毁工会等罪状时,警备司令张镇叫嚣"飞巡队搜查不是捣毁,放机关厂是资方的自由",当场下令逮捕工人代表。三一绸厂资方更加有恃无恐,强行关厂。

1927年9月底,三星绸厂资方也依法炮制,宣布放机关厂,遭到职工一致反对,酿成罢工。各厂资方便相互勾结,相继以放机关厂为要挟,致使劳资双方矛盾激化。为揭露资方阴谋,打击其嚣张气焰,铁机工会负责人、共产党员潘志春、张春山等联络各厂代表,组成罢工委员会,决定实行全行业同盟罢工。

10月8日,城区36家绸厂一致行动。工人们上街游行,要求当局制止资本家放机关厂。然而,资方代表机构——云锦公所态度专横，拒绝同工人谈判，进而用停开伙食、停发工资、停止生产的办法，企图胁迫工人就范。有的资本家还到上海、南京、杭州等地，发动联名向国民党政府告状，诬蔑工人的正当要求。他们还通过苏州总商会，通知全市典当、饭馆，停止抵押赊欠，妄图断绝罢工工人的生活来源。

随着事态的扩大，南京国民政府派出商民部部长叶楚伧和工人部部长陈国民到苏州调解，开会仲裁。资方代表拒不出席，市党部完全站在资方的立场上，逼迫工人复工，罢工委员会断然拒绝。仲裁会议不欢而散。

10月18日，铁机工人联合会发表通电，指出："我铁机工友，为谋自身保障起见，组织铁机工人联合会，不意受厂方任意摧残，始则向工会仇视，以逞破坏，继则操停业政策，软化工友，最近妙想天开，愈趋愈横，三星厂首创放机并须加保，以击破工人团结，不啻置我工人于死地。凡工友因事关切身，未便缄默，故与三星厂主据理力争，不得效果。而各厂变态又不可理喻，一味凶蛮，动辄以停业关厂之词压倒工友。忍无可忍，耐无可耐，故于本月八日，一致罢工，静待解决。岂知苏州市党部、工商部屡次召集仲裁，资方佥避不出席，置我三千工友生命于死地。可以概见，是非曲直，自有公论。用特通电全国，以良心主张，为我三千工友主张，则地方幸甚，工友幸甚。"当天下午，为打击资本家气焰，解决工人吃饭问题，罢工委员会组织了一大批工人，到位于西百花巷的苏州总商会请愿，强烈要求总商会出面，制止资方关厂，补发拖欠工资，并撤销典当不收工人质押、饭店不赊工人饭食的规定。总商会会长不理不睬。被激怒了的工人一拥而上，把总商会会长、商团团长等13人捆绑起来，押往国民党苏州市党部评理。市党部慑于群众压力，被迫答应工人代表提出的要求,通知各厂立即给每个工人3元钱伙食费,由商会先借出5 000元交铁机工会,并满口答应敦促资方与工人谈判。罢工斗争赢得了第一个回合的胜利。

但等工人队伍一散,反动派就凶相毕露。国民党市党部宣称"铁机工人横行不法,为'法纪''党纪'所不容",下令缉捕"首要分子"。侦缉队四出搜捕罢工骨干,陈长和、王靖相继被捕。当侦缉队前往振亚厂逮捕另一名罢工领导人张春山时,被工人群众包围。反动当局派武装军警数百人前来增援,把振亚厂团团围住,并在四周架起机枪。工人们毫不畏惧,手持棍棒、机件,爬上屋顶掀砖揭瓦,准备同敌人拼死搏斗。在群众的保护下,张春山免遭不测。当局见工人团结齐心,怕事态闹大不好收拾,便由公安局长出面,假惺惺地答应释放工人代表。但一转身又推翻诺言,反诬工人企图劫狱,调来反动军队,在全城实行戒严。

斗争形势越发严峻,但广大工人不为所动。中共苏州县委派人深入群众,鼓励大家克服暂时困难,树立必胜信心。并组织人员向市民宣讲工人生活的困难和遭受压迫剥削的痛苦,发起募捐支持罢工斗争。被捕的工人代表把法庭当成战场,揭露资本家和反动当局沆瀣一气迫害工人的卑劣伎俩,得到全市各业工人和广大市民的广泛同情和支持。木机、米业、电气、旅业等16个行业工会发表声明,誓做铁机工人的坚强后盾,并联合组成了"援助铁机工会罢工委员会",派出慰问队送钱、送米,帮助铁机工人解决生活困难。人力车工会结合自身斗争,先后进行了7次罢工支援铁机工人。上海、南京、无锡等地工会组织也纷纷发表谈话和通电,声援苏州工人的斗争。中共中央机关刊物《布尔什维克》发表了题为《苏州铁机工潮之悲愤》的文章,总结苏州铁机工人斗争的经验,揭露国民党反动派和资本家相互勾结、残酷迫害和镇压工人的罪行，并给罢工斗争指明了方向。

11月18日，当局迫于社会舆论的压力，由国民党中央党部出面，召集劳资双方代表到南京开会，签订了《三星厂劳资双方协议》和《苏州铁机工人联合会、铁机丝织公会双方协定条件》等协议书。规定今后不得"放机关厂"，不得随意缩减机台，不得随意裁减工人，工人罢工期间的工资一律补发，被捕的工人代表立即释放。至此，罢工斗争取得了胜利。

这次罢工历时53天，全市所有丝织厂工人都参加了这次斗争，成为苏州工运史上规模最大、时间最长、影响最深远的一次罢工。

苏州丝织工人罢工斗争的胜利，竟助长了党内日益滋长的"左"倾情绪。11月19日，中共江苏省委、团省委给中共苏州县委、团市委来信，认为苏州铁机工人的斗争以及敌人军队内部可能发生的哗变，都可导致城市暴动，要求"苏州的党与团目前最迫切的任务，就是加紧去推进此种暴动形势"。规定：（一）铁机工人要做一大示威运动，反抗南京政府调解之结果，用斗争策略抵御南京政府之欺骗政策，同时积极注意铁机工人以外的工人组织与斗争的领导；（二）促进伤兵进行哗变，以摇动反动政权；（三）在乡村应履行抗租、抗税、抗粮、不还债以至土地革命之宣传及启发农民自发的斗争。并说"上面三种情况执行得好，即可急转直下汇合成为武装暴动"，"江南乡村农民暴动更将与城市工人暴动联结起来，根本推翻豪绅资产阶级根据地，攫取其政权，建立苏维埃的中国"。

11月下旬，由周学熙、陈铿、徐禄申等人组成苏州武装起义行动委员会，负责领导和组织工人暴动。他们召开铁机、木机工人积极分子会议，进行武装起义的动员，并分头帮助各区制订武装暴动计划。计划规定，暴动定在11月下旬某晚9时举行。先由苏州电厂党员张树声破坏发电机组，造成全市停电。以此为信号，各区立即行动，由工人纠察队冲进警察局夺取枪支，然后进攻政府机关，实现"夺取政权"的目的。这一行动计划不仅仓促、草率，成功的希望十分渺茫，更由于保密工作没有做好，国民党当局已有所察觉。就在准备暴动的那天晚上，警察冲进电厂，抓走了张树声等人，又在各交通要道架设机枪，实行宵禁，禁止一切行人通过。暴动指挥部和隐蔽各处赤手空拳的工人久等不见暴动信号，情知有变，被迫取消暴动计划。

此后，苏州城区又有两次未遂的暴动。一次是1927年年底，共青团苏州市委书记陈铿等人以在城内燃烧汽油桶为信号，发起城市暴动，但火势立即被消防队扑灭，未能成功。另一次是1928年1月1日，铁机工人、中共党员王金源被捕，反动当局从其住处搜出暴动传单。1月3日，全城戒严，反动当局又逮捕了中共党员沈味之、张春山，使城市暴动又一次遭受挫折。

第二节　党团组织连遭破坏

那个时期，苏州团市委尚缺乏斗争经验，不仅在组织农暴斗争中时有热情冲动的一面，在城区工作中也不注意隐蔽机关、保护自己，甚至轻率上街贴标语、呼口号，在深更半夜高唱进步歌曲，引起敌人的注意。

苏州驻军李仙洲部士兵徐维民与团组织早有联系，因参加暴动离开部队。1928年2月3日，徐维民在街头活动时被驻军巡查人员作为逃兵抓获，被搜出身藏"三大政策""第三国际联盟"等字样的纸片。徐维民经不住刑讯逼供，供出了团支部领导人王无尘的情况。王无尘被捕后又供出了团组织活动情况和机关地址等。驻军连夜搜捕，团市委书记陈铿及县委负责军事工作的忽善祥等17名党团员被捕，设在仓米巷2号的团市委机关遭到严重破坏，组织活动被迫停顿。

国民党当局将破获的团市委机关误作中共机关，大肆宣传，并立即将被捕的17名党团员全部押往南京，由南京特种法庭审判。有2人被判刑10个月，其余的被判刑3年。后经营救陆续被释放。团市委委员潘逸耕是1927年参加宜兴暴动后隐蔽到苏州的一名暴动骨干，仓米巷事件发生时，正巧去上海汇报工作，因此免遭逮捕。潘逸耕回苏后，冒着白色恐怖，联络同志组成了临时委员会，恢复和组建了一批团支部。5月6日，召开团员代表大会，正式重建团市委，由潘逸耕、李墨林、宗钟等9名委员组成，潘逸耕任团市委书记。至5月中旬，城区共有产业工人、手工业工人、交通行业工人、学校及农村支部23个，团员188名。团市委还出版了周刊《市委通讯》、双周刊《支部生活》和对外宣传刊物《红旗》《苏州工人》。

仓米巷事件的发生，使中共苏州县委的安全受到威胁。省委随即将赵霖调离苏州，派陈文华接任中共苏州县委书记。当时，国民党成立了清乡委员会镇压工农群众运动，全城经常处于戒严之中。中共苏州县委虽然没有直接遭受破坏，但活动受到了很大影响，多数基层支部处于瘫痪状态。省委陆续派高飞、夏邦基等到苏州参加县委工作，县委抓紧恢复和整顿基层支部，同失去联系的支部接上关系，将一部分共青团员转为党员。到7月，已恢复和新建基层支部30个，有党员150人。

在此基础上，县委在城区和近郊整理、组织工人队伍，先后恢复了铁机、木机和香业工人联合会，团结工人为改善自身条件进行斗争。

1928年4月，嘉定农暴失败。暴动领导人、省委特派员蒋自新等3人转移来共青团太仓特别支部隐蔽。5月上旬，蒋自新派联络员前往嘉定，该联络员在外岗遭捕，被搜去密信一封，共青团太仓特别支部及蒋自新等人暴露。5月8日、9日，蒋自新、张炳生、陆承显等11人被捕。6月9日，蒋自新英勇就义，张、陆被判处徒刑。

共青团太仓特别支部书记高炳泉走脱及时，免遭逮捕，后到苏州隐蔽。共青团太仓特别支部活动被迫中止。

9月，国民党任命钱大钧为江南"剿匪"司令，常熟国民党当局加派兵力，扩充商团，增强装备，实行"五家连坐法"，企图一举扑灭共产党的活动。

中共常熟县委及所属党组织并没有被其气势汹汹所吓倒。9月20日左右，中共苏常特委委员、江阴红军主要领导人茅学勤到达常熟，商量澄、锡、虞三县如何配合行动的问题，三县军事工作负责人在常熟王庄镇外黄草荡须周福家举行联席会议，茅学勤率江阴红军游击队40多名战士参加。

9月23日，10余名红军游击队队员坐船到常熟县城执行任务，投宿旅馆内，船只停泊西门外。深夜，当地警察在船内搜出炸弹、盒子枪弹等物，船主供出了游击队员的住址，游击队员被捕。次日一早，国民党武装警察由船主带路，分水陆两路直扑黄草荡须周福家，留守在须家的游击队队员夏荷庆等奋起还击，击伤两名敌人后安然脱险。国民党警察在黄草荡胡乱抓了3人回去交差。接着，中共常熟县委委员兼城区指导员徐衡伯家被抄，徐衡伯因先期出走，未被抓获。次日，朱文元、钱学周、金明星、须周福等常熟党团负责人 15 人被捕，徐衡伯、石楚材、钱宗灏、常德等 4 人被通缉。常熟党团组织遭受严重破坏。

10 月 18 日，按省委决定成立的领导沪宁线 14 个县的苏常特别委员会在常州大成旅店开会，被国民党特务侦悉，特委主要负责人高士贤、钱振标等 6 人被捕。11 月 25 日，钱振标在江阴英勇就义，高士贤被囚于苏州监狱。事发后，特委由陈鸿任代理书记，特委机关从常州迁来苏州。不久，省委派罗世藩担任特委书记，特委秘书高祖文驻委工作。当时，苏州白色恐怖严重，特委开展工作十分困难，难以对所辖各县实行有效的领导。12 月 4 日，江苏省行动委员会决定撤销苏常特委，保留特委名义，在上海设办事处。罗世藩任办事处主任兼巡视员，陈文华为组织部秘书，陈治平为巡视员。特委所属各县直接归省委领导。当时中共苏州县委书记由高飞担任。

第三节　工作重点转向城市后党组织的调整

1928 年 6 月 18 日至 7 月 11 日，中共六大在莫斯科举行，会议认真总结了大革命失败以来的经验教训，对中国革命的性质、任务做了正确的结论。然而会议没有认识到中国革命的长期性和复杂性，没有认识到农村在中国革命中的特殊重要地位，仍把城市工作放在中心地位，把民族资产阶级看作革命的敌人。

1928 年 7 月至 1929 年 6 月，从中央、省委到特委，都把城市工作和职工运动放到重要位置，强调克服所谓"右"的思想，尽量以公开面目出现，最后达到推翻国民党统治，建立苏维埃的目的。

1929 年年初，省委决定对中共苏州县委进行调整。到任不久的高飞调往上海，原中共江阴县委委员、曾参加江阴农暴的朱杏南调任县委书记。县委秘密机关设在姑打鼓巷一座小楼上，调整后的县委常委会由5人组成。

朱杏南到任后，首先根据高飞移交的线索，设法寻找基层组织，做好发展党员的工作。不久，县委同4个区委接上了关系，重新选举产生了区委会。区委以下有基层支部18个，党员71人。支部集中在东、北两区。

县委决定将工作重点从"发动手工业斗争，转变到产业工人区去"，把产业工人较为集中的东、北两区作为"中心区域"，从中再挑选中心支部，"用全部力量去教育、训练同志，运用这个支部的斗争，去推动整个苏州的工作"。同时，注意抓好恢复和扩大农村党组织的工作。3月中旬，同尹山支部接上了关系，在蠡口、唯亭及龙登山发展了6名党员，组建了3个支部。还派人到代管的昆山正仪、巴城、大市等地联系和发展党员。

共青团苏州市委遭破坏后，团的工作一度停顿。朱杏南到苏后，暂时兼管团的工作。3月中旬，团省委派费达夫担任苏州团市委书记，团的工作才逐步恢复正常。

黄草荡事件使中共常熟县委遭到严重破坏。1929年4月，省委派原苏常特委秘书高祖文到常熟，以民教馆馆长身份为掩护，秘密寻找失散的党团员，重建县委。隐蔽在城内的杨冠仁、朱劫庵、汪新民等党员先后与高祖文取得联系，一起着手党组织的重建工作。在此过程中发展了原国民党左派花福生及进步青年赵可材入团。

经过近两个月的努力，杨冠仁等同城区工人、店员、学生、街道居民和知识分子中的30多名党团员接上了关系。8月23日，城区召开党团活动分子会议，选举产生了新的县委，杨冠仁为代理书记，赵可材为秘书，党、团合在一起活动。

10月5日，省委派孟平到常熟巡视工作。10月20日，孟平召集17名党团骨干在虞山联珠洞开会，正式选举产生中共常熟县委。选举杨冠仁、汪新民、沈雪侠、赵可材、高祖文等5人为县委委员，石楚材等3人为候补委员，杨冠仁为书记。会上还决定将城区及灾荒特别严重的东南乡作为党的两个中心区域。城区以布厂为中心展开工作，农村以抗租为中心组织斗争。同时成立共青团常熟特别支部，花福生任书记，赵可材分管组织，沈恂分管宣传。不久，团员总数发展到20多名。12月，特别支部改为县委，因花福生病逝，赵可材为团县委书记。

县委候补委员石楚材是一位地主阶级家庭的叛逆者，在失去与党的联系的十分危险、艰苦的环境中，独自坚持工作。他深入农村，在横泾、苏家尖、梅李、浒浦、先生桥等地建立活动基点。1929年夏秋间，他组织灾民"吃大户"，以武装阻止地主逼租，造成很大影响。县委重建后，他经常下乡筹集经费，宁可自己节衣缩食，风餐露宿，从不私自动用筹集到的点滴资金。10月19日，他在先生桥茶馆住宿时被包围，突围时身中数弹，受伤被捕，10多天后牺牲在狱中。

第四节　苏州、常熟城区的革命活动

1929年6月，省委要求南京、苏州等地在8月1日举行群众露天集会或游行示威，发动工人、学生、农民开展政治斗争，使党的秘密工作与公开工作联系起来。省委还派出巡视员赴各地领导、督促这一计划的实施。

7月中旬，江苏省总行动委员会成立，苏州也随之成立行动委员会,"一切工作都归行动委员会指导"。行委决定,8月1日当天集结四五百人在群众基础较好的振亚丝织厂、劳资矛盾激烈的延昌恒丝织厂附近举行"飞行集会",事先组织9支粉笔队书写标语,散发传单。这一行动,无异于公开暴露目标,促使国民党当局加强了防范。7月31日至8月5日实施特别戒严,城内军警密布,如临大敌。振亚、延昌恒两厂附近更是戒备森严。50多名警察驻守振亚厂门口,放工时不准工人成群出来。延昌恒丝厂门口除密布警察外,还增派了1个团的士兵。在这种情况下,行委认为,"若举行飞行集会,对群众的影响定没有丝毫的,而我们几个人去徒然牺牲,是太没有意义了"。为避免无谓牺牲,行委决定将集会地点改在接驾桥附近。由于改变仓促,通知不及时,到8月1日下午6时规定集会时间,到达指定地点的只有党团员53人和群众12人,形不成声势。行委又临时决定取消"飞行集会",改为以支部为单位,分散到百花洲、桃花坞、北街、仓街、临顿路等地,散发传单,进行宣传。结果"成绩很不错,特别是百花洲、北街等处,每张传单都落到群众手中,群众接到传单时,很喜欢读。有的警察甚至也受到感染,有意给予保护"。

8月3日,行动委员会撤销,中共苏州县委、共青团苏州市委恢复。

省委对苏州的工作很不满意,认为苏州党组织只是关在房间里空谈中心工作,完全脱离群众,处于"和平保守"状态,要求"坚决运用公开路线",去发动产业工人的斗争。

省委对常熟县委的工作也很不满意。10月30日,省委发出指示,批评常熟县委执行的是"和平发展""和平保守""消极动摇"的错误路线,要求县委重视工人运动,尽快建立赤色工会,开展以布厂工人为中心的城市职工运动,"坚决地运用公开工作路线",走"武装暴动夺取政权的正确道路"。省委还对常熟交通工人、邮电工人、手工业工人、店员、黄包车工人、印刷工人、城市贫民、学生以及士兵等运动,逐一做了具体指示。

11月29日,常熟发生因酒酱业、碾米业工人罢工引起的1 300多人上街请愿活动,省委批评县委没抓住这次机会组织暴动。

1930年1月,省委决定对常熟县委进行调整。王达被派往常熟,接替杨冠仁担任县委书记。王达一到常熟,就要求城区职工举行同业罢工。县委赞同王达的意见,决定"以药业、碾米厂、棉织厂、纺纱厂为中心,采取进攻策略,组织同业同盟罢工"。但是,由于以往斗争屡屡失败,而工人群众的困苦景况毫无改变,因此,多数工人对罢工缺少热情。而国民党当局则从一开始就密切注视着工人的动向,春节一过就逮捕了一些工会积极分子,解散了一个区工会,县委的年关同业同盟罢工计划便告流产。

但是,县委并没有因此改变斗争策略,而是一味坚持进攻路线,继续发动罢工。2月24日,在党、团县委联席会议上,相关人员又提出了一个发动职业妇女斗争的计划,要求以大新、业勤、辛丰、善昌、德丰等棉织厂为"中心厂",联合所有棉织女工举行罢工。但是多数女工态度淡漠。在准备发动罢工的4月11日夜里,国民党当局实行特别戒严,职业妇女的罢工也未能实现。

1928年暑假,归含等一批旅外学生和本地青年共同组织了一个旨在振兴常熟文坛、宣传革命思想的文艺团体——阳光社,有社员近40人。其中有的是没有恢复组织关系的党团员,也有"清党"前的国民党左派。该社编辑出版的《阳光》月刊,在一年多时间里陆续出版了5期,拥有很多进步读者。

1930年春,县委派负责宣传工作的沈雪侠和从上海回虞度假的周文在加入阳光社,以加强党对这一组织的领导,使它逐渐成为党的外围组织。但是,阳光社同样没有摆脱"左"的指导思想的影响,对具有中间色彩的成员采取了疏远、排斥态度,很快引起国民党当局的注意。5月5日,阳光社正准备举行纪念马克思诞辰的报告会时,国民党常熟县党部查抄了设在归含家中的阳光社,归含、沈雪侠被捕,周文在被迫撤往上海,汪新民也转移到外地。归含、沈雪侠被指控"迹近反动",被各判处徒刑一年半,直到1932年才获释放。

5月中旬,为了进一步集中领导权和指挥权,县委决定建立行动委员会,由7人组成主席团,王达任主席团主席,赵可材负责宣传,张为祖负责组织,杨冠仁为秘书长。

县行委执行"进攻策略",决定在印刷业发动罢工。常熟城内有开文、新华、联益、萃英4个印刷所,近200名工人。在此之前,印刷业党支部曾组织工人互助社开展活动,于5月16日被县公安局强行解散,互助社骨干、县行动委员会成员张为祖被资方开除,列入反动当局黑名单。县行委定于5月31日发动印刷全行业罢工,多数工人缺少热情,而且工人的这种被行委看作"消沉""害怕"的情绪,随着反动当局的加紧迫害而愈发滋长。资本家觉察到工人行迹可疑,赶在5月31日之前,开除了11名工人。县行委决定马上罢工,但当局先发制人,罢工联络员遭逮捕,群众情绪更加低落。县行委再三努力仍未奏效,罢工斗争终于被瓦解。

6月中旬,形势更加险恶,王达被迫撤往上海,行动委员会主席团主席改由赵可材继任。

在所谓的"进攻路线"影响下,苏州城乡斗争屡受挫折,党团组织连遭破坏，革命力量损失惨重。1928年年底，中共苏州县委下辖4个区委、23个支部、150名党员。到1929年11月，县委以下仅剩10个支部、51名党员。工人群众对继续组织同盟总罢工失去信心和热情。国民党反动派则软硬兼施，加强控制和统治。中共苏州县委和常熟县委从实践中深切体会到"公开活动的策略"行不通，一味盲从蛮干只能招致更大的挫折和牺牲，便不顾上级严厉批评，改弦更张，转换策略，尽量采取隐蔽分散和合法斗争的形式，并注意与群众切身利益密切结合，坚持同国民党反动派开展日常斗争。在此过程中，取得成功的有党员姚熙和进步青年钱伯荪领导的常熟电话公司工人反解雇斗争；苏州务初小学党支部领导的驱逐反动校务主任钱小渠的斗争；吴县龙登山支部领导群众反抗当局无偿征用土地和劳务的斗争；铁路搬运工人中的党员揭露黄色工会头子营私舞弊、欺压工人劣迹的斗争；等等。其中规模和影响最大的是1930年4月起持续时间达1个月之久、波及全苏州的小教索薪斗争。

1930年2月起，国民党苏州市政府（1928年12月至1930年5月，曾一度实行县、市分治，5月后又实行县、市合并）借口经费紧张，停发全市小学教师工资。物价飞涨的情况，对原本靠菲薄工薪为生、难以度日的教师来说犹如雪上加霜。全体教师向小学校长联合会多次索薪，未能如愿。中共苏州县委决定通过小教党支部领导和组织索薪斗争。4月30日，全市30所小学200余名教师在公园图书馆集会，宣布成立教职员索欠委员会，并发布全体教师总辞职宣言。当局欠薪，教师辞职，学生失学。5月2日，城东、城中7所小学发起建立学生求学运动筹备会，并召开全市小学生代表大会，组织学生请愿团，向苏州市政府及校长、教师发出请愿。同日，小教索欠会召开记者招待会，阐明真相，争取舆论的同情和支持。

5月8日,小学生求学运动会召开第二次会议,发出《告家长书》,对小教辞职索薪表示支持。5月11日,《苏州明报》刊登一位小学生告全市父老兄长的信,对教师的遭遇深表同情,对社会各界的沉默提出批评。

尽管教师的索薪斗争以和平方式进行,当局还是不能容忍。5月10日,省教育厅致电县政府,要求严行制止罢教索薪,并取缔教职员索欠委员会。国民党县党务整理委员会致函校长联合会,令其制止学生集会。索欠会不予理睬,相反,针锋相对地发动教师一律退还聘书,无聘书的递交辞职书,以表示罢教索薪的决心。

5月22日,全市41名校长迫于教师和当局两方面的压力,递书辞职,退回聘书,并将此举电告省教育厅。校长联合会"与教师合作,同站于一条线上"的行动,使全体教师信心倍增。22日上午,200余名教师前往县教育局,"坐守达旦"。学生求学运动会40余人也向县教育局请愿,从而形成教师、学生、校长三股压力。在此情况下,吴县县政府被迫于24日召开代表会议,商量解决欠薪问题。索欠会提出发放欠薪等4项条款作为复职条件。5月28日,索薪斗争终于以教师的胜利而告结束。

以上一场场斗争,虽然动摇不了反动统治的根基,但是,毕竟在当时的条件下,发挥了党的领导作用和政治影响,显示了人民群众团结起来的力量,在一定程度上保护了群众利益,并为即将到来的革命高潮保存了火种。

第五节 苏州监狱及反省院内不屈的共产党人

国民党反动派实行的白色恐怖和中共党内的"左"倾冒险主义

第五章 不屈不挠的城市斗争

使不少共产党员遭到逮捕,被投入监狱。他们虽然身陷囹圄,处境艰难,但仍然同反动当局展开不屈的斗争,表现了共产党人坚定的革命信念和视死如归的高贵品质。

苏州司前街江苏第三分监同国民党统治下的其他许多监狱一样,"内容之黑暗,待遇之野蛮"远非常人所能想象。犯人吃的米,"粗黑臭秽",砂子、石子、稗子、谷子、虫子,什么都有;"六方尺的小号住着十几人,吃喝在这里,大小便在这里,臭气冲天,猪圈不如";犯人一旦生病,"呻吟呼号于普通房号中,不得适当的调养与医疗,以至于一命呜呼";狱中管理人员和看守还想方设法克扣犯人的伙食费,敲诈犯人,"敲诈不遂","便私刑拷打";犯人中的"笼头",还帮助狱长虐待犯人。1929年10月狱中关押的"政治犯"有600余人,到1930年5月达800人左右,其中中共党员200多人。在狱中的中共党员秘密建立了中共特支委员会,属省委领导,同苏州县委也有联系。

1929年8月16日,曾任中共泰县县委书记的曹起潛入狱后,成为狱中党的秘密组织和"政治犯"组织的"自治委员会"负责人之一。他组织党员从当时的报纸中分析革命形势;利用放风时互通消息,增强"政治犯"的团结;发展经得起考验的"政治犯"为党员;还用多种方式,教育和争取一些"笼头",与最坏的"笼头"进行坚决斗争。10月16日,他带领全体犯人进行绝食斗争,提出九项"迫切要求",主要有改善犯人待遇,保障犯人人权,惩罚虐待犯人的管理人员,取消狱中黑暗、野蛮的管理制度等。他们设法与狱外的党组织取得联系,把狱中的黑暗状况公诸社会。经过3天绝食斗争,江苏高等法院不得不在表面上对犯人待遇加以改善,但曹起潛因此被加刑两年。

1930年7月，原任苏州县特派员的徐家瑾等组织第二次绝食斗争，向舆论界进一步揭露了监狱中的黑暗。斗争坚持了6天，南京政府派代理司法行政部长朱履和到苏州查处犯人闹监情况，和犯人谈判。事后，徐家瑾遭到狱方毒打。

不久，省委指示组织狱中暴动，要求苏州县委予以配合，进而形成全城暴动，夺取政权。暴动时间定在12月11日，不料由于消息走漏，国民党当局严加防范，暴动失败。徐家瑾等30余人被押往镇江军法会审处。他们戴着脚镣，高唱《国际歌》，大义凛然地沿着长街蹒跚而行，感染了沿途围观群众。

徐家瑾与难友相约，自己的身份已经暴露，天大的事由我们共产党员包下来，宁可牺牲自己，也要保护多数难友。因此，徐家瑾被判死刑。省委多方设法营救，未能奏效，遂决定组织越狱。徐家瑾受命为行动指挥，在安排越狱名单时，他把自己排在最后。结果，这次越狱只逃出1人。最后，他和曹起潜等16名同志于1931年2月24日一起牺牲在北固山下。临赴刑场，徐家瑾接过难友递来的水酒一饮而尽，从容地说："易水饯别，壮士不还。今天与各位诀别了！我听说，小人趋利，君子殉志。今天我是死得其所！"

设在苏州的江苏反省院是又一座迫害共产党人和革命志士的魔窟。他们用所谓的"教化方法"，用侦探、监听、诱惑、欺骗、威吓等比普通监狱更毒辣阴险的手段企图制服囚犯。

关押在这里的"政治犯"主要来自南京、上海等地，不少是中共的高级干部。考虑到环境的特殊性，也出于对大家的保护，反省院内不建立党的组织。这就给开展狱中斗争带来了困难，只有靠党员干部各自坚定的信念、意志和丰富的斗争经验同敌人较量。反省院常常举行所谓的政治讨论会和座谈会，企图以反动理论的宣传转变"政治犯"的立场。"政治犯"们或者以沉默进行抵制，或者针锋相对，严厉驳斥当局的无耻谰言。一次，院方组织"政治犯"座谈学习三民主义的体会。廖沫沙借题发挥，积极宣传孙中山"联俄、联共、扶助农工"的三大政策。杜国庠说起了诸子百家、《易经》等玄妙哲理。国民党C.C.派头子陈立夫曾到反省院做演讲，大谈反动的"唯生论"，当场受到诘问，陈立夫被弄得张口结舌，狼狈不堪。有时，当局在讨论会上公开谩骂中国共产党，胡说"共产主义不适合中国国情"。一些共产党员正气凛然、义正词严地痛加驳斥，或者以牙还牙、痛快淋漓地大骂国民党，怒斥国民党反共反人民的罪行，即使遭禁闭毒打也无所畏惧。

反动当局常以"未接受反省"为由，任意延长"政治犯"刑期，甚至改判无期徒刑，或被处决。在国民党如此残酷的迫害下，不少"政治犯"不堪折磨，瘐死狱中。第一期关押的150余人中，不到一年死亡20多人。

1937年全面抗战开始，国民党当局迫于中国共产党和全国人民的压力，不得不解散了反省院，将百余名"反省"人员全部释放。

第六节　党团组织活动的中止

白色恐怖日益严重，工作环境愈加恶化，中共苏州党团组织活动困难异常。1930年年初，朱杏南辞职。接任中共苏州县委书记的工人出身的吴寿卿以"政治水平差，工作能力弱，不适应斗争需要"为由请求辞职，但未被接受。

1930年夏秋之间，省委决定成立中共苏州中心县委，吴寿卿任书记。中心县委领导常熟、昆山、太仓三县。此时，昆山、太仓两县党组织没有恢复，常熟县委同中心县委关系较密切。

中共苏州中心县委成立前后，正遇"立三路线"在党内占统治地位。县委主要围绕"城市暴动"开展工作。1930年7月18日，中共党员徐元章、汤其义、朱继成等17人准备举行暴动，被国民党当局获悉拘捕。7月26日，徐元章、汤其义就义，其余10多人解沪。9月9日，中心县委印制一批传单，由县委委员张绅芳带领人员散发，被吴县公安局抓去1人。吴寿卿得到消息后出走，县委通讯员刘阿荣被捕。之后朱杏南、顾容川、王晓梅、陈平、姚绩安、胡声等10人补捕，被解往镇江。顾容川、王晓梅被折磨致死，胡声于1931年1月16日被国民党江苏省军法处杀害。胡声为湖南省平江人，在苏州从事秘密军事工作，牺牲时年仅19岁。朱杏南出身富家，被捕后家属数度花钱营救，国民党当局要他办个手续，即可出狱与家人团聚，遭到他断然拒绝。最后他被转解南京，于1931年5月19日在雨花台英勇就义。

吴寿卿在事件发生后不久去职，组织安排他以摆书摊为掩护，负责同狱中党组织联系，后亦遭逮捕。1931年春，省委调武进县委书记王伯奇任中共苏州中心县委书记，同时调王潜任共青团苏州市委书记。原团市委书记费达夫已先期调任上海总工会沪东办事处主任，于1931年1月中旬被捕，2月7日同林育南、何孟雄、李求实、恽雨裳及胡也频、柔石、冯铿、殷夫等24名党的重要干部及著名左翼作家一起，被国民党淞沪警备司令部秘密杀害于上海龙华。

王伯奇到苏州后，党团县（市）委做了分工。县委主要负责工厂、东吴大学及教师系统的工作，团市委主要负责青年学生方面的工作。王伯奇在鸿生火柴厂先后发展了张阿春、梁传贵、吕和尚、刘其庆入党。1931年6月，该厂建立党团支部，梁传贵任党支部书记，吕和尚任团支部书记。支部安排党员打入工会组织，使工会掌握在党员手中。1931年间，该厂曾发生两次罢工，都是党支部通过工会领导的。除组织罢工外，党支部还组织党员在厂内和附近的苏纶纱厂散发传单，扩大影响。1932年2月，张阿春调任中共苏州中心县委组织部部长。

1932年初，王伯奇要求调离苏州。2月，省委派张寄东接任苏州中心县委书记。王伯奇暂留苏州交接。3月1日，省委巡视员施其芦由沪来苏巡视工作，获悉南京举行暴动，赶往南京了解情况。不料，此时南京暴动已经失败，敌人正在搜查中共南京市委机关。3月3日，施其芦在鸡鸣寺被捕叛变，供出苏州党组织的情况。3月10日，南京国民党特务机关派人到苏州逮捕了王伯奇、张寄东、张阿春、梁传贵及吕和尚等，并立即解往南京。王伯奇、张寄东叛变投敌。张阿春、梁传贵、吕和尚英勇不屈，于4月30日在雨花台慷慨就义。年仅18岁的吕和尚在绑赴刑场途中，带头高唱《国际歌》，表现了共产党人的英雄气概。4月，国民党南京宪兵司令部根据王伯奇提供的线索，派人到苏州逮捕了老毛、何飞、李广等人。七八月间，当了国民党特务的王伯奇到苏州，诱捕了一批党团员。苏州党组织被破坏，活动中止。1933年3月中旬，中共无锡中心县委成立，领导苏州等地党的工作。

团市委书记王潜到任后，1931年8月经人介绍结识了蒋在文等一批苏中、苏女师学生。"九一八"事变后，王潜召集10多名青年学生在安徽会馆开会，决定成立科学研究会，作为外围组织。罗琼等进步青年均为该会成员。该会出版油印刊物《社会科学研究》，以宣传抗日为主要内容。

1933年暑假，苏中及苏女师进步学生蒋在文、归雪和、顾和声、殷传经等组织进步学术团体"紫堇社",出版《紫堇》刊物。先后入社的有胡绳、吴全衡、吴常铭、朱纪尧、杨剑侠等。之后,《紫堇》改名《百合》。

苏州中心县委遭破坏后,王潜也遭逮捕,共青团苏州市委的活动中止。1933年3月中旬,共青团无锡中心县委成立,苏州、常熟等8县的共青团工作归其领导。8月,共青团员鲍志椿由无锡到苏州工专读书。9月,无锡师范部分学生并入苏州中学,其中有李超等3名共青团员。鲍志椿介绍殷传经加入共青团,殷传经又介绍许亚等3人入团。同月,共青团苏州特别支部成立,李超为书记。10月,特别支部改组,殷传经为书记,许亚为组织委员,钱××为宣传委员。12月,特别支部有团员40人。后来,殷传经在无锡被捕,苏州特别支部活动又告中止。

中共六届四中全会后,省委特派员到常熟传达全会精神,并宣布撤销党团行动委员会,重新组织党团县委,杨冠仁暂时负责。不久,省委派周佩莲任常熟县委书记,杨冠仁分管组织,赵可材分管宣传兼团县委书记。

周佩莲到任后,联系党团员,部署新的斗争。1931年4月,趁国民党当局强行征地抽丁、修筑公路之际,组织党员发动群众,掀起反对国民党的斗争。县委一方面鼓励沿途农民要求当局赔偿青苗损失费,一方面发动民工要求增加工资。周佩莲和赵可材直接领导这场斗争,赵可材以记者身份深入工地,在民工中发表演说,进行鼓动。沿途农民及筑路民工同当局不断展开说理斗争,有意窝工、怠工,拖延工程进展。常熟县公安局派警察武装督工。民工不畏强暴,坚持斗争,迫使当局增加民工工资,许诺给予青苗损失补偿。

6月,省委要求各地开展纪念"六二三"运动的活动,并为纪念"八一"做准备。县委准备了传单和其他宣传品，分工电话公司党支部散发和张贴。6月21日晚，电话公司党员姚熙和互济会成员钱伯荪完成了散发传单的任务。当晚，周佩莲、祝剑英、姚熙等被捕。第二天，钱伯荪也遭逮捕。县委又一次遭受破坏，党组织活动中止。不久，周佩莲被解往镇江，于1931年秋英勇就义，其余被捕人员分别被判处徒刑。当时赵可材去省委汇报工作，得知县委遭到破坏，折返上海，留在团省委机关工作。常熟团组织活动也告停顿。

这一时期的苏州城市斗争，特别是工人运动，可以说是胜败参半。既有1927年长达53天的苏州丝织业大罢工和1930年持续1个月之久的小教索薪斗争及其他斗争的胜利；又有苏州城区暴动和常熟城区后期一连串罢工的流产，乃至党团组织遭受破坏和活动中止。之所以如此，一个重要原因是脱离了当时敌我力量对比的实际形势，犯了"左"倾盲动的错误。

第六章　抗日救亡运动的兴起

第一节　"九一八"事变在苏州的反响

　　1931年9月18日夜，驻东北侵华日军向驻沈阳的东北军发起突然袭击，次日清晨占领沈阳。此后短短几月，日本侵略军的铁蹄踏遍东北三省。这是日本帝国主义对华侵略扩张进而妄图独吞中国的重要步骤，亡国惨祸已摆在每个中国人面前。可是，蒋介石固守"攘外必先安内"的方针，坚持以主要兵力"围剿"工农红军，下令东北军"绝对抱不抵抗主义"，"要求国人镇静忍耐"，"信赖国联公理处断"。在全面人民要求唤起民众、一致抗日的浪潮中，苏州民众冲破国民党的禁令，掀起波澜壮阔的抗日救亡运动。9月21日，苏州各界反日救国会成立，发表宣言，强烈抗议日本帝国主义的侵略行径，坚决反对国民党政府不抵抗的投降政策。庄严声明："我苏州百万民众，甘以生命寄托之躯干，与海内外同胞共赴国难。"自9月19日起，苏州各中等学校学生500余人赴车站、码头、商店，逐一检查、封存日货。为唤起民众，城区学生从9月23日起罢课3天。东吴大学暨附中千余学生组成50个宣传队在城内各处宣传抗日。黄埭乡村师范50余名师生亦于9月24日进城宣传。9月25日，救国会在公共体育场召开民众大会，号召大家在国难当头的紧急关头行动起来，为抗日救亡尽责尽力。万余人参加集会，不少人发表了慷慨激昂的演说，强烈要求撤办国民党政府外交部部长王正廷，表示要以自己的血肉之躯，同东北民众共存亡。

常熟、太仓、吴江、昆山等地也相应建立了救亡组织。在外就读的常熟学生回乡成立旅外同学会，在城乡各地开展救亡宣传活动，要求国民党政府发兵抗日。太仓各界民众成立反日会，公推省立太仓中学教师胡敬修为主席。反日会向全国发出通电，要求唤起民众，一致对外。同时，胡敬修还发起成立中天学社，出版《中天学报》，抨击时政，宣传抗日。吴江各地纷纷成立反日救国会，举行群众集会，组织示威游行。

爱国学生在反对日本侵略的斗争中走在前头。吴江乡师、吴江中学的师生出版《突击》《灯塔》《革命行动》《旭光》等刊物宣传抗日，组织示威游行，号召商界和市民抵制日货。学生自治会每天派人到轮船码头检查、封存日货。10月初，太仓中学学生会派出宣传队，分赴沙溪、浏河、璜泾、浮桥四镇进行抗日救国宣传，同时在校内外散发、张贴抗日反蒋标语。大街小巷，甚至县政府、县党部、警察局的大墙上都贴满了抗日救国的宣传品，使太仓国民党当局异常惊慌。11月上旬，沙溪职业中学、双凤农村师范、县立初中、艺徒学校等学生也行动起来先后罢课，上街宣传抗日救国。上海学联多次派人至太仓宣传抗日，协助查禁、抵制日货。国民党太仓当局大为恼火，千方百计阻挠和破坏。11月中旬，国民党县党部暗中将被学生查封的日货发还商人，激起学生公愤。太仓学联发动近千名学生，举行声势浩大的集会、游行，队伍到达国民党县党部时，县党部主要领导邵沛泽等早已闻讯溜走。愤怒的学生直冲进去，捣毁了办公室。几天后，警察局开启水关，私放商船偷运日货，太中学生又把警察局捣毁。

11月22日，由苏州、无锡、镇江、南通等地发起，在无锡召开全省各县抗日救国会代表大会，决定组织沪宁沿线各地学生晋京请愿。11月24日，苏州各大中学校学生代表数百人，冲破当局重重阻挠，乘火车抵达南京。11月26日清晨，苏州请愿学生代表同南京及各地学生代表一起，到国民政府门前示威，敲打警钟，要求蒋介石签署出兵日期。下午，各地学生2万多人在公共体育场召开"送蒋北上"大会。会后，学生们又会集到国民政府门前，冒雨彻夜静坐，坚决要求蒋介石接见。11月27日中午，蒋介石被迫接见静坐学生，故意回避实质而大发"读书救国"空论。学生不肯离去，蒋介石虚与委蛇，答应3日内出兵。之后，学生被武装军警押送到下关火车站，乘火车离京。蒋介石翻脸不认账，苏州学生第一次晋京请愿没有达到预期目的。

回苏后，各校学生代表于12月14日举行会议，成立赴京请愿团特种委员会，发表第二次晋京宣言，提出督促蒋介石履行北上诺言、杀尽卖国贼、促成统一政府等10项要求。次日，由东吴大学、苏州中学、黄埭乡师等20余所学校250多名学生组团，二次晋京。太仓中学学生会也组成17人请愿团，14日清晨徒步出发，沿途散发《告全国民众书》，呼吁全国军民团结一致，奋起抗日。沿途群众深为学生爱国精神感动，纷纷主动提供食宿。17日晨，各地爱国学生1万多人集会于南京中央大学，一起前往国民党中央党部、国民政府进行总示威。途经珍珠桥时，学生们冲进诋毁抗日救亡行动的《中央日报》馆，捣毁了编辑部和排字房。国民党当局趁机进行武装镇压，当场打死学生1人，重伤30多人，抓捕60多人，酿成"珍珠桥惨案"。太仓中学学生王树勋被几个持枪军警紧追不放，他急中生智，推翻了路旁的人力车，阻拦追捕，方才脱险。当晚，学生回到中央大学，鸣钟集合，高呼"抗议政府屠杀学生""打倒蒋介石"

等口号，决定第二天继续游行示威。不料，第二天清晨，国民党调动大批军警，架起机枪，将中大包围。荷枪实弹的军警冲进校园，将外地学生押送到下关车站，用专车强行送回原地。在"珍珠桥惨案"中，苏州学生1人受伤，1人被捕，1人失踪。

12月19日晚，苏州请愿学生邀集各报记者，介绍在南京请愿活动经过及"珍珠桥惨案"真相。12月21日，在体育场举行大会，慰问晋京请愿学生。太仓的请愿学生回去后，向太仓各界民众反日会主席、太中教师胡敬修报告了晋京请愿情况，胡敬修以中天学社名义撰写了万言书，揭露国民党政府"勇于对内屠杀，怯于对外抗敌"的罪恶行径，提出抗日救国、团结御侮的主张，印发至全国各重要城市的大中学校和爱国社团，呼吁各地声援爱国学生在南京的斗争。国民党太仓县政府发出通令，禁止学生示威游行，教育当局也宣布提前放假，对师范学校的学生停止供应伙食，加紧对学生爱国行动的镇压。

第二节　淞沪抗战的后盾

1932年1月28日，日本侵略军大举进犯上海闸北、江湾、吴淞等地，蔡廷锴、蒋光鼐率领的十九路军，在全国抗日热潮的影响和推动下，不顾国民党政府阻拦，奋起进行英勇抵抗，淞沪抗战爆发。十九路军和随后参战的第五军官兵在装备和兵员明显处于劣势的情况下，坚持英勇抵抗1个多月，迫使敌军三易主帅，数度增兵，损兵折将1万余人。从2月下旬开始，日军频频出动飞机，对太仓、昆山、苏州实施狂轰滥炸。这时，战火已把苏州、上海连成一片，支援淞沪抗战实际上也就是保卫苏州百姓自己的家园。苏州各界民众热血沸腾，万众一心，誓做淞沪抗战坚强后盾。

2月下旬，日军在太仓浏河附近偷袭登陆。3月1日拂晓，日军20艘战舰携带无数民船和汽船，利用烟幕掩护，驶入太仓六浜口、杨林口、七丫口，用舰炮向沿江地区发起猛烈轰击。在数十架飞机掩护下，日军开始登陆。七丫口的浮桥民众保卫团和公安第三分局巡士协助驻军奋起抗击，终因敌众我寡而失守。

日军登陆后，立即攻占浮桥、茜泾一线。3月2日到6日，又先后攻占浏河、新塘、陆渡等集镇。日军所到之处，烧杀掳掠，无恶不作，广大民众，生灵涂炭。据不完全统计，700多户民宅被烧毁，200多民众被杀死、烧死，3500余人流离失所，房屋及财物损失达35万余元。日军的入侵，使太仓人民处于深重的灾难之中。

太仓各界开展救护、救难活动。岳王市、三家市、方桥、沙溪及毛市等地设立了临时收容所、施粥厂，收容和接济受难群众。太仓旅沪同乡会募集巨款，在崇明设立难民收容所，雇用船只，济渡几千难民。同乡会还在上海成立兵灾救济会，在太仓县城设立分会，向各界募款救济。沪、太各界民众踊跃捐款、捐物，共募得棉种900担，大米500包，谷种200多石，衣服3 000余件，钱款六七万元，其中部分用于重建被战火毁坏的家园。在七丫口、仪桥镇、茜泾北门、浏河桃源等兵灾最严重的地区，先后建起一批民房，取名"纪念村"，安置了一批无家可归、流离失所的难民。

淞沪抗战爆发以后，国民党政府对十九路军的抗战行动不仅不予支持，反而用停发军饷、截留捐款、限制增援等卑劣手段加以破坏。在此情况下，3月1日，十九路军被迫放弃阵地，撤离上海。3月2日，司令部移设昆山正仪镇。不久，苏州又成为十九路军的指挥中心。

与国民党政府形成鲜明对照的是,苏州各界群众从战役打响之日起,便以极大的爱国热情,声援和慰劳抗日将士。1月30日,苏州各界代表举行会议,通过了对上海抗日军队给予物资和精神援助、组织赴前线慰问队等七项决议。2月,吴县地方治安会组成,在学生和各界群众的支持下,组织募捐筹款、协助运送军需物资、护送伤员、成立医疗队赴前线。2月下旬,在省立苏州农校设立后方医院,收容了大批淞沪难民。3月初,在留园设立伤兵收容院,收容伤员1 000余人。当时正值严冬,士兵们却身穿单衣,苏州群众纷纷捐献寒衣、食品、日用品、药品等,送往前线。3月5日,吴县县商会发表声援"一·二八"淞沪抗战通电,要求国民党政府增派军队,接济弹药、粮秣,援助十九路军。在此期间,当时还存在的共青团苏州市委出版《潮流》刊物,报道前线抗战、后方声援消息,组织青年上街演出,积极宣传抗日。昆山各界群众开展捐献棉衣活动,特地赶制一批丝绵背心送往前线,城乡家家户户蒸煮年糕,支援前线。战火纷飞中,铁路、水路运输中断,各乡农民主动承担运输任务,冒着炮火,将大批慰劳品送上前线。徐公桥乡村改进会根据上海地方协会的要求,在短短几天内采购到大米7 000石,运到南翔,供十九路军将士急用。抵制日货的运动也再次成为县城人民的一致行动,爱国青年在街头铲除日货广告,深夜守候在车站码头,检查日货。

在"九一八"事变后成立的常熟旅外学生抗日后援会,吸收了一批在淞沪战役前线撤退回乡的中国公学学生,组织他们以亲历亲见揭露日军暴行。各界群众在石梅公共体育场举行大会,组织声势浩大的示威游行。学生、店员纷纷上街查抄、禁止日货,为支援前方抗日将士开展募捐寒衣及日用生活品活动。常熟城内建起了伤兵医院，接收治疗从前线转来的伤员。城厢及大义、练塘、莫城、东始庄、李市等地设置了6个收容所，安置从战区逃出的大批难民。

《吴江日报》连续报道抗日消息和各地群众声援十九路军的行动，呼吁"人人应节衣缩食，统筹粮食，以备赡养抗日战士"。吴江各界人士于2月4日将第一批征集的近千袋饼干，以及大米、酱菜、香烟、药品等送往前线。之后，劝募捐款形成高潮，又多次将募集物品送往前线。

在抗日救亡热潮中，苏州中小学生也不甘落后。2月22日，苏州中学学生愈珩、宁廷采等联名发起捐款购买江苏中学生号飞机支援淞沪抗战的倡议，得到热烈响应。吴县唯亭中心小学学生接着发起募捐购买吴县儿童号轰炸机的活动。苏州实验小学学生戴惠音、陈泽馥、姚寿华等呼吁全市小学生不买糖果，不穿好衣裳，拼命节约，争取早日实现购买吴县儿童号轰炸机的愿望，打击日本侵略者。

5月5日，国民党政府与日本签订含有屈辱性内容的《淞沪停战协定》。5月28日，苏州军民在公共体育场举行规模宏大的"淞沪抗日阵亡将士追悼会"。蒋光鼐、蔡廷锴、张治中等驻军负责人同10万军民一起参加大会。吴江县与会群众以两丈白布书写"为国捐躯"匾额一块，并印制宣传品1万份在苏州散发。1933年，寓苏的李根源等爱国人士将这次战役中因抢救不及在苏殉难的78名将士安葬于吴县马岗山，命名为"英雄冢"。张治中为此书写"气作山河"的题词。

中国军民抗击日本侵略的战斗，得到世界维护正义、爱好和平人士的支持，有的直接投入战斗甚至英勇牺牲。军政部航空学校美籍飞行教官劳勃特·肖特就是其中之一。2月22日，肖特驾机在苏州南郊上空迎击来犯的6架日机。在击落敌机1架、击毙日飞行员1

人后，肖特的座机被敌击中，坠毁于吴县车坊境内，肖特不幸遇难。4月28日，各界群众万余人在苏州公共体育场隆重举行追悼大会，代表们纷纷发表演说，愤怒谴责日本侵华暴行，对国际友人肖特的壮烈牺牲表示深切的悼念。

第三节　声援"一二·九"运动

在红军长征到达陕甘宁边区前夕，日本军国主义者利用国民党当局的不抵抗主义，加紧对华北的争夺。1935年6月，臭名昭著的"何梅协定"签订，迫使国民党军队撤出平津和河北。11月，日本进而迫使国民党政府划出冀东22个县，成立"冀东防共自治政府"。12月，在北平成立由宋哲元任委员长的冀察政务委员会，满足了日方"华北政权特殊化"的要求。民族危亡到了严重关头，北平学生悲愤地呼喊"华北之大，已安放不下一张平静的书桌"。12月9日，北平爱国学生数千人在党的领导下，冲破国民党政府的阻挠，举行声势浩大的示威游行。国民党军警进行残酷镇压。北平学生的爱国行动得到全国各地的大力支持，形成全国人民抗日救国运动的新高潮，苏州以学生为主体的爱国力量再次奋起响应。

12月中下旬，苏州中学、萃英中学、东吴大学、东吴附中、乐益女中以及女子职业中学等学校纷纷成立学生救国会，通电支持北平学生的爱国行动，慰问受伤学生，发表宣言，对日益严重的民族危机深表关切，对日本帝国主义及汉奸卖国贼的无耻行径表示强烈愤慨，呼吁各界民众奋起，督促政府收复失地，挽救危亡。萃英中学反日救国会在宣言中表示："响应北平学生，誓死反对破坏国家主权领土统一的任何举动……我们要用自己所有的最后一滴血，来换整个中华民族的生存。"蚕桑学校的宣言呼吁政府讨伐叛逆，铲除汉奸。

在各校学生救国会领导下，学生纷纷上街示威游行。12月22日，苏州中学500余名学生在玄妙观中山堂集会，然后分成9个大队，在城内各闹市区游行，沿途散发告民众书、告苏州同学书。当局派出便衣侦探监视游行学生，并在日租界及日本商店门前布哨警戒，唯恐学生的爱国行动冒犯了日本侵略者。12月24日，游行示威进入高潮，全市各大中学校学生，在市学生救国会的统一组织、领导下，不顾天寒地冻，冒着漫天大雪，分赴街头游行，散发宣传品。沿途群众无不为学生的爱国行动所感动。12月25日，东吴大学6名学生冲破警察阻拦，深入木渎、浒关等地农村做宣传。12月27日，东吴大学及其附中学生300余人组成10个宣传队，分头去吴县各乡及无锡、常熟、昆山、吴江等农村，宣传和发动群众。12月28日，乐益女中救国会召开全体学生会议，到场学生都为民族危机日益加重、大好河山遭日寇铁蹄践踏、国破家亡的厄运而痛哭流涕。第二天，全校学生走出校门，经十梓街，过饮马桥，入养育巷，转景德路，到观前街，在玄妙观分组演讲。有的到大光明、苏州、青年会等影剧院，进行映前宣传，听者无不动容。

"一二·九"运动使苏州人民加深了对民族危机的认识，看到只有把各种力量聚集起来，才能有效地抵抗日本的侵略，增强了奋起救亡的信心和决心。面对民族的存亡，一些原来不愿参加政治活动的教授、学者、知识分子也纷纷投入抗日救亡运动。

第四节　援绥抗日

1936年年初，在日本帝国主义策划下，伪蒙古军总司令部成立。5月，伪蒙古军政府成立。8月，伪蒙古军在日本帝国主义支持下，大举进犯绥远东北地区。绥远驻军傅作义等部在全国抗日救亡运动的影响下奋起抵抗，击退了伪蒙古军的进攻。11月，伪蒙古军再次侵犯绥东，傅部又一次挫败了伪军的攻势。绥远抗战得到全国人民的大力支持和声援，各地普遍展开捐献和劳军活动。苏州的援绥抗日运动也搞得轰轰烈烈，有声有色。

11月18日，吴县新闻记者公会首倡组织慰劳卫国将士筹备委员会，致函苏州各界及各省、市、县新闻记者公会，提出声援绥远抗战的建议，并致电傅作义将军，对守土将士表示慰问。倡议得到苏州各界热烈响应。国民党苏州市党部、吴县总工会、吴县总商会及学生界纷纷发表宣言、通电，声援卫国将士的抗日壮举。11月20日，吴县各界绥远卫国将士后援会成立，致电慰劳卫国将士，决定开展募捐活动。

11月17日，市民李云生致电《苏州明报》，痛陈绥远抗战的严峻形势，要求报社"竭力鼓吹，促起苏州民众激发天良，量力输将"，建议苏州市民"皆作绝食一日运动，则钜万金吁嗟立办，以此杀敌，何敌不摧？"李云生本人率全家大小绝食1天，将节省的2元钱寄到报社，希望报社"汇解前方，稍致慰劳之意"。同日，苏州女子师范学校教职员学生开会，致电慰劳抗敌将士，捐款236元，直接汇寄傅作义将军。《苏州明报》全体员工于18日绝食一天，省下饭金10元，作为对抗日将士的声援。苏州国医学校发起节食救国运动,全体师生从11月19日起,10天内"一律淡食,废除小菜,将积下小菜费,悉数汇解前方,慰劳抗敌将士"。木渎公安分局全体警士,也出于爱国热情,节约菜金,支援前线。

11月23日,傅作义部克复百灵庙。消息传来,群情振奋。第二天,吴县各界绥远卫国将士后援会召开会议,对进一步开展募捐事项做出决定,规定《苏州明报》《苏州早报》《吴县日报》及吴县总商会为指定的收款处。推定县总商会张寿鹏等25位知名人士组成募款后援会。苏州募捐活动形成高潮。各团体、工厂、学校及市民纷纷捐款,从几元到数百元不等。万里小学全体师生将点心钱3700多文也捐献出来。但据当时报载,捐款者以商店伙友、学侍、工人及学生居多,"而富户绝无一人解囊"。

在援绥运动中,苏州妇女界是一支活跃的力量。她们通过报纸大声疾呼,一切不愿做亡国奴的人们,不分党派、不分阶级、不分职业、不分贫富、不分性别,凡是愿意争取民族生存的,都应该一致团结起来。她们动员妇女积极投身于抗日救国行列,特别要求将宣传工作深入农村,使广大农村妇女觉醒起来,成为抗日救亡的一支重要力量。并建议将制作军衣的任务交给农村妇女,以半捐半卖的形式,既使她们得到实惠,又使她们得以有抗日救国的实际行动。一首专为妇女们谱写的缝衣曲充分表达了她们的抗日决心及对将士们的深情厚谊。歌词写道:"绥远的战士们,你们是民族的英雄。冰天雪地,化不了你们的热血红。冲锋,冲锋,不怕它浑身飞满空,好头颅,热心胸,向前奔冲。不做亡国奴的人们,联合在你们的后面,愿做你们的后锋。我这里密密缝,战士啊,你要努力前攻。是中华民族的江山,誓必恢复,才不愧为民族英雄。我在灯前快快缝,战士啊,你在阵前奋勇前冲。哪怕他是匪是盗是敌仇,掠夺我大好河山，我们都要一致复仇，前进，冲锋!"

为支援抗日将士，从11月28日至12月1日，苏州各界在宫巷乐群社举办慰劳将士审美展览会。在苏的艺术家、收藏家及社会名流献出金石、书画、古玩、花草及其他收藏品数百件。其中有画家陈涓隐赶绘的绥远抗战详图，张善子、张大千兄弟的两丈巨幅十骏图等。展览会门票收入悉数支援卫国将士。

第五节　苏州文化界的抗日救亡运动

30年代的苏州文化界，是抗日救亡运动中一支活跃的力量。他们同当时会集上海的由中国共产党领导的、以共产党员为骨干的左翼文化运动有着密切的联系。苏州的一批文化社团，有的就是上海左翼文化社团的分支。他们以宣传马克思主义和抗日救亡为己任，纷纷以创办图书馆、出版刊物、进行文艺演出、举办读书会和报告会等形式，团结教育广大群众，特别是青年。其中影响较大的有匡亚明、郑山尊等发起的演剧活动，陈世德、俞未平组织的世界语学会和全民图书馆，包之静、叶籁士等为骨干的社会科学研究会，刘其生组织的吴江读书会等。

早在1929年，中共党员匡亚明、任禹成等就在苏州组织太阳剧社，开展进步戏剧演出活动。他们在第一师范、乐益女中等地演出田汉的《苏州夜话》《南归》等剧，传播进步思想。随之，苏州出现了"阿波罗艺术社""东吴剧社""一致剧社""蓝天剧社""银沙剧社"等一批社团，提出"被压迫的人们，集合起来，一致打倒我们的敌人""到十字街头呐喊，不在象牙塔里呜咽"等主张，多次举行公演，向群众进行抗日救亡宣传。1932年年初，由东吴大学、景海女师、安定中学、黄埭乡师、东吴剧院、苏女中、苏州美专、振华女中、萃英中学等参加的全市学生抗日救国新剧联合公演,是苏州文化界在抗日救亡史上的一件盛事,在全市产生很大影响。在此基础上,全市进步剧社于1932年年底成立"苏州戏剧联合会",通过郑山尊等人与党领导的中国左翼戏剧家联盟建立了联系,多次演出《怒吼吧,中国》《放下你的鞭子》等抗日剧目,受到城乡群众的热烈欢迎。

1934年2月,郑山尊组织成立苏州艺社,主要成员有姜一平、朱信学、郑觉因、曹孟浪、程丹唇、黄贻钧等。除自己组织演出外,还邀请上海业余剧人协会的王为一、魏鹤龄等来苏演出话剧《月亮上升》《名优之死》等剧目。

30年代初,陈世德等在苏州组织世界语学会,团结一批进步青年,经常在一起学习《政治经济学大纲》《大众哲学》等革命书籍,组织歌咏队、读书班,出版进步刊物,进行抗日救亡宣传。邀请曾到苏联访问的胡愈之来苏州做报告。1935年,学会被国民党特务破坏,其骨干成员萧风、杭立、林平等12人被捕,陈世德也在扬州被捕。后来先后获释。

1936年年底,陈世德、俞未平等借鉴上海蚂蚁图书馆的经验,建立吴县全民图书馆。一面出借图书,一面从事抗日救亡运动。他们邀请一些资本家、国民党官吏及社会名流列名于"成立缘起"上,以作掩护。图书多是靠发起人及读者募捐来的,以《大众哲学》《社会科学讲话》《政治经济学大纲》等革命进步书籍及鲁迅、茅盾、巴金等人的作品为主。也放有《三民主义》之类书籍装点门面,应付检查。读者最多时有400余人,与图书馆经常保持联系的有100多人。图书馆对读者经常进行家访,了解情况,联络感情,做好团结工作，不少青年因此走上革命道路。图书馆还组织"全民歌咏团"，由上海救国会派人前来每周教唱一次革命歌曲。还组织宣传队、救亡演剧队，上街下乡进行抗日救亡宣传，演出《放下你的鞭子》等剧目。他们还组织各种座谈会、讨论会，开办工人识字班、英文补习班，组织进步青年传阅《中国的新西北》《解放文选》《救国时报》等党的地下刊物和革命书报。还自编《逮捕蒋介石真相》并印成传单在群众中散发。"八一三"淞沪抗战爆发后，全民图书馆的成员积极加入苏州抗敌后援会活动，继续投身于抗日救亡运动。

以共青团员包之静、叶籁士等为骨干的苏州社会科学研究会，经常开展读书活动和宣传演讲，还举办流动图书馆，出版油印刊物《潮流》，揭露日本帝国主义的侵略罪行，号召民众开展救亡斗争。"九一八"事变后，他们还根据自己的特长，组织剧团，到胥门外工人聚居区水仙庙等处，演出《工场夜景》《活路》《SOS》等话剧，进行抗日救亡宣传。1932年苏州党组织遭破坏后，社会科学研究会成员、团市委书记王潜被捕叛变，研究会成员先后离去。

1932年春，中共涟水县委委员刘淇生到吴江县警察局以文书身份为掩护，开展革命工作。他先后结识了中共党员吴其超，进步青年史翊美、易静初，吴江乡村师范进步学生赵乃元、徐德润、杨源时、陈孟豪等，秘密组织读书会，成员发展到23人。读书会组织会员学习马列主义和普罗文学，开展反对国民党反动统治的斗争和抗日救亡运动。他们完全采取秘密工作的原则，会员个别吸收，活动一般在公园、庙宇、客栈秘密进行。他们发动乡师学生用小说、诗歌、论文、漫画等形式宣传抗日救亡，到街头、码头、茶馆、酒店发表演说，号召抵制日货，揭露国民党当局的不抵抗主义。还进行抗日义演，将演出所得支援东北抗日义勇军。乡师读书会成员在参加江苏童子军大露营时，书写了"反对法西斯独裁，实行民主政治""停止内战，出兵抗日"等传单，在营地散发，引起国民党江苏省政府的极大震惊。

第六节　从进社到武卫会常熟分会

常熟东乡梅李、浒浦一带，人口稠密，知识青年较多。他们中一些人不满社会现状，向往抗日救国。梅李陆同福布厂寓沪职员李建模与共产党员周文在等素有交往，思想进步。1934年年初，他在上海和顾准（吴达人）等7名青年发起成立进社，从事抗日救亡运动。不久，吸收梅李、浒浦青年顾鉴修、薛惠民、李凌、陈刚、李映华等10多人入社，并在梅李创办《艺丝》周刊，抨击时政，为民呐喊，引起国民党当局注意，于《艺丝》出版第10期时被借故查封。

1934年4月，中国共产党提出《中国人民对日作战基本纲领》。宋庆龄、何香凝等1700余人联名呼吁中华民族武装自卫。5月，中华民族武装自卫委员会在上海成立（简称"武卫会"），宋庆龄任主席。

不久，"武卫会"上海分会成立，顾准、李建模为负责人。随后，两人回梅李宣传抗日救国，并成立"武卫会"常熟分会。薛惠民、李凌、陈刚、李映华、顾鉴修、张可群等原进社成员即转为"武卫会"常熟分会首批会员。因一些成员有要求加入中国共产党的愿望，1934年秋，"武卫会"党团派组织部部长李定南到常熟，发展顾鉴修、张可群、李凌、薛惠民等入党，同时建立党支部，顾鉴修为书记，张可群、李凌为委员。不久，又发展陈刚、李映华、茆春华及农民积极分子薛狗狗、薛三囡、薛金咲等入党。

"武卫会"常熟分会坚持反对国民党反动统治和日本帝国主义侵略中国的立场。他们在浒浦的渔民中开展工作,帮助开办渔民子弟学校,宣传抗日救亡主张。薛惠民也在梅李办了农民夜校,教贫苦农民识字,宣传革命道理,揭露国民党反动统治和日本侵略者的罪行。分会还利用提灯会等活动,散发传单,扩大影响。

1935年6月,国民党当局以共产党嫌疑逮捕了李映华、薛惠民、李凌、陈刚、顾鉴修等先后离常去沪,待局势平静后才陆续回来。

1936年7月,陈刚、顾鉴修、李凌等发起成立常熟人民抗日救国自卫会(简称"人救"),"人救"以"武卫会"的纲领为行动宗旨。西安事变后,蒋介石被迫接受中国共产党提出的停止内战、联合抗日的主张,"人救"抓住这一有利时机,把浒浦、梅李等地失去联系的"武卫会"成员重新组织起来,又在塘桥发展任天石等为人救成员。七七卢沟桥事变后,"人救"停止活动,许多成员先后投入武装斗争,不少人后来成为抗日骨干力量。

第七节　营救七君子的斗争

日本帝国主义加紧对中国侵略,国民党当局一味退却,由此激起全国人民强烈不满。1936年5月31日,在中国共产党抗日民族统一战线政策影响下,全国18个省的60多个救亡团体代表在上海开会,成立全国各界救国联合会。这一爱国举动为国民党最高当局所不容。

1936年11月22日深夜,救国会领导人沈钧儒、李公朴、王造时、沙千里、邹韬奋、章乃器、史良在沪被国民党当局非法逮捕,造成震惊中外的救国会七君子事件。23日，经律师保释。当日再遭拘捕时，史良因隐蔽他处未被捕获。

12月4日，沈钧儒等6人被移解苏州，羁押在吴县横街江苏高等法院看守分所。史良于12月30日到苏"自动投案"，押在司前街看守所女监。在此前后，国民党当局还逮捕了南京救国会负责人罗青、孙晓村、曹孟君，传讯了任颂高、顾留馨（罗青、任颂高、顾留馨3人后来同七君子并案审理）。

七君子坚持抗日爱国立场，团结一致对敌。"有罪大家有罪，无罪大家无罪；羁押大家羁押，释放大家释放。"为激励斗志，沈钧儒特意书写"还我河山"条幅，悬于室中。大家凭着必胜信念，各自进行自己的工作。王造时翻译《国家论》，邹韬奋写《经历》，章乃器写《救国运动论》，沙千里写《七人之狱》，沈钧儒、李公朴则读书、写字、作诗。

此后两个月内，法院进行了5次庭讯。每次讯问都是故伎重演，为着一个目的：尽量延长侦查时间，缩短审判时间，以转移民众视线，平抑社会舆论。这充分暴露了国民党当局的色厉内荏。果然，在法定羁押期的最后一天即1937年2月3日，法院决定延长侦查期两个月。

4月3日，江苏高等法院检察官罗织10条"罪状"，以《危害民国紧急治罪法》提起公诉。公诉提出后，杜月笙、钱新之等奉国民党中央秘书长叶楚伧之命到苏州会晤七君子，表示只要他们保证今后不再从事救亡运动，留居京中或出国，即可撤回公诉。对这种卑劣的诱降活动，七君子以坚持"救国无罪"，宁愿坐牢也决不丧志的立场断然拒绝。七君子依据当时法律规定，每人延请律师3人。很快就有21名全国知名律师自愿担当义务辩护。苏州律师界陆鸿仪、吴曾善、刘祖望、朱公亮等也积极参与。他们撰写了两万余字的答辩状，对起诉书做了义正词严的批驳，并事先登在《申报》和《大公报》上，以阐明真相，扩大影响，争取舆论支持。

6月11日，江苏高等法院临开庭前突然决定"停止公开"，胡子婴、沈粹慎、张曼钧等家属一致抗议，七君子也表示不公审即不发言，辩护律师也表示缄默。后经苏州士绅张一麐力争，法院被迫允许家属、记者入庭旁听。在法庭上，七君子从容不迫，应对自若。首先受审的是沈钧儒，当法官问道："抗日救国不是共产党的口号吗？你知道你们被共产党利用了吗？"沈答道："假使共产党利用我抗日，我甘愿被他们利用。"救国会领袖们铿锵有力、掷地有声的答辩，使法官无法招架。庭审中，七君子及众律师要求对起诉书中涉及的有关人和事进行调查，并依法以审判长及推事"已具成见，不能虚衷听讼"为由，要求审判长及全体推事回避，法院庭讯被迫中止。

6月25日，法院更换了审判官和推事重新开庭，七君子与律师密切合作，又一次唇枪舌剑弄得法庭狼狈不堪，国民党当局精心策划的审判闹剧，以失败而告终。

七君子事件牵动着国内外所有爱国进步人士的心。1936年11月26日，宋庆龄发表声明，抗议当局对七君子的违法逮捕。11月30日，延安《红色中华》报发表七君子被捕的消息，强烈谴责国民党的高压政策。一些爱国群众团体中的共产党员如胡乔木、周扬、金仲华、张执一、邓洁、柳湜等，在各种声援活动中起着骨干作用。全国各地群众团体、知名人士及旅外华侨、国际友人，乃至国民党内李宗仁、白崇禧、黄旭初、冯玉祥、于右任等也各以通电、声明、签名运动等形式，一致要求恢复七君子自由。爱国将领张学良、杨虎城发动西安事变发表的八项主张中，就有立即释放被捕救国会领袖的要求。

6月25日，即七君子第二次受审的当天，宋庆龄、何香凝、胡愈之等16人联名向江苏高等法院具状，指出"爱国无罪，则与沈钧儒等同享自由；爱国有罪，则与沈钧儒等同受处罚"。7月5日，宋庆龄不顾胃病发作，带领胡愈之等11人，毅然到苏州自请入狱。7月6日，宋庆龄又致电蒋介石，阐明自己为救国而入狱的决心。随之，上海戏剧界应云卫、袁牧之、赵丹、郑君里、金山等20余人，作家何家槐等13人，复旦、光华、暨南等各大学的教授、学生以及工商界、职工等均具状自请入狱，使国民党当局大为狼狈。

七七卢沟桥事变爆发，日本侵略者的铁蹄踏破了蒋介石媚外求荣的迷梦，举国一致团结抗日成为不可抗拒的历史潮流，国民党政府不得不改弦易辙，被迫放弃对共产党长期敌对的政策和对进步力量的敌视态度，七君子于7月31日交保释放。苏州张一麐、李根源等爱国士绅纷纷出面为之具保。南京救国会的罗青、孙晓村、曹孟君等人也同时获释。七君子出狱时，与欢迎群众同声高歌《义勇军进行曲》，沈钧儒等谈话表示"当不变初衷，誓为国家民族求解放而斗争"。8月1日，七君子离苏返沪，受到上海各界热烈欢迎。

十年土地革命中，中国共产党人继大革命失败之后，又遭到第五次反"围剿"的失败，经历了又一次生死存亡的严峻考验。在苏州，这十年的前半段城乡暴动中，"左"倾冒险主义路线的错误指导，使革命力量也受到了不小损失，付出了血的代价。尽管革命受到严重挫折，环境如此险恶，英勇的共产党人从不气馁，始终保持革命乐观主义的精神和不屈不挠的坚强意志，冲破重重黑暗，开创新的局面。这十年的历史经验证明：中国共产党人的力量来自把马克思主义的普遍真理同中国革命的具体实践相结合,紧紧同全国绝大多数人民站在一起,坚持实事求是、群众路线、独立自主的原则。那种脱离实际,照搬外国经验的教条主义,或者只凭主观愿望和热情而急于求成的做法,都是错误的。这十年中,虽然党在指导思想上几度犯过"左"倾错误而使革命事业遭受严重挫折,但是党终于依靠自己的力量克服了这种错误,因而能够在民族矛盾和阶级矛盾错综复杂的形势下,采取正确的方针保持土地革命时期的主要成果,迈向全面抗战的新时期。

第三编　全面抗战时期

（1937年7月—1945年8月）

　　日本全面侵华，中华民族面临亡国的严重危险。中国共产党忍辱负重，从团结抗日大局出发，坚持全面抗战路线和持久战方针，发动全民族抗战，积极开展敌后游击战，配合国民党军队正面战场，并在进入战略相持阶段后，承受了侵华日军大部兵力的压力。蒋介石推行消极抗日、积极反共政策，掀起一次次反共高潮，使敌后抗日军民时时处于腹背受敌的险境。由于此时的中国共产党已是政治上成熟的政党，能够在极其复杂的环境中正确处理民族斗争和阶级斗争的关系，采取了一系列正确的政策，坚持团结抗战，发挥了全民族抗战的中流砥柱作用，终于取得了抗日战争的伟大胜利，赢得了国内各阶层民众的拥护和尊重。

　　全面抗战初期，苏州即遭沦陷。中共江苏省委在苏州重建党组织，组建人民武装，形成若干游击基点。随后，新四军东进，在苏州东北隅开创抗日游击根据地。苏州作为大上海的外围，位于沪宁、苏嘉两条铁路线和京杭大运河交会处，扼江控海，地势险要。境内城镇林立，物产丰富，湖泊、水网密布，工商文教较为发达。这些特点既为开展敌后游击战提供了广阔天地和有利条件，同时也带来了复杂性。对日伪而言，根据地无异在其当胸插了一把尖刀，必欲拔除而后快；对国民党顽固派而言，挤了他们的地盘，碍了他们的手脚，分了他们盘中一杯羹；对中国共产党及其武装而言，既要对付日伪，又要对付国民党顽固派。这种民族斗争和阶级斗争相互交织，日、伪、顽、匪、我错综复杂的斗争态势，决定了苏州这块土地上的抗日斗争格外复杂、格外艰苦，中国共产党必将在全国抗战波澜壮阔、气势磅礴的大背景下，围绕侵略与反侵略、抗日与不抗日、正义与非正义，展开一幅幅壮丽多彩的画卷，上演一场场威武雄壮的剧目。

第七章　从救亡运动转向敌后武装斗争

第一节　在"八一三"淞沪抗战中

1937年7月7日，日本帝国主义在北平近郊悍然制造卢沟桥事变，发动了全面侵略中国的战争。8日，中共中央发出通电，号召"全中国人民、政府与军队团结起来，筑成民族统一战线的坚固的长城，抵抗日寇的侵略！"同时派周恩来等为代表，到南京等地与国民党谈判。7月15日，中共中央向蒋介石递交了《中共中央为公布国共合作宣言》。蒋介石却对西安事变时承诺的"联合抗日"动摇不定，继续抱对日媾和的幻想。直至日军进攻上海，直接威胁国民党统治集团心脏地区和英、美等国在华利益，全国人民要求团结抗日的呼声更加高涨，加之急需红军参战，蒋介石才不得不接受中国共产党和爱国人士建议，实行团结抗日。9月22日，由中央通讯社发布了拖了两个多月的《宣言》。23日，蒋介石发表实际上承认共产党合法地位的谈话，国共合作抗日的历史新局面终于形成。

8月13日，日军在上海开战，妄图一举占领京（宁）沪，迫使中国政府完全屈服。中国驻军张治中部于次日发起反击，淞沪抗战拉开序幕。此后3个月中，中国军队先后投入兵力70万，日军迭次增兵达22万，企图在上海及其外围进行会战，决一胜负。

战斗一打响，太仓、常熟、沙洲沿江也就成了前线，浏河、杨林、七丫口、白茆、福山、段山等处，日军在飞机、军舰狂轰滥炸掩护下，频频发起登陆，又频频被击退。这时，与上海唇齿相依的苏州，自然成了抗敌前沿和支前基地，一度还成为抗日军队的指挥中心。战事爆发前，中国军队对日军进攻上海有所防备，赶筑了一批工事。太仓出动万余民工赶筑了浏河、新塘市、岳王市、沙溪、万泰等处公路；常熟修筑了梅李、浒浦、支塘至白茆口的军用线。太仓、昆山、常熟、吴县、吴江等地出动大批卡车、客车、轮船、民船投入军运或用来封锁港口，并组成4万人的"铁肩班"运送军需物资。战事爆发后，太仓又出动4.5万名民工构筑沿江战壕40里。常熟出动了3万多名民工筑起北起福山、南接吴县、西连江阴、东至白茆口的工事数十里。昆山、吴江也各出动数万名民工构筑工事。民工们为抗日热情所鼓舞，常常置敌机轰炸、扫射于不顾。在施工中，太仓一地即伤亡民工数十人。

大敌当前，苏州人民同仇敌忾，万众一心，以气壮山河的激情投入抗日救亡运动。吴县培训了大批救护人员，组成了工人、青年、妇女、童子军等各类战地服务团，其中有380多名妇女、400多名中医志愿参加，许多道教徒也参与其中。全县各地3个多月内收治伤员5万多人，并同太仓、昆山一起安葬阵亡将士数千名。组织救济委员会，收容流离失所、饥寒交迫的难民数10万人。太仓、昆山、常熟等县也普遍设立伤兵医院，收治和转运伤员。昆山周墅、陆桥和太仓双凤农民还协助驻军活捉被击中后跳伞逃命的6名敌机飞行员。

苏州各界开展了募捐钱物、慰劳前线将士的活动。淞沪抗战爆发第二天，吴县各界抗敌后援会即派代表赴前线慰问将士；200多名红十字会会员开赴上海，参加前线救护工作；众多青年、妇女主动到车站、医院送茶送水，慰问伤兵、难民；家庭主妇连夜赶制送往前线的鞋子、背心。听说前方需要食品，8月15日，后援会即收到各界送来的馒头、大饼、面包、糕团4 000多个，咸菜200多斤及一批其他食品。吴县文艺协会特制印有"杀尽倭奴"四字的面包500个送上前线，激励士气。以后，几乎每天都有募集的大批食品、衣物送往前方。苏州市民还自发开展"一元救国运动"，不少人把结婚戒指等金银饰物捐献出来，1个月内募得现金5万余元，各类物品万余件。光福后援分会将募得的400元钱专程献给坚守上海四行仓库的谢晋元等800名壮士。常熟东言子巷一开明人士将100多亩稻田的收成"献纾国难"。太仓、昆山、常熟等地捐给前方的有棉背心8 000件、裤褂1 200套、毛巾1万条、罐头1万听。

著名士绅张一麐、李根源老而弥坚，"七七"事变后联名倡议组建"老子军"，征集60岁以上老人赴前线效死，被蒋介石阻止。8月16日，张一麐不顾年老体弱，也不顾敌机当头、炮火纷飞，亲赴南翔拜会冯玉祥、张治中，慰问抗日将士，表达苏州人民坚决支持抗战到底的决心。他们那种救国不让后生和视死如归的壮举，令举国钦佩，传诵一时，被郭沫若誉为"天下之老大"。

在此期间，苏州日租界和日本领事馆成了爱国群众的众矢之的。陈世德等创办的全民流动图书馆多次发动读者在日租界举行示威活动。一次，黄埭乡师学生周建平等10多名青年从护龙街全民流动图书馆出发，一路高唱救亡歌曲，高呼抗日口号，吸引大批群众参加，到达青旸地时，已达五六百人，吓得日领馆人员躲在屋内不敢露面。

热血青年们组织各种救亡团体，上街下乡，宣传抗日。吴江怒吼歌咏团、盛泽风雨歌咏团、苏州实验剧团、吴风剧社、路灯剧社和东吴大学学生组成的农村工作团，争赴城乡各地演出救亡戏剧，教唱抗日歌曲。著名作家周瘦鹃在《申报》发表充满民族血气的

《卢沟桥之歌》："秣我马，厉我兵，冲上前去，抵抗敌人。我只知有国，不知有身；我有进无退，虽死犹生……一寸寸国土，一寸寸黄金，谁要抢着走，我和谁拼命。"

上海地下党领导的各抗日团体，把救亡工作发展到了苏州。上海全国基督教青年会干事吴大琨、刘良模等到苏州帮助成立军人俱乐部，开展救亡活动。8月下旬，上海话剧界救亡演剧队洪琛、金山、冼星海、郑君里、赵丹等先后到苏州和常熟的兵营、医院、工厂、学校、农村、集镇演出《放下你的鞭子》《毒药》《保卫大上海》等抗日剧目，交流救亡活动经验。上海红十字会煤业救护队数百名队员、四五十辆车辆，终日往返于前线和太仓、昆山后方医院之间，救护和运送伤员、难民。上海到苏开展救亡工作的知识青年蒋雄担任救护队长，带领队员在火车站负责接运伤兵。一次日机击中一节装有弹药的列车，蒋奋不顾身，冲向着火的车厢，脱开挂钩，甩掉被炸的车辆，把列车开到安全地带，避免了一场大祸。在救亡活动中，苏州监理会医院索鲁曼医生、亨利教士，昆山教会沈约翰教士等外国朋友热情相助，他们不顾安危，坚守岗位，精心救护伤兵和难民。

在救亡运动中，一批失去组织关系的共产党员及进步青年发挥了骨干作用。原常熟人民抗日救国自卫会骨干顾鉴修、薛惠民、陈刚等率先投入抗敌后援会活动。因抗日被抓的原武卫会总会党团成员李建模一出狱便回梅李，团结近百名职工、知识青年投入后援活动。复旦大学学生、共青团员蒋宗鲁返乡后担任常熟抗敌后援会常务理事，领导开展救亡工作。沙洲西港回乡学生二三十人，组成以杨知方为团长的青年服务团，积极投入抗日活动。曾任太仓南岳乡乡长的浦太福憎恶国民党的腐败无能和帝国主义的侵略，毅然出任五区四乡办事处主任，带领民工筑公路、修工事、搞军运，积极支前。

第二节　苏州沦陷

淞沪抗战是正义之战，爱国将士浴血奋战，全国人民戮力同心，打乱了日军侵华部署，粉碎了日本帝国主义企图一举吞并中国的迷梦。

然而，此时蒋介石虽然被迫抗日，但思想上、行动上坚持片面抗日路线，军事上奉行消极防御战略，屡失战机，致使集结淞沪一线的重兵竟无法阻止日军的凌厉攻势。1937年11月5日晨，日军从金山卫登陆。8日起，驻沪国军按蒋介石命令仓皇西撤，在极度混乱中全线溃退。12日，上海沦陷。14日到19日，太仓、昆山、吴江、苏州、常熟相继失守。25日，沙洲陷落。12月13日，南京也落入敌手，遭受为期6周的血腥大屠杀，30多万人倒在血泊之中。江南大地遍受日寇铁蹄蹂躏，人民陷入深重灾难之中。

国民党军队撤离苏州前，曾接上级手谕，传达蒋介石命令，"领取火油二十箱，硫磺一百斤，在苏州城厢内外，放置五十把火头，纵火焚烧，使苏州化为焦土"。由于动手不及，苏州人民才免遭此劫。随之而来的日本侵略军，先是狂轰滥炸，继而烧杀淫掠，再则武力统治，制造了累累血债。自8月16日起的3个月内，"苏城共受敌弹四千二百余颗，死伤人民数千，破坏街市房舍学校医院工厂无算"。阊门石路一带被日军投放燃烧弹烧了三天三夜，使繁华商业区化成一片焦土。沪宁、苏嘉铁路和长江沿线，自昆山青阳桥至望亭、吴江县城及平望、盛泽、太仓县城及浏河至鹿河，常熟县城及支塘到福山，几十个城镇惨遭轰炸，无一幸免，死伤群众、烧毁房屋不计其数。

日军西侵途中，一路烧杀。浏河尤家桥一带，六七百户居民2 000余间房屋毁于一旦，70多名村民被杀，伤残者更多。日军入侵太仓县城，纵火烧房，持续三天三夜，从西门到因果桥大街两侧136家商店200多间铺面被烧个精光，损失惨重。吴江平望700多间房屋化为瓦砾，400多名居民惨遭杀害，河中浮尸漂逐数里。昆山塘、陆墓塘直至翌年春天仍余满尸体，堵塞了河中流水。常熟居民金鹤冲日记记载："港口、大义桥、谢家桥房屋多毁，三处死者近千人。邑城内外，收尸三百余具。常熟城焚十之四。"日军入侵苏州，城厢内外，大街小巷，一片血泊火海。护龙街上、香花桥头、北寺塔旁，以及齐、相、娄、葑、盘、胥、金、阊各城门要道，横满了尸体。平门外洋泾角村及洋泾荡桥畔，被日军集体枪杀各100余人。葑门徐家祠堂未及撤走的七八十名重伤兵全遭杀害。1938年1月2日，日军袭击游击队未成，迁怒群众，在昆山淀山湖畔马援庄，用枪刺、刀劈、砍头、卸肢、沉湖等残暴手段杀害108人。他们剖开孕妇肚子挑出胎儿，将老妇推入火中活活烧死。焚烧204间住屋、7座船舫、36万斤稻谷，屠杀32头耕牛以泄恨，制造了骇人听闻的马援庄惨案。据1939年伪吴县知事公署《事变损害统计表》载，全县13个乡镇被毁房屋7 927间，被害居民6 774人，损失财产1 043.3万多元。又据1937年11月21日日本《朝日新闻》晚报载，日军入苏州城俘中国士兵2 000人，奉上级密令将其全部杀害。据此计算，自"八一三"至苏州沦陷，日军在苏杀害军民逾万。另据昆山、常熟统计，前者9个乡镇被毁房屋10 961间，被害居民3 700余人，损失财产696.4万元；后者被毁房屋近4万多间，被杀居民3 000多人，损失财产 299 万元。苏州四处断墙残垣，尸积成山，血流成河，惨不忍睹。

从此，日本帝国主义开始了对苏州长达 8 年之久的军事、政治、经济、文化全面的殖民统治。伪苏州地方自治委员会和伪江苏省政府相继成立，苏城内外军警、宪特横行，特务、汉奸遍布各地，人民生命财产被视作儿戏；工农商运经济命脉全被纳入军需统制，粮棉、茧丝、绸布产量十去五六；文教、新闻、广播全被用作奴化教育的工具，拙政园等古典园林被用作军马场，东吴大学校园被改作伤兵医院，文化瑰宝和学府殿堂被糟蹋得满目疮痍；人民开始了悲惨屈辱的亡国奴生涯。日军统治时期，苏州被掳走充当供日军实施性奴役的慰安妇达 2 000 多人。苏州当地设立的军妓院、慰安所达 10 多处。日本侵略者罪恶滔天，罄竹难书，中国人民永远不会忘记。

面对日军法西斯暴行，苏州人民没有被吓倒。一些知识分子以各种方式抵抗日寇。有的隐逸山林，遁迹空门，绝不与日寇汉奸为伍；有的横眉冷对，宁折不屈，保持崇高的民族气节；有的投笔从戎，毁家纾难，投身于滚滚抗日洪流之中。苏州图书馆员工，为保全祖国文化遗产，担风冒险地将 1 558 种、19 874 册馆藏珍本辗转保存于太湖的东、西山中，直至抗战胜利。苏州名门潘氏昆仲，不顾日寇威胁利诱，将祖传稀世珍宝西周青铜器大盂鼎、大克鼎深埋土中，中华人民共和国成立后献给国家。许多爱国群众想方设法牵制、打击敌人。有对零星日寇刀劈斧砍，抛尸江湖的；有软泡硬磨，拖欠税赋，直至捣毁租栈、公开对抗的；有声东击西，偷袭佯攻，使敌人不得安宁的；等等。

在苏州农村，抗日自卫武装群雄蜂起，出现了数以百计的游击队。其中有失去组织关系的共产党员和进步青年发起组织的，有地方人士出面组织的，有帮会头子和地痞流氓乘机组建起来的，有以国民党散兵游勇和警察为主体组成的。各类游击队首领的政治倾向和动机不同，有的是受共产党影响，发自拯救民族于危亡的强烈抗日热情；有的出于防匪、抗敌、保家，维护自身利益；有的是为捞取政治资本，企图升官发财；有的是打着抗战旗号敲诈勒索，鱼肉人民。

失去组织关系的共产党员和进步青年组织的游击队，主要有常熟的任天石部、陈震寰部，江阴的朱松寿部、梅光迪部，吴江南部的赵安民、钱康民部，朱希、汪鹤松部，梅埝黎里一带的朱广运部，太仓的浦太福部，以及青昆交界的顾复生部，嘉太边界的吕炳奎部等。他们积极寻找党的组织，紧紧依靠群众，坚持抗日斗争。

国民党军警、地主乡绅和土匪流氓掌握的游击队，主要有阳澄湖的胡肇汉部，太湖的程万军部，漕湖的杨忠部，太仓的王士兰部，常熟的熊剑东部、吴文信部、赵培芝部，沙洲的杨行芳部，昆山的陈耀宗部、路有才部等。他们争夺地盘，各占一方，大多是抗敌不足，扰民有余。

日军为了强化统治，对游击队不断"搜剿"。在软硬兼施、威胁利诱之下，有些"游击司令"投敌。淞沪战役中仓皇溃逃的国民党军政当局，此时也打着抗日旗号潜回敌后。1938年1月，军统特务头子戴笠把从上海撤至皖南的"军委会苏浙行动委员会"残部改编为"忠义救国军"，派袁亚承、郭墨涛等到苏州一带大肆扩充势力，网罗了一些以散兵、流氓为主体的游击队，搞到了大批枪支，在从上海近郊到澄锡虞一线组成"忠义救国军"，有20多个支队，数万人。国民党江苏省政府也同时陆续派人过来，恢复和整顿各级政权机构，1939年1月设立了江南行署，重新任命各地专员和县长，并以"江苏省保安司令部"名义，加委了一批游击队。王士兰、杨忠部此时分别被收编为省保安四、五团。其间，也有一些爱国人士组织的游击队为解决给养接受了收编。

人民的抗暴自卫和抗日武装的兴起，说明了人民群众中蕴藏着极大的抗日热情，为中国共产党及军队开辟敌后武装斗争提供了深厚的群众基础。同时不同来历的游击队良莠不齐、鱼龙混杂。这种日、伪、顽、匪、我和真假抗日复杂交叉的局面，预示着敌后抗日游击战必将波澜迭起，极不平凡。

第三节 苏州党组织的重建和游击基点的创立

早在"七七"事变前后，中共江苏省临时工作委员会即派吴志明、陈立平、宿士平先后来苏州、无锡，于1937年9月成立中共苏锡工作委员会，在这一带寻找关系，联络同志，发展党员，开展抗日救亡运动，并为开展游击战做准备。在前后四五个月的时间里，他们在横泾、东西山、浦庄、外跨塘及无锡峄嶂山、马山和常州滆湖一带活动，并在无锡发展钱敏等入党。不久，淞沪抗战形势急转直下，上海、太仓、昆山相继失守。苏州沦陷前夕，吴志明等人陆续撤离，苏锡工委工作中止。

1937年11月，中共江苏省委在上海重建。下设外县工作委员会领导上海周围地区党组织的恢复重建和开展游击战工作，派出一批党员到各地"找到关系，站稳脚跟，开展工作"。1938年5月，中共京（宁）沪线工作委员会成立，林枫任书记，李建模、王承业为委员。同月，中共常熟县委重建，李建模为书记，杨浩庐、赵伯华为委员。10月，中共京（宁）沪线工委改为中共江南特委（又称"苏常特委"），省委增派张英为特委组织部长。翌年春天，又派周达明任特委军事部长。江南特委实际负责京（宁）沪线东段，西起江阴、无锡，东至上海浦东广大地区（亦称"东路"）的开辟发展工作。

江南特委遵照省委"隐蔽发展"的方针，秘密而谨慎地陆续恢复了一批失去组织关系的老党员的党籍，发展了一些新党员，逐步建立起党的基层组织。原上海大新公司党支部书记梁瑾瑜，此时以难民身份在吴县渭塘一带开办农民夜校，组织抗日群众团体，秘密发展党员。他于1939年5月建立了直属江南特委的中共沈巷交通站支部，担负运送干部、传递情报、上下联络等秘密交通任务。

1939年3月，省委派潘承岳（陈鹤）回到家乡苏州，以开办广告社为掩护，开展抗日活动。4月，吸收吕家昌、薛白微入党，建立中共吴县支部，并在支部领导下成立了吴县各界抗日救国会，吸收了二三十名爱国青年参加，进行抗日救亡活动。还组织读书会，开办工人夜校，秘密编印抗日月刊，组织大家学习进步书刊，从中发现和培养积极分子，发展党员，积蓄力量，准备建立中共吴县县委。在活动中，因被人告密，潘、薛两人于12月7日被捕，吕家昌奉命撤离，中共吴县支部工作即告停顿。

长期坚持在上海的中共中央情报系统（简称"特科"），于1937年冬筹组外围组织华东人民武装抗日会（简称"武抗"），与江苏省委联合，派出大批干部下乡建立党的组织，争取地方武装力量，开展抗日武装斗争。1938年5月，派在江阴西石桥一带梅光迪部立足的何克希、吕平、刘史明组成中共澄锡虞工作委员会。1939年5月，派在吴江严墓地区工作的丁秉成、张琼英、施光华等组成中共吴江支部。由中共浙江临时省委派在朱希部工作的徐洁身、韩昌等此时也在吴江严墓地区建立起了东水家巷和李家浜两个党支部。

这些党组织的恢复和建立，标志着中国共产党的旗帜又在苏州上空飘扬，苏州人民的抗日斗争有了主心骨。

在党组织重建基础上，中共江苏省委根据中央指示精神，派出大批干部、工人到农村，采取直接组织抗日武装和争取杂色武装两种主要方法，发展武装力量，开辟敌后游击基点。

常熟沦陷后，共产党员李建模、顾鉴修、薛惠民、陈刚等在浒浦、梅李等地联络原武卫会人员，收集枪支，积极准备武装抗日。1937年年底，李建模与中共江苏省委接上了关系。翌年2月初，省委派杨浩庐、李建模一起到常熟，以梅李为立足点，创建人民武装。3月间，梅李附近爆发农民抗租斗争，虽遭镇压，但是迫使地主不敢下乡收租，为党发动群众、组建抗日武装提供了条件。此时，塘桥青年任天石筹建了一支四五十人的武装队伍，积极寻找党的领导。4月，李建模、杨浩庐与任天石取得了联系。5月下旬，省委派军事干部赵伯华来常熟后，刚重建的常熟县委决定举办军事训练班，以塘桥游击队中的骨干为主，吸收附近一批爱国青年，经过为时1个月的政治军事训练，学员们的军政素质有了提高。8月初以受训学员为基础，正式改组塘桥游击队为县委直接领导的常熟人民抗日自卫队第一大队（简称"民抗"）。1938年10月，江南特委书记林枫亲临指导。省委派党员干部和上海的一些工人、店员、学生前来参加，并从整编队伍、整顿纪律入手，加强部队建设。他们在大队建立党支部，在分队设立政训员，实行官兵一致、军民一致，积极开展民运和统战工作。并通过发动群众，打破伪匪勾结掠夺秋收成果的阴谋，推行抗日教育，团结争取杂色部队，使部队威信日益提高，受到群众拥护。群众称"民抗"领导人任天石为"老天"，称"民抗"部队为"老天部队"。至1939年年初，队伍由数十人发展到150

人，形成以梅李、塘桥为中心，沿梅塘两岸方圆10余华里的游击基点。

常熟徐市一带，有在北伐战争中入党并参加国民革命军的陈震寰组织的一支千余人的武装。1938年5—6月，该部被国民党军事委员会别动总队淞沪特遣队琴嘉太昆青淞六县游击司令熊剑东收编为所属第六梯团。6—7月，当时还没有接上组织关系的共产党员周文在应邀到该部任政治主任。不久，周辗转到达八路军武汉办事处，经叶剑英安排，与江苏省委、常熟县委接上了关系。11月，六梯团突遭日军击溃，周文在收集余部，重建部队，动员日军袭击时避往上海的陈震寰返回。1939年春，县委加派力量，形成以周文在、周建平、王志平为核心的拥有一百几十人的1个大队，被称为新六梯团，成为常熟县委直接领导的又一支人民抗日武装力量，在徐市周围方圆20华里的范围内活动。

1938年秋，"特科"派翁迪民等到阳澄湖畔开展工作，翌年年初到达胡肇汉部。胡原系国民党水警中队长，先在太湖程万军部当副官，1938年10月来到阳澄湖游击队并控制了领导权。翁迪民到达胡部后，命名该部为苏北（苏州北部）抗日义勇军，由胡肇汉任总指挥，由早与党组织联系的陆步青任副总指挥，翁迪民任政治主任，建立了政治工作制度。翁迪民和陆步青立足苏北抗日义勇军，奔走于阳澄湖和漕湖四周，了解情况，联络各界人士，建立统战关系。1938年年底至翌年年初，陆步青率队员两度袭击日伪与地主勾结组成的租赋征收处，击毙头目2人，全歼武装逼租的2个伪军中队，缴枪百余支，扩充了实力。

"民抗"日益壮大，引起日伪的注意。1939年1月7日，驻常熟日伪军会同暗中投敌的仲炳炎、赵培芝部共2 000余人分3路袭击

"民抗"驻地何村。"民抗"战士不畏强敌,分兵迎战,由于敌众我寡,因此"民抗"战士及时化整为零,分头转移,避免了损失。

何村战斗以后,"民抗"一面加强训练,各村庄普遍建立抗日自卫队,防止敌人再度偷袭;一面加强与友邻部队的联系。3月下旬,胡肇汉、翁迪民率苏北抗日义勇军一部,越过阳澄湖,到"民抗"共商合作事宜,在寨角共同击退了张慕芳、小陆兴、王兴等土匪武装对"民抗"的袭击,会同新六梯团一起会师阳澄湖,三方一致表示了加强合作,共同抗日的愿望和决心,从而在阳澄湖北侧初步形成了一处重要的抗日基点。

1938年春,"特科"派丁秉成、张琼英、施光华等到太湖沿线做争取地方游击队工作,历经挫折,与吴江西南、江浙边界赵安民及其同学钱康民(共产党员)拉起的数百人武装建立了联系。次年春天,赵部为国民党江南挺进第一纵队收编进三团。正当国民党团长怀疑该部潜伏"共党分子"而打算搜捕时,丁秉成等指示钱抓紧从赵部拉出三四十人,组成太湖抗日义勇军,由钱康民任司令,丁秉成任副司令,活动在以吴溇为中心的东太湖畔。年底,该部发展到百余人,成为共产党领导的又一支抗日人民武装。

1938年上半年,"特科"派何克希、吕平、刘史明等到达江阴西石桥梅光迪部后,在组建澄锡虞工委的同时,动员一批上海、常州、江阴等地的工人、学生和当地农民参军,举办青训班,帮助梅部整顿提高,并积极争取改造周围地方武装。7月,何克希派张志强到澄东朱松寿部做工作。朱是土地革命时期的老党员、农暴领导人,此时他会同当年一起参与农暴的其他老党员拉起了一支抗日武装。1938年4月,所率部队被收编为"忠义救国军"五支队。经张志强动员,于8月宣布脱离"忠义救国军",接受共产党的领导,并被授予"苏浙人民抗日自卫军"番号,有700多人,朱松寿任司令,张志强任政治主任。不久,朱部在沙洲被忠救军打散。朱率余部120余人撤至梅部,忠救军又两面夹击梅、朱部。此时,新四军二团参谋长王必成率一营到澄西活动,经何克希联系,于10月二团返回茅山时,何克希率梅、朱部一起到茅山整训。陈毅授该部"江南抗日义勇军第三路"番号(简称"江抗三路"),编成3个连队。由梅光迪任司令,何克希任副司令,在武进南部戴溪桥、洛阳一带活动。朱松寿奉命暂不出面,继续收集旧部。

与此同时,中共浙西特委派徐洁身等会同新四军军部派来的军事干部周达明,在江浙边界团结争取由国民党溃军组成的朱希、汪鹤松部;中共江苏省委职工运动委员会派洛斐在吴县、无锡交界漕湖地区团结争取杨忠部;由常熟县委在珍门、董浜和吴县陆巷一带团结争取吴文信部、周嘉禄部;"特科"派杨进等在锡东争取邓本殷部;无锡县委争取和改造强学增部等杂色部队的工作也取得了进展,从而使中共江南特委领导和联合的抗日武装总兵力达4 000多人。这为随后新四军"江抗"东进掀起抗日斗争高潮,准备了较好条件。

第八章　苏常游击区的形成和坚持

第一节　"江抗"东进

第二次国共合作实现后，依据两党谈判达成的协议，当时在湘、赣、粤、浙、闽、鄂、豫、皖八省边界地区坚持的红军和游击队，改编为国民革命军陆军新编第四军（简称"新四军"），叶挺任军长，项英任副军长。1938年4月，新四军军部移驻皖南。5月4日，毛泽东对新四军行动方针做出指示："在侦察部队出去若干天之后，主力就可准备跟行，在广德、苏州、镇江、南京、芜湖五区之间广大地区创建根据地；在茅山根据地大体建立起来之后，还应分兵一部进入苏州、镇江、吴淞三角地区去，再分兵一部渡江进入江北地区。"在此前后，由陈毅、张鼎丞、粟裕率领先遣队和第一、第二支队，先后挺进苏南敌后，在苏州以西开创茅山根据地。

1938年12月，汪精卫亲日派公开投敌。1939年1月，国民党五届五中全会制定了"溶共""防共""限共""反共"的方针。国民党第三战区画地为牢，将江南新四军的活动区域限制在沪宁线常州以西，并不断向新四军挑起摩擦。在此情况下，程万军由投靠"忠义救国军"转向投靠日伪，当上了绥靖二军司令。熊剑东由军统特务转向公开投敌，当了汉奸。

1939年2月下旬，周恩来到达皖南新四军军部，代表中共中央传达六届六中全会精神，重申党中央关于向敌后发展的部署，和军部领导人共同商定了新四军"向南巩固,向东作战,向北发展"的方针。

陈毅坚决执行这一方针,在仅有两个主力团的情况下,毅然决定由二团单独担负茅山地区的游击战任务,六团担负向东作战的任务。明确规定六团东进的任务是:冲破国民党的限制,发展部队,武装自己,筹集经费给养,独立自主地扩大抗日力量(概括为"人、枪、款"),同时要求相机创建根据地。

新四军六团是由坚持南方三年游击战争、富有光荣革命传统的闽东红军游击队组建的。团长由菲律宾华侨出身、曾任中共闽东特委书记和闽东独立师政委的叶飞担任,其他领导成员有副团长吴焜、参谋长乔信明、政治处主任刘飞。接到东进任务后,叶飞代表大家向陈毅立下军令状,全团指战员以高昂的士气,积极进行教育训练,做好准备。陈毅多次做报告,勉励大家团结一致,模范地执行"三大纪律、八项注意",紧紧依靠人民群众,多打胜仗,争取新的胜利。

为了摆脱国民党限制,防止国民党顽固派找到借口破坏东进行动,六团领导决定部队与"江抗"三路会合后,改用"江南抗日义勇军"(简称"江抗")的番号,第六团为"江抗"二路。团领导人也化了名,叶飞化名叶琛,吴焜化名吴克刚。

1939年5月1日,叶飞、吴焜率新四军六团由茅山地区出发,在武进南部戴溪桥、洛阳地区,与"江抗"三路会合后,按预定计划成立江南抗日义勇军总指挥部,由梅光迪任总指挥(梅光迪后叛变投敌),叶飞、何克希、吴焜任副总指挥。乔信明和刘飞分别担任参谋长和政治部主任。同时,成立中共东路工作委员会,由叶飞任书记,林枫、何克希任副书记,张英、李一平等为委员,以利于统

第八章 苏常游击区的形成和坚持

一领导军队和地方工作，保证"江抗"顺利东进。

5月5日，江南抗日义勇军二路、三路共1 000余人，由戴溪桥出发，在横林、洛社间的五牧渡越过沪宁铁路，经江阴月城，穿过锡澄公路，进入东路地区。8日，到达江南特委机关所在地无锡县梅村。叶飞、林枫等在听取了杨浩庐、翁迪民等介绍苏常地区的情况后，共同研究制订了"江抗"继续东进的计划。

5月中旬，副总指挥吴焜率"江抗"二路2个营，先行到达阳澄湖畔的太平桥，与"民抗"、新六梯团、苏北抗日义勇军会合。当时，常熟农村除"民抗"和新六梯团控制的地区外，大部分为日伪和土匪武装所控制，杨园、王庄、大义一带有国民党马乐鸣、赵北等部在活动。吴焜率部到达阳澄湖地区后，在"民抗"和新六梯团配合下，分兵三路，马不停蹄地发起了一系列战斗。一路攻梅李，拔除伪军小陆兴的据点，俘获伪区公所全部人员和枪支；一路攻何村，击溃伪军赵培德部；一路经珍门、沈家市至周泾口，收编了吉品三、李桂生部100余人。接着，又乘胜击溃了北新闸的高长恒部、李市的乐三、乐四部，收缴了苏家尖、古里一带徐老相部等土匪武装，其余小股匪伪闻风而逃，基本廓清了常熟东乡地区，为"江抗"总指挥部进驻这一带扫清了道路。群众无不欢欣鼓舞，奔走相告："打鬼子的人来了，老百姓得救了。"

5月30日，吴焜率部回师无锡梅村时，途经黄土塘遭遇日军，激战多时，毙伤日军30余人。这是"江抗"东进给日军的首次打击。

在吴焜率部廓清常熟东乡敌伪据点和土匪武装的同时，5月下旬，"江抗"总指挥部与江南特委派张英到达吴县渭塘地区，依靠当地党支部发动群众破坏苏常公路。6月1日夜，在"江抗"和地方武装配合、掩护下，贤圣、倪汇、永昌等乡镇农抗会、青抗会会员1000多人，手持锄头、铁搭、洋镐，带着煤油、棉胎，渡过元和塘，到达指定路段联合行动。有的将棉胎浇上煤油固定在桥栏桥面上，点火焚烧；有的挥镐破坏路面，把土挑走。一时火光冲天，人流穿梭，展开了一场千人破路行动。驻苏日军闻讯赶来时，遭到"江抗"的迎头阻击。破路群众除1人中弹牺牲外，其余均安全撤回。这次破路行动共破坏苏常公路渭塘以北路面10余公里，烧毁桥梁7座，使公路瘫痪了3个月，保障了"江抗"东进行动的畅通。

浒墅关是沪宁铁路和京杭大运河的关隘，距苏州城仅20余里。火车站驻有日军警备队30多人。"江抗"总指挥部决定袭击这一据点，扩大东进影响。在事先侦察、周密部署和充分准备的基础上，6月24日傍晚，部队由无锡梅村冒雨出发，抢占吴县东桥镇伪警所，抓获伪镇长及巡官等5人。接着，部队兵分两路，一路向南直插浒墅关；另一路转东攻击黄埭伪军，打黄援浒。担任主攻的"江抗"二路一营，深夜进抵浒墅关。一连、三连分向东西两侧戒备苏州、无锡援敌；二连迅速向车站靠拢，一面以机枪封锁大门口，一面迅即包围营房。这时，狂妄自大、戒备松懈的日军竟鼾声如雷、毫无察觉。战士们一连投进20多颗手榴弹，一连串的爆炸燃烧，日军血肉横飞，鬼哭狼嚎。激战半小时，毙伤日军警备队长等20余人，烧毁营房2座，炸毁道轨100多米，使沪宁线中断3天。同时，"江抗"三路一部，击溃了盘踞黄埭的伪江苏水警王海晏部。上海《申报》《新闻报》《大美晚报》等纷纷报道："京沪线游击队重创日军"，"浒墅关为游击军攻破，将日本兵全行杀死"，"游击军为江南抗日军"。浒墅关战斗的胜利，使"江抗"军威大振，极大地鼓舞了生活在日军铁蹄下的东路地区广大人民，取得了军事、政治双胜利。

第八章 苏常游击区的形成和坚持

6月底,叶飞率"江抗"进入苏常地区,"江抗"总指挥部移驻阳澄湖畔太平桥及常熟东唐市。江南特委也随之进入苏常地区,继续对地方杂色部队进行争取,建立后方医院收治伤病员,广泛开展民运工作和统战工作。叶飞亲自到荡口、太平桥等地争取杨忠、胡肇汉接受加委,编入"江抗",与常熟赵北部也建立了一定的联系。他还主动登门拜访或邀请上层人士座谈,耐心解释共产党的政治主张,鼓励他们团结抗日。"民抗"则配合"江抗"主力一部坚持苏常地区斗争。7月5日,日军一部乘汽艇窜至大、小陆泾,与"民抗"一个中队遭遇。"民抗"指战员以河岸为屏障顽强反击,打退了日军"扫荡",10余人壮烈牺牲。

从此,"江抗"以苏常为基地继续东进。"江抗"二路一部、"江抗"三路在何克希、吴焜带领下向太仓、昆山、嘉定、青浦进军,于7月上旬到达青浦观音堂地区,同中共江苏省委领导的顾复生部、吕炳奎部会师。7月下旬,叶飞也到达青浦。其间,在昆太嘉青一带也有力地打击了敌人。7月21日,何克希率部400余人袭击昆山周墅伪乡公所、自卫分团团部和警察分驻所,缴获步枪8支,处决了伪绥靖中队长。随后又袭击了伪蓬阆乡公所和警察分驻所,处决了企图顽抗的伪乡公所助理、代理乡董,抓获伪警察7人。8月初,"江抗"在陈墓与日军激战。同月,"江抗"二路三支队在石牌多次袭击乐三、乐四顽匪部,毙伤匪徒10余人。"江抗"还向东出击,直至上海近郊虹桥机场。沿途日伪势力受到打击,伪职人员胆战心惊,军政机关濒于瘫痪。伪昆山县知事哀叹:"一月来乡政陷于停顿状态。"8月中下旬,"江抗"二路、三路先后回师。26日回师途中,在太仓陈家湾与日军遭遇,击毙日军8人、伤2人。

8月中旬,"江抗"主力一部奔袭驻福山仲炳炎伪保安团。此时刚投敌的周泾口伪军大队长李桂生，勾结浒浦伪军赵培芝部，企图乘虚洗劫徐市镇。恰遇"江抗"二、三路由昆太嘉青回师，吴焜指挥部队分两路夹击进入徐市的伪军，俘虏和毙伤伪军各10余人，缴获机枪2挺、步枪数十支。此后，常熟东乡一带伪军再不敢贸然进犯。

"江抗"向东挺进，在打击敌伪势力的同时，注意做好统战工作，团结壮大抗日力量。在太仓，与驻太仓国民党江苏省保安四团领导人唐纳民、郭曦晨就避免摩擦、合作抗日达成协议，并派指导员朱慕陶到该部任政训员，常驻三营，协助工作。与太仓县政府及当地爱国人士浦太福等建立了携手抗日的关系。国民党太仓县党部书记长郑凤石亲自绘就太仓敌我形势草图交给"江抗"领导人，保证了"江抗"顺利过境。

途经昆山，"江抗"又鼓励和帮助昆山爱国人士、国民党蓬阆区区长陶一球组织抗日武装，留下人员帮助工作，使之由10多人发展至30多人，组建了昆山县第一支抗日武装。

"江抗"东进作战，打击了敌人，打出了声威。各路游击首领，在高涨的抗日形势和"江抗"的军威感召及地方党组织配合下，纷纷接受"江抗"的收编。

在苏常地区，先后受编和加委的有阳澄湖畔的胡肇汉部、徐市一带的新六梯团、何市一带的殷玉如部、吴县陆巷的周嘉禄部、枫桥白马涧的孔祥章部、漕湖的杨忠部等。这些部队编入"江抗"后，一部分随主力行动，东进上海近郊，参加多次战斗，受到了很大锻炼。

"江抗"东进抵达常熟后，"民抗"即随"江抗"一起作战、一起行动，并在战斗中发展壮大。至6月，"民抗"已由3个分队扩建为3个中队、1个特务队，总兵力发展到450余人。8月下旬，"民抗"奉命编入"江抗"。

至此，连同无锡、嘉定等地收编的武装，"江抗"主力已由东进时的千余人发展为5 000多人，武器装备也大为改善和加强。为了适应行军作战和增强战斗力，"江抗"总指挥部决定采取以老带新的办法，将部队在总指挥部下统一整编为四路（相当于团）战斗序列：

"江抗"第二路军：由原新四军六团一、二营和新六梯团及陈凤威部组成，司令吴焜（兼），副司令陈震寰；

"江抗"第三路军：由原"江抗"三路和"民抗"及嘉定吕炳奎部组成，司令何克希（兼），参谋长徐绪奎，政治主任杨浩庐；

"江抗"第四路军：由强学增部、胡肇汉部、杨忠部组成，司令乔信明，副司令强学增、胡肇汉、杨忠，政治主任李一平；

"江抗"第五路军：由原新四军六团三营和周嘉禄部、朱松寿部组成，司令朱松寿，副司令梁金华，参谋长夏光，政治主任张志强。

此外，还组建了两个机枪连，有轻重机枪近200挺，直属"江抗"总指挥部。

第二节 蓬勃兴起的苏常游击区

1939年9月，"江抗"总指挥部和中共江南特委移驻常熟唐市，成立由蔡悲鸿为主任的"江抗"苏常昆办事处。从此，唐市一带成为"江抗"在东路地区开展敌后游击战争的基地和苏常地区的指挥中心。

中共江苏省委积极配合和支持"江抗"东进，在上海利用各种条件，广泛宣传"江抗"东进抗日、英勇作战的事迹，揭露国民党顽固派限共反共、消极抗日的倒行逆施，动员大批党员干部、医务人员、无线电技术人员和工人、学生、职员下乡参加军队和地方工作，加强游击区的开辟和建设。上海《导报》主笔陈同生就在这时由省委介绍来到常熟，担任"江抗"总指挥部秘书长。

党的组织建设也得到了发展。9月，江南特委决定将白茆塘以南、苏虞公路以东和消泾、陆巷地区划为苏州县，成立中共苏州县（工）委，翁迪民任书记，活动于太平桥一带，下辖南北桥区、渭塘区、太平区、湘城区、悬珠区5个工委。至此，苏常地区建立了常熟、苏州两个党的县级领导机关，党员队伍也有了扩大。

"民抗"于6月上旬成立"民抗"总部，负责人为李建模、任天石、薛惠民。"民抗"总部分工负责地方工作，宣传群众，组织群众，发展地方武装，以及管理财政、教育、治安等，实际成为行使部分政权职能的工作机构。

"江抗"挺进苏常后，将从梅塘两岸以南的常熟东乡至以阳澄湖为中心的苏州北部，包括昆山石牌地区连成一片，苏常抗日游击区基本形成。

"江抗"发扬既是战斗队，又是工作队、宣传队的优良传统，一面以自己英勇杀敌、纪律严明、爱护群众、军民一致等模范行动影响和团结群众，一面按照党的抗日救国十大纲领的要求以建立抗日民族统一战线为重点，积极支持和配合地方党组织开展民运工作。广大群众则从亲身体验中对"江抗"和"忠义救国军"、地方杂色部队做出比较和判断，从而冲破了日伪顽的反动宣传，对"江抗"由原来怀疑、回避转变为热爱和拥护，促使抗日群众运动一浪高过一浪，各种抗日群众团体如雨后春笋，纷纷建立。江南特委和苏州县（工）委派出大批民运工作队，深入乡村，广泛发动群众，组织起农民抗日协会、青年抗日协会、妇女抗日协会等抗日团体。北桥的黎欣等20多名少年,还组成了漕(湖)东地区江南抗日少年先锋团。在常熟县委领导下,群众基础较好的梅塘两岸,蓬勃发展起农民协会、妇女协会和少年先锋队。在苏家尖、森泉、徐市等集镇,也先后建立起青年协会、店员协会、商民协会和教师联合会等抗日团体。在此基础上,8—9月,常熟、苏州两县分别成立各界人民抗日联合会,越来越多的人民群众团结在党的周围。一些上层人士,如周鼎、归星海、陈友梅、吴宗馨、徐翰青、顾骋寰、唐纳民、郭曦晨、浦太福、陈宝书、陶一球等积极投身抗日斗争中去,有的在斗争中入了党,成为党的干部,有的还献出了宝贵的生命。

各地抗日团体积极发动群众,满腔热情地配合和支持"江抗""民抗"等部队的行动。在苏常水乡,部队行军离不开船只,一次行动往往要出动几十条、上百条船只。农民群众毫不犹豫主动提供,有时还搭起"船桥",便于部队过河。妇抗会积极发动妇女为部队做军鞋、缝军衣。漕东地区江南抗日少年先锋团自编自演文艺节目,慰问部队,宣传抗日主张;出版《光明报》期刊,报道抗战消息;冒着酷暑,四乡奔走,募捐了3 000多双草鞋,送交"江抗"部队;平时还为部队侦察敌情,站岗放哨,被誉为"'江抗'小耳目"。"江抗""民抗"每到一地,尤其是打了胜仗,群众箪食壶浆迎接亲人,送上猪肉、鸡蛋、鞋袜、毛巾和纸笔、簿册等慰问品,表现出深厚的军民鱼水情。

各地还积极发动群众参军、参战。常熟县委派出民运干部,在群众中开展参军杀敌、救国保家乡的教育,教唱"好铁要打钉,好男要当兵;一面种田,一面拿枪;老百姓,都打仗,才能保家乡"的歌曲,发动群众组织不脱产的自卫队。自卫队从何市、吴市、董浜向古里、南湖、白茆坞丘山，直至近城的藕渠等地发展。他们除站岗放哨、值班防夜外，还担负为部队传送信件、情报，组织船只运输等任务。大、小陆泾召家桥等地自卫队员，还多次配合部队，参与破坏公路、烧毁桥梁、剪断电线、牵制日伪军等行动。塘北、塘南和徐市、董浜、吴市、何市自卫队建立起脱产的常备队，再从常备队中挑选骨干输送到"江抗""民抗"，发展抗日武装。参军、参战热潮波及苏常两县以外的地区。这些地区的群众为了抗日，同样积极动员亲人参加"江抗"，仅黄埭永昌1个村，参军人数就达45人。王英、王诚堂姐妹俩一起参军，被传为佳话。

随着苏常游击区的形成，区内财经、文教等工作也逐渐发展。

"民抗"初建时，经费来源主要是向本地殷实富户和上海等地常熟籍爱国人士劝募，以及在民抗游击基点的小范围内征收田赋。"江抗"东进后，抗日部队不断壮大，军需开支相应增加。为适应供求需要，常熟县委分工杨浩庐兼管地方财经工作，先从隔年秋季田赋收入中拨出3 000元支援"江抗"，随后又组织力量，突击完成当年夏熟田赋的征收任务。8月，常熟县委在徐市召开东乡各界爱国人士会议，成立了常熟县财务委员会，下设徐市、森泉、吴市、何村等税区，大虹桥、陈塘、塘桥、鲇鱼口、苏家尖、青墩塘古里村段等过境货物税卡，分别按生活必需品、消耗品、迷信品、奢侈品和粮、棉等特种货物，制定了不同税率，依法征税。

游击区的财经工作是在同日伪的斗争中进行的。日伪的运输商常派伪军埋伏在船舱里，遇到游击区税收员令其靠岸检查时，便发动突然袭击。到敌人据点附近开展税收工作，斗争更为复杂。为了控制粮食出口和防止某些商贩偷漏税，财委会还在民运工作干部和常备队配合下组建了缉私队，没收日伪偷运的大米等物资。

财委会和广大税收人员经过多方努力，广集经费，有效地保障了抗日队伍不断扩大的需要。仅伙食一项，平均每天需供给大米60石左右。

游击区的抗日教育工作，在"江抗"东进的推动下，也有了较快发展。8月间，常熟县委书记李建模邀请归星海、钱学周、顾骋寰、杨乃荣等教育界知名人士在苏家尖集会，成立常熟县教育委员会，讨论反奴化教育问题。李建模宣布将牌照、烟酒、房地产和屠宰等五项税收拨作抗日教育经费，专款专用。不久，"民抗"控制区的小学校纷纷脱离伪教育组织系统，积极推行抗日教育。

游击区的抗日文化宣传活动十分活跃。"江抗"总指挥部和苏州各界抗日联合会先后建立了战地服务团，除了进行战地宣传鼓动、救护伤员等活动外，平时向群众开展抗日宣传，演出抗日歌舞戏剧，成为活跃在游击区的抗日文化尖兵。苏州各界抗日联合会编辑发行了《巴豆》《完粮》《信号》《打鬼子去》等战地戏剧丛刊，供部队团体排演；还建立了江南流动图书馆，"供给江南各地工作同志研讨革命理论，印证实际工作，增强抗战认识和胜利信心"。

中共江南特委为建立和扩大党的宣传阵地，以苏锡各界抗日联合会名义在苏常游击区继续出版发行《江南》半月刊，贯彻党的政治路线和各项方针政策，积极宣传党的团结抗日的政治主张，报道新四军、"江抗"以及全国各地抗日消息，发表有关开展敌后游击战争的经验和农民、妇女、青年、文教等各方面工作的文章，鼓舞军民斗志，指导游击区各项工作的开展。

第三节 "江抗"西撤

"江抗"东进抗日，开辟了敌后抗日游击区，在日伪心脏地区沉重打击敌人的爱国正义行动，却引起了国民党顽固派的嫉恨和恐慌。国民党第三战区诬蔑"江抗""越界活动"，调兵遣将，挑起事端，制造摩擦，蓄意吞并和"剿灭"人民武装，限制新四军的发展。日军则采用"以华制华"手段，故意为"忠义救国军"开放封锁道口，让国共双方相互摩擦，坐收渔利。

是时，活跃在东太湖沿岸的江浙太湖抗日义勇军正等待时机与"江抗"会师。1939年8月23日清晨，丁秉成等率部冒雨由吴溇向吴兴县宋溇进发，遭到国民党顽军第六十二师和吴兴县常备队优势兵力的伏击。走在队伍前面的丁秉成、钱康民等临危不惧，高呼"中国人不打中国人""枪口一致对外，打击日军"等口号，果断指挥部队突围。激战2小时，终因寡不敌众，丁秉成、钱康民等壮烈牺牲，部队遭到重大损失。张琼英、施光华等强忍悲痛，处理好善后，根据"特科"指示，率领余部撤回上海。

9月初，"江抗"执行上级关于开辟澄东，使东路与澄西、丹北连成一片的指示，回师锡澄地区。刚进入顾山附近，"忠义救国军"第五支队纠集六支队和十支队残部向"江抗"进攻，"江抗"自卫反击，将其击退，"江抗"政治部主任刘飞等负伤。接着，"江抗"在锡东安镇一带又遭"忠义救国军"副总指挥杨蔚所率主力第一、二支队的袭击。"江抗"总指挥部以团结抗日为重，命令部队后撤一步，派秘书长陈同生等与"忠义救国军"谈判，并向各界人士宣传团结抗日的方针。但是，"忠义救国军"毫无诚意，致使谈判破裂。

9月8日,"江抗"同"忠义救国军"在锡东白丹山、太平桥、鞋山、胶山一带展开了较大规模的战斗,双方都有很大伤亡。"江抗"为避免摩擦,向西北转移。至江阴马镇附近,又遭"忠义救国军"袭击,"江抗"副总指挥吴焜不幸中弹牺牲,苏常地区军民以各种形式开展悼念活动。此时,国民党第三战区一面命令新三十师协助"围剿",一面规定新四军各支队"非有本部命令不得擅自进入金坛、丹阳、镇江以东",企图将"江抗"消灭于东路地区。

9月24日,"江抗"与赶来增援的新四军第二团在江阴周庄一带会合。全体指战员对"忠义救国军"的无耻行径义愤填膺,纷纷请战,誓为吴焜等烈士报仇。叶飞、王必成等分析敌我态势后,决定集中兵力与"忠义救国军"决战。

正在此时,为缓和国共双方紧张关系和避免摩擦造成损失,9月29日,陈毅与国民党江南行署主任冷欣谈判,商定双方同时撤兵,停止冲突。

10月初,陈毅抵达"江抗"驻地北周庄定山湾,主持军事会议,传达军部指示。为了执行中央赋予江南新四军发展苏北的战略任务,决定"江抗"撤离东路,转至澄西休整。"江抗"和新四军二团即分批西撤。陈毅也随"江抗"总指挥部抵达西石桥,总结"江抗"东进经验,宣传解释西撤意义,将部队统一整编为"江抗"一团、二团。一团由乔信明任团长兼政委,廖政国任参谋长,李一平任政治处主任;二团由徐绪奎任团长,何克希任政委,廖昌金任参谋长,杨浩庐任政治处主任。10月下旬,"江抗"一团转至扬中,与丹北管文蔚部合编为新四军挺进纵队,向北发展;"江抗"二团仍留在澄西、丹北一带活动。编入"江抗"的原"民抗"、新六梯团等苏州人民子弟兵,从此离开家乡,投入了开辟苏北抗日根据地的战斗。

新四军坚决执行党中央关于向敌后发展的指示，与东路地区党组织互相配合，依靠人民群众的大力支持，东进作战取得了一系列的胜利，沉重地打击了日伪，削弱了国民党反共投降派在东路的力量，开创了东路人民抗战的新局面。同时，达到了多搞"人、枪、款"，发展部队，壮大自己的目的，使自身战斗力得到了显著增强。由于时间短促，任务紧迫，"江抗"对少数游击队收编处理上掌握政策不够，西撤时未能适当留下一些武装，给以后斗争带来了一定困难。

第四节　重建"江抗"

"江抗"西撤后，苏常游击区形势发生急剧变化。日伪军继续加强对交通沿线的点线守备和严密封锁，经常寻机下乡"扫荡"。原来慑于"江抗"军威蛰伏的顽匪部队，如福山仲炳炎部，浒浦赵培芝、赵培芳部，支塘乐三、乐四部，双凤、直塘罗大有、侯永良部等，又勾结日伪乘机活动，从四周向苏常游击区窜扰掳掠。国民党"忠义救国军"控制了澄锡虞地区，切断了苏常游击区与西路地区的联系。"忠义救国军"为避开日伪"扫荡"，撤至浙江孝丰整训后，江南行署保安司令部又乘机扩充势力，收编了常熟南乡的马乐鸣、赵北等部为省保安第三纵队，向东扩张，挑起摩擦，威逼苏常游击区。原为"江抗"收编的胡肇汉、杨忠等人，因不愿西撤，返回原地重新扩充势力，暗中与苏常游击区为敌。

这时留在苏常游击区的党领导的抗日力量，除了少数领导骨干和地方干部外，仅有"民抗"总部警卫班10余人、常备队数十人和隐蔽在阳澄湖畔后方医院流动治疗的"江抗"伤病员数十人。

留在苏常游击区的"江抗"伤病员,是抗日的骨干、党的财富。他们依靠游击区广大群众,隐蔽地流动在阳澄湖畔东、西张家浜和常熟唐市、横泾等地,进行治疗。由于环境险恶,他们常常被安置在密密丛丛的芦苇荡里,伤痛、虚弱伴随着日晒、雨淋、水浸、虫咬、饥饿、寒冷,忍受着常人难以忍受的痛苦。遇到秋雨连绵、湖水暴涨,入夜只能手拉手,胸贴胸,互相搀扶,互相取暖,防止被湖水冲走。当时药品奇缺,一瓶红汞,一片阿司匹林,都是通过秘密交通,冒着生命危险,穿过敌人道道封锁,从上海等地采购来的。在顾山反摩擦战斗中身负重伤的"江抗"政治部主任刘飞此时也在这一带治伤。一次,日军突然偷袭,群众和医护人员迅速抬起刘飞等几个重伤员撤退。正当火烧眉睫之时,乡亲们飞速划来小船,把刘飞等抬上船后,射箭似的隐入湖中,脱离了险境。之后,刘飞等在地方党组织安排下,秘密转移到上海继续治疗。伤病员们这种英勇顽强的战斗精神,在1943年被编成《你是游击兵团》的歌曲在根据地广为传诵。歌中唱道:"阳澄湖畔,虞山之麓,三九年的严冬,三十六个伤病员,背着共产党的旗帜,在暗影笼罩着的鱼米之乡,为人民流着血啊流着汗,辛苦地耕耘着被野狗踩躏的田园……"中华人民共和国成立后的1961年,时任上海警备区副司令员的刘飞在《新华日报》发表回忆文章《阳澄湖畔》。翌年,上海沪剧团根据刘飞文章和其他有关资料,创作演出沪剧《芦荡火种》。此后,北京京剧团又将其改编为现代京剧《沙家浜》。

在当时如此险恶的环境里,如何坚持东路地区的抗日斗争,成为党组织面临的重大考验。江南特委和常熟、苏州两县委,贯彻"保存力量,坚持斗争,争取时间,再求发展"的方针,坚持原地斗争。"民抗"采取集中力量、流动游击的办法，灵活机动地与敌人周旋。1939年9月中旬，塘北常备队转移至塘南地区，已投敌的吴文信部勾结伪军头目张慕芳占领了碧溪、周泾口、小市等集镇后，又阴谋分两路包围徐市，袭击塘北常备队。"民抗"警卫班和塘北常备队立即出动接应，在沈家市将吴部击溃。常备队队长张运达和战士陈祖林、张传生壮烈牺牲。

在坚持斗争的过程中，民运、财经、文教战线的干部纷纷走上斗争第一线。他们深入群众，针对"江抗"西撤后群众中一时出现的失望和动摇情绪，开展宣传活动。常熟县委领导成员带领地方干部，不顾敌人的"扫荡"和袭扰，坚持在群众中开展活动，并把活动范围逐步扩大到白茆塘以南地区。群众觉得有了靠山，情绪逐步稳定下来，各地自卫队也恢复了值班防夜、站岗放哨等活动，除梅李、碧溪、何村等集镇为日伪军占领外，常熟东乡的农村仍为"民抗"所控制。

苏州县委也在特委支持下，先后向唐市、白茆等地农村，派出了杨子清等20余名民运干部，有的随军流动，有的以教师等职业掩护，在很少武力保护的困难条件下，坚持斗争，开展工作。

在苏常游击区坚持斗争的关键时刻，中共中央东南局和新四军军部鉴于坚持东路抗战的必要性，于1939年10月下旬派杨浩庐、周达明等返回东路。同时决定"目前东路部队由省委负责直接指挥"，"多用各种灰色名义与灵活游击战术"，"大量发动群众游击斗争，争取广大群众与建立地方统战"。杨浩庐等到达常熟后，与在阳澄湖畔养伤的夏光和在东唐市一带坚持抗日斗争的江南特委、常熟、苏州两县委负责人张英、李建模、翁迪民等会面，传达上级指示，分析东路形势，研究制订了坚持东路武装斗争的计划，决定成立江南抗日义勇军东路司令部,重建"江抗"武装(通称"新江抗")。初步目标确定为发展1个加强营,即4个连的武装。由夏光任司令,杨浩庐任副司令兼政治部主任,黄峰任政治部副主任,在苏常游击区再次举起江南抗日义勇军的旗帜。同时,决定加速发展"民抗",由任天石任司令,薛惠民任参谋长,李建模兼政治部主任。

11月6日,江南抗日义勇军东路司令部在唐市附近举行成立大会,夏光发表了"我们一定能够坚持东路的抗战,开辟东路斗争的新局面"的庄严誓言。"江抗"东路司令部的成立,预示着坚持和发展苏常游击区的抗日斗争,出现了新的希望。

这时,正是阳澄湖畔蟹肥稻香的收获季节,家家户户呈现繁忙欢乐的景象。日伪军坐不住了。"新江抗"成立当天就传来了日伪军将在次日下乡抢粮的消息。为了打日伪军一个措手不及,11月7日,部队在北桥设伏。一时之间枪声四起,日伪军猝不及防,纷纷落水,仓皇窜回。这次行动挫败了日伪军的抢粮图谋,"新江抗"赢得了首战胜利。

11月中旬,日伪军又一次下乡"扫荡","新江抗"在夏光率领下开赴横泾沈浜附近,运用"麻雀战"战术,在南桥一带与日伪军周旋。

"新江抗"还不时用出其不意或虚张声势的战术迷惑和牵制敌人。有时在唐市镇上突然挨户检查,或在交通要道严加盘查,对查获的敌探给予严惩。有一次还在吴市组织200名自卫队员穿上"江抗"留下的军装巡逻,制造"新江抗"人多势众的假象,迷惑敌人,使之不敢妄动。

12月,顽匪罗大有部乘"新江抗"去太仓之机,突然袭击任阳、石牌、李市和白茆塘紫霞村一带,把农民的粮食、衣物抢掠一空，还强抢民船40多条、拉夫100余人。这时，"新江抗"正从太仓返回，迅即包抄伏击罗大有部，在南浜附近击毙罗部4人，俘获10余人。13日，"民抗"在"新江抗"特务连配合下，于徐市击退了仲炳炎、赵培芝部的进攻，严惩了在李市抢劫耕牛、绑票勒索、火烧民房的乐三、乐四部。经过这些战斗，迫使伪、匪、顽的气焰有所收敛，保护了群众的利益，赢得了群众对"新江抗"和"民抗"的信赖。

12月27日凌晨，流动在常熟横泾曹家浜的"江抗"后方医院，突然遭到来自昆山县城和巴城日伪军警的包围，50余名医务人员和伤病员被捕。押解途中，大部分人员机智脱险，章立、许桂森等8人被日伪军杀害在昆山马鞍山麓。

1940年2月6日，"新江抗"在常熟北桥再一次伏击了日伪军下乡"扫荡"的汽艇后，于当晚转移到阳澄湖畔洋沟溇村宿营，同村民们一起欢度春节。8日（农历正月初一）清晨，战士们正忙着挑水扫地，搭置戏台，准备军民联欢时，昆山县城及巴城日伪军七八十人，由密探引路，日军小队长斋藤率领，在伪装渔船掩护下，乘着晨雾，向洋沟泾发起偷袭。待哨兵发现，敌人已抢占湖滩，并以密集火力向村中攻击。"新江抗"在夏光、杨浩庐指挥下，奋起自卫反击。特务连率先抢占有利地形和屋顶制高点，进行还击。双方逐屋争夺，战斗异常激烈。"新江抗"其余连队，迅即分兵包抄。一连迅速迂回，插向村东头，封锁小木桥，以机枪侧击敌人。日军小队长斋藤被击中，重伤致毙，敌人旋即仓皇撤退。这次战斗，共毙伤日伪军20余人。"新江抗"也付出了较大代价，一连指导员褚学潜、副连长曹德清等17人牺牲，副司令杨浩庐等10余人负伤。洋沟溇战斗是"新江抗"成立后的第一场硬仗，它粉碎了日伪军妄图消灭

"新江抗"的阴谋，考验和锻炼了部队，又一次增强了苏州人民抗日的信心。

"新江抗"成立后，一缺人，二缺枪。他们发扬大无畏革命精神，依靠人民群众的支持，克服重重困难，点滴聚集力量，逐步壮大自己。他们先以后方医院伤愈的10多名战士为基础，组成特务排。通过动员未随军西撤的原"江抗"五路二支队长周嘉禄集合旧部，携带1挺机枪、10支步枪归队编组，充实扩大成特务连，委任周嘉禄为"江抗"东路司令部参谋长，并控制肖泾、横泾和陆巷地区，使"新江抗"与顽固势力马乐鸣、赵北部之间有了缓冲地带。又动员原"江抗"独立二大队长殷玉如携带人员及机枪4挺、步枪数十支归队，在同意其保留原番号的情况下，派干部帮助进行军政训练，充实兵力，使之成为"新江抗"的1个连，控制了何家市地区。对已在阳澄湖畔重新拉起武装、正与"忠义救国军"勾结的胡肇汉，也没有放弃团结争取工作，委任他为"江抗"东路司令部副司令，同意他在田泾、湘城一带活动，防止顽固派势力向阳澄湖地区渗透。

江南特委和"新江抗"还继续加强了"江抗"东进期间与太仓国民党省保安第四团（保四团）建立的统战关系。1939年10月，在听取了派在该团工作的朱慕陶汇报后，又加派一批力量到该团担任政训员，建立了由朱慕陶任组长的秘密党小组。

保四团官兵成分复杂，流寇习气浓厚，官兵关系、军民关系紧张。朱慕陶以三营为基础，从思想教育和整顿军纪入手，加强军政训练，使三营官兵的政治觉悟、组织纪律、军民关系有所改观。

11月18日，保四团一营在长江里拦截了1艘日军货船，夺得大量军用物资。但不久，日军于12月中旬突袭保四团。一、二营被击溃散，损失惨重。三营及一、二营残部于当晚转移常熟徐市宿营时，又遭日军袭击。团长王士兰逃往上海，由唐纳民任代理团长。很多士兵流落在太仓岳王市一带扰乱乡里，为害群众。朱慕陶、郭曦晨按"民抗"领导指示与唐纳民一起整理旧部。1940年1月中旬，"江抗"东路司令部又派出宓子云等10多名干部，去太仓岳王市帮助保四团整顿。接着，夏光、杨浩庐亲自冒雪赶至岳王市。此时，唐纳民因处决了2名抢劫群众财物的歹徒，惨遭其同伙报复杀害。夏光、杨浩庐在料理完唐纳民丧事后，与郭曦晨、朱慕陶一起率保四团三营余部八九十人、近200支枪，回到常熟何市地区，随"新江抗"一起行动。不久，正式编入"新江抗"，成为"新江抗"的1个连。

在"新江抗"发展壮大的同时，"民抗"也加速发展自卫队和常备队。除了原有塘南、塘北两个常备队外，董浜、徐市、何市、吴市、唐市也先后建立常备队，又将常备队陆续编入"民抗"，扩大武装力量。从1939年11月至1940年4月，苏常游击区党领导的人民抗日武装，已恢复发展为"新江抗"3个连，"民抗"3个连和1个教导队，以及7个区常备队，共近千人。其中常备队约200人。游击区也逐步恢复和扩大。除常熟东乡和阳澄湖北部外，部队还到太仓双凤、昆山周墅和阳澄湖南岸的悬珠等地开展抗日活动。

第五节　坚持独立自主发展抗日力量

"新江抗"和"民抗"的发展壮大，不仅成了日伪的心腹之患，也成了国民党顽固派的眼中之钉。早在1939年7月，安蔚南接任国民党常熟县长后，即把县政府从常熟西乡移至西南，借助马乐鸣、赵北势力，偏居一隅。"江抗"被迫西撤后，安蔚南趁势提出要在

"民抗"控制区重设国民党区公所，恢复保甲制，设立虞东行署，接收"五项税收"。江南特委和常熟县委经过权衡，决定从团结抗日的大局出发，同意他们在梅李、徐市两地设区公所，而区长人选坚持由"民抗"提名，"五项税收"坚持由"民抗"征收后拨付部分供国民党地方当局使用。

"新江抗"重建后，国民党方面提出以1个旅的名义收编；还单方面以江苏省保安司令部第三十一团名义对"民抗"加委。这两项提议都遭到严正拒绝，国民党渗透控制的企图落空。

国民党顽固派一计不成又生一计，公然张贴布告，诬称"江抗""民抗"为"匪伪"，声言"集中力量消灭'江抗''民抗'"。1939年年底，安蔚南又亲率孙纪福部200余人窜到唐市，企图依仗军事实力在唐市立足。"江抗"东路司令部为避免摩擦，把部队转移到何市，而由蔡悲鸿以"江抗"办事处主任身份出面，打起"精诚团结"的横幅，代表"新江抗"表示欢迎和慰劳。安蔚南摸不清底细，两天后便率部悄悄溜走。有理、有利、有节的斗争，既减少了摩擦，维护了抗日民族统一战线，又顶住了国民党顽固派的压力，坚持了独立自主的地位，保障了人民抗日力量和苏常游击区的生存发展。

为了更好地坚持和发展苏常游击区，江南特委不断调派干部到苏常地区，调整和充实领导力量，在坚持和发展武装斗争的同时，积极开展游击区的各项地方工作。

1939年秋，特委先后派刘景兴、吴志诚任常熟县委组织部部长和宣传部部长。1940年1月，调李建模负责整个东路地区财经工作，常熟县委书记由刘景兴代理。2月，又调特委委员、原无锡县委书记王承业任常熟县委书记，原苏州县委书记翁迪民调任无锡县委书记，吴志诚继任苏州县委书记。

党的建设得到加强。常熟人民抗日武装创建人、民抗大队长任天石于1939年秋入党,"民抗"各连队普遍建立了党支部,梅南、梅北、长亳、徐市、何市5个区建立了区委或相当于区委的民运支部。苏州县委也建立了唐市区委和相当于区委的横泾支部。随着民运工作的深入开展,党员队伍不断壮大。到1940年春,常熟县的湖泾、苏家尖、赤乌、塘桥、顾坊桥、汪桥、渔阁、徐市和苏州县的坞丘、南桥等地,先后建立了基层党支部(小组),两县共有党员90人左右,增强了共产党团结带领群众开展武装斗争的力量。

在党的领导下,苏常两县民运工作各具特色,并得到很大发展。常熟徐市、董浜、何市等地的自卫队和区常备队不断壮大。1939年冬,徐市等地的常备队整编为"民抗"1个连。教师、知识青年、店员和学生们,积极行动起来开办夜校,组织读书会,开展各种文艺宣传活动。常熟县委还委任了古里、南洙、思念3个乡的乡长和古里镇镇长,开始加强政权建设。吸收一批教师、店员和农民积极分子,充实地方干部队伍。

苏州县委由太平桥东移唐市后,民运工作的重点是组建乡、村人民自卫会,使之成为农民群众参加抗日斗争和接受民主训练的新的组织形式。白茆坞丘、蒋桥等地通过配合常备队防御土匪组织了自卫会,推动了修桥铺路、民事调解、协助征粮、协助部队运输等各项工作。苏州县还采取农民容易接受的形式,发动组织兄弟会、同心会、伙计会(长工会)和老人会等,组织群众从戒烟戒赌、经济互助、读书识字,到共同开展抗日工作。到1940年4月,苏州县民运工作的范围,已逐步扩大到白茆塘以南,唐市以北,横泾以东,李市以西的地区。

为了适应游击区抗日斗争发展的需要,江南特委决定在原常熟县财务委员会基础上,扩建为东路经济委员会(简称"经委会"),由李建模负责。经委会从抗日总要求出发,既抓好财政收入,保证部队给养,也注意扶持和发展生产,使财经工作成为团结各阶层人士共同抗日的重要战线。

在1939年开征田赋时,经委会召开上层人士座谈会,阐明共产党的"二五减租"政策和征收田赋的意义,明确表示游击区内允许地主收租,但必须实行减租,贯彻合理负担政策。从而保护和调动了农民与地主双方的利益和积极性,推动苏州、常熟两县很快完成了田赋征收任务。

常熟东乡森泉、周行、兴隆、塘桥一带,历来纺织业较发达,拥有50台布机以上的布厂就有20家,共有工人3 000余人。全面抗战爆发后,这些布厂连遭日机轰炸、日伪军抢劫,损失很大,一度全部停产。1938年下半年起,陆续恢复生产。但由于日伪经济封锁,原料和产品进销受阻,生产时断时续,工人生活困难。1939年冬,梅南区有些民运干部简单搬用抗战前工人运动做法,发动女工罢工,要求增加工资,而资方因厂小利微,无法增加,双方坚持不让,生产陷于停顿。经委会和常熟县委及时纠正过激做法,从团结抗日大局出发,组织劳资双方协商,并适当采用减免棉布出厂税、禁止棉纱出口、鼓励进口,以及动员工人参股等办法恢复生产,适当提高工人收入,使游击区内的布厂很快出现了生机。

经委会在当时条件下,还发动建立雏形合作社,促进生产和流通。如徐市妇委会开办消费合作社——利群商店,塘桥、森泉等地兴办了棉布生产合作社,联塘浜、湖芦潭等地兴办了养鱼合作社。经委会还与竞丰新布厂资方毛柏生等商定,由经委会为一方,竞丰新等9家小布厂及唐市镇商界为另一方,各出资1万元,合办拥有人力布机100台、职工100多人的同禾布厂。仅1940年一年,该厂即生产棉布1.6万多匹,供给了游击区的军需民用,团结了民族工商业者共同抗日。

由于经委会正确贯彻执行党的方针政策,加之广大财经干部的努力和群众支持,苏常游击区的财政收入颇为可观。在1939年7月至1940年6月的一年里,游击区征收田赋和税款共60万元左右。除自身供给外,还拨出30万元,支援新四军发展苏北抗战事业。

游击区的文化教育工作也在坚持中逐步发展。江南特委在已有《江南》杂志基础上,创刊出版了油印的《大众报》,5名工作人员靠1架三灯收音机、1块钢板、几支铁笔、1只旧滚筒,每3天油印出版几百份《大众报》,把全国和本地的抗战消息、重要新闻传递到四面八方。

教育工作方面,常熟县教委会得到了充实和健全。1940年年初开始陆续举办了教育研究班、教师训练班、教师进修班,培训教师队伍,使不少教师成为抗日教育的骨干,有的还加入了共产党,逐步成长为党的领导干部。教委会除规定教材外,还编印了语文补充教材,发行至各学校。游击区外围的一些学校,甚至连敌占区的部分学校,也暗中按教委会印发的教材上课,称之为"肚子里的教材",扩大了抗日教育。

在"新江抗"和"民抗"自主发展的同时,由"江抗"东进时协助组织的昆山陶一球部也在曲折中坚持抗日游击活动。1939年8月下旬,江苏省委和"武抗"派许国到陶部负责军事工作,并派黄振中等10余人参加陶部,充实骨干力量。9月初,陶一球以国民党蓬阆区区长名义,与国民党菉葭区区长赵宗尧联系合并部队共同抗日,不久即成立了两区联合抗日大队(简称"联抗"),由陶一球任大队长。为解决经费困难，陶多次变卖家产，解决部队给养，购置枪支弹药。并通过加强训练，逐步提高了部队素质。

9月至10月间，"武抗"又将江浙太湖抗日义勇军受挫后撤回上海的张琼英、华逸民等20多人，陆续转移到昆山加强"联抗"的领导。组成张琼英、华逸民、许国3人领导小组，并通过10多名"武抗"人员团结广大战士，巩固发展部队。当时，盘踞在太仓塘北、新镇一带的土匪大、小金子部，经常敲诈勒索，抢劫财物，危害群众，并直接威胁到"联抗"的活动。经过多次侦察，摸清情况后，"联抗"于10月某晚发起突然袭击，击溃了匪部，处决了匪首大、小金子。11月某晚，"联抗"在花家桥杨二房宿营，突遭伪军蒋考部300余人包围，情况十分危急。许国果断指挥部队，在机、步枪掩护下迅速撤离，毙伤敌10多人，"联抗"无一伤亡，安全转移，使部队受到了一次实战锻炼。1940年2月，"江抗"东路司令部应"武抗"要求，派高山任"联抗"政治处主任兼政治指导员，郭森林任队长，张新德任副队长，陶一球仍任大队长，还建立了由高山任书记的党支部。经过整顿，加之继续动员上海和本地青年工人、农民、店员、学生参加，充实新鲜血液，改变了部队成分。在此基础上，吸收经过实际斗争考验的20多名积极分子入党，扩大了党的队伍。同时，进一步加强军政训练，开展文化娱乐活动，激发干部战士的抗日斗志，提高了政治觉悟和作战本领，改变了军事上的被动局面。3月间，高山带领小分队，夜袭嘉定葛隆镇伪军据点，俘敌5人，缴获数支步枪。"联抗"还夜袭蓬阆镇伪军据点，迫使伪军再也不敢随意下乡欺压群众。4月，"联抗"在昆东莫家湾村伏击日军测绘小分队。5月初，高山带领3名战士到菉葭镇执行侦察任务时，刺死、刺伤日军各1名，促使日军不敢妄动。到1940年5月，昆山

"联抗"已发展成拥有100多人员和枪支的一支抗日游击队伍，活动地区逐步扩大到东至嘉定、安亭、葛隆，南到箓葭浜、花家桥，西达青阳港，北抵太仓塘等地，成功地开辟了昆东抗日游击区，发展了苏常游击区。

1940年1月14日，中共中央东南局、新四军军分会召开联席会议，对江南工作做出部署。明确指出：东路地区富庶，可筹大批款项供给新四军；加强苏锡一带工作，充实与壮大现有部队，灵活开展游击战争意义重大。决定调派苏皖区党委书记吴仲超、"江抗"二团政委何克希（原"江抗"总指挥部副总指挥）及陈挺等一批军事干部到东路。他们于3月先后到达，"新江抗"领导成员随即做了调整，何克希任司令，吴仲超任政委，夏光任参谋长。

"江抗"西撤以后，留在东路的新四军干部、战士和伤病员，虽然武装力量极少，但在江苏省委领导下，依靠当地党组织和人民群众的支持，正确执行党的方针政策，注意斗争策略，战胜无数艰难险阻，英勇顽强地重建了"新江抗"，发展了"民抗"，在苏常一带坚持游击战争，为即将到来的东路地区抗日新高潮坚守了阵地，积聚了力量，奠定了良好基础，其功绩是不可磨灭的。

第九章 创建抗日游击根据地

第一节 开创东路抗日游击根据地的决策

1939年11月,国民党五届六中全会进一步确定以"军事限共为主,政治限共为辅"的方针,掀起第一次反共高潮。1940年3月,汪精卫集团公然在南京成立伪国民政府,打出"和平反共"的旗号。这种国内矛盾斗争日趋尖锐复杂的形势,使全国抗日战争陷入十分危急的境地。

党中央为了争取时局好转和克服投降逆流,确定党的任务是:在强调抗战、团结、进步三者不可缺一的原则下,坚决抵抗反共顽固派的进攻,积极发展抗日民族统一战线。党中央明确指出,华中最主要的任务是集中一切力量,为发展武装、建立根据地而斗争。1940年5月4日,党中央在给东南局的指示中再次强调:"所谓发展,就是不受国民党的限制,超越国民党所能允许的范围,不要别人委任,不靠上级发饷,独立自主地放手地扩大军队,坚决地建立根据地,在这种根据地上独立自主地发动群众,建立共产党领导的抗日统一战线的政权,向一切敌人占领区域发展。"要求"西起南京,东至海边,南至杭州,北至徐州,尽可能迅速地并有步骤有计划地将一切可能控制的区域控制在我们手中"。

为执行党中央的战略方针,创建以苏常为基地的东路抗日游击根据地,东南局和新四军军部继1940年年初派何克希、吴仲超到东路后，又于3月下旬派新四军第三支队副司令谭震林到东路。谭震林从皖南出发，先经茅山。在从常州到东路的途中，为安全起见，他乔装改扮成商人模样，头戴礼帽，身穿长袍，以"老板"称呼。从此，"谭老板"成了伴随他终身的雅号。随同前来的有张开荆、刘飞、戴克林、樊道余、白书章、温玉成、张鏖、朱长清及连排干部50余人，分期、分批先后到达。

谭震林到达东路后，在调查研究、做好准备基础上，于4月23日至25日召开了徐市会议，参加者有原坚持东路地区斗争和随他同来的部分干部。根据东南局和新四军军部的决定，会上做出了一系列重大部署：一、成立东路军政委员会，对东路地区的新四军党组织和原属江苏省委的地方党组织实行统一领导，这比中共中央正式决定抗日根据地实行党的一元化领导早了整整两年；二、决定东路地区党组织的中心任务为：公开党的旗号，"以苏常为基地，东出昆嘉太，西入澄锡虞"，开展抗日武装斗争和创建根据地；三、走自力更生创建主力兵团的道路，将"民抗"和"新江抗"分别改编为一、二支队，形成最初的"拳头"，在反"扫荡"反"摩擦"斗争胜利的基础上，创建新的主力；四、创办教导队，选拔基层干部和优秀战士学习军政知识，造就大批党政军干部，适应形势发展需要。谭震林的魄力和胆识，使到会人员特别是原东路地区干部倍受鼓舞，信心大增，一致表示要为开创新局面做出贡献。

会议还决定，江南抗日义勇军改名江南人民抗日救国军（仍简称"江抗"），成立"江抗"东路指挥部，谭震林（化名林俊）任司令兼政委和政治部主任，何克希（化名王峕）任副司令，张开荆任参谋长，吴仲超（化名吴铿）任政治部副主任。

同时，省委决定将中共江南特委改称中共江苏省京沪线东路特别委员会（简称"东路特委"），书记林枫因病由张英代理，李建模、王承业、吴达人、赵秀英为委员。

东路特委参照中共中央提出的抗日救国十大纲领，制定颁布了《关于坚持东路抗战十大工作纲领》，发表了《关于东路形势与任务的宣言》，确定党的中心任务是：粉碎敌人"扫荡"，肃清汉奸土匪，开展群众运动，建立民主政权，大刀阔斧地创建和扩大东路抗日根据地。号召东路各抗日党派、抗日军队、抗日团体及1 000多万同胞为实现这个纲领而共同奋斗。

第二节　大力拓展抗日游击根据地

徐市会议以后，"江抗"东路指挥部把巩固苏常基地作为首要任务，一连打了好几仗，显示了谭震林果敢灵活的战斗风格和指挥才能。

1940年4月25日，徐市会议第三天，北新闸据点日伪军80余人游弋至会议所在地江家宅基附近北港庙，哨兵鸣枪报警，谭震林派戴克林率"江抗"一支队迎战，又命陈挺率"江抗"特务连从白茆东岸渡河增援，前后夹击，命樊道余率教导队阻击支塘援敌，迫敌退缩北港庙内，用机枪死死封锁开阔地带。正当"江抗""民抗"战士越打越勇时，谭震林果断下令撤出战斗，前后数小时的激战戛然而止。这一仗共毙伤日伪军30余人，"江抗""民抗"战士牺牲3人、伤6人。北港庙战斗旗开得胜，保卫了东路首脑机关和徐市会议，打击了敌人气焰，重振了"江抗"军威，鼓舞了人民群众的抗日热情。

事后，谭震林总结说，敌后斗争的特点是敌强我弱，必须主动、积极、灵活作战,在打击敌人的同时,保存、发展、壮大自己。他还说:游击战"不求战果大,只求战斗多","不能像赌台上的赌徒,赌红了眼,不顾一切地赌下去。拼消耗,我们本钱少,不能蛮干"。以此进行游击战的战略战术教育,提高大家组织指挥战斗的能力和水平。

为了扑灭上海周围的抗日烽火,1939年年底和1940年4月,日军两次集结大批人马,进犯嘉太交界吕炳奎部和昆嘉交界顾复生部,使两部损失惨重,余部奉命撤至苏常地区。5月,日军又集结兵力,扫荡苏常地区,一时间人心惶惶。谭震林指挥若定,采取外线作战,内线虚以周旋,率"江抗"一支队于5月下旬出其不意地向西突然进入无锡境内,连续两次在新西塘、嵩山与日军作战,战罢又立即返回常熟。

6月1日,"江抗"东路指挥部、东路特委和常熟县委机关及"江抗"教导队在董浜与鲇鱼口之间的站浜宿营。上午,从湘城、支塘、梅李、白茆等地敌据点出动日伪军500余人,分兵五路向站浜发起袭击。谭震林临危不惧,指挥部队与敌军开展蘑菇战。令张开荆率直属队1个排阻击,令樊道余率教导队1个班坚守桥头,组织2个战斗小组沿河堤来回运动射击,迷惑牵制敌人。其余部队绕着圈子转移,弄得敌人晕头转向,到处扑空。

在巩固苏常基地的同时,"江抗"东路指挥部对东出昆嘉太做出部署。5月下旬,建立由昆山、青浦、嘉定人民武装及唐市常备队组成的"江抗"第三支队,由陶一球任支队长(未到职),顾复生、吕炳奎任副支队长,周达明任参谋长,主要承担武装开辟昆嘉太的任务。

6月初,何克希、夏光、陈挺率领"江抗"二支队,由常熟归家市进入太仓北部，一路上打据点，抓汉奸，开展破击战，捣毁伪政权，直抵冯家桥、岳王市和接近沙溪的中部地区。陈挺率先头部队直奔茜泾、浏河等东部沿江地带，引起敌人的惊恐。6月5日，太仓、沙溪、浏河、茜泾的日伪军200余人，水陆并进，数路出动，向正在转移的二支队围追堵截。"江抗"二支队发扬连续作战精神，与敌人展开了1日3战：上午8时到10时，在茜泾附近的朱家宅基与浏河来敌打了第一仗；上午10时到下午1时，在牌楼与赶来包围的日军打了第二仗；午后1时到3时，越过七浦塘进入老闸时，遇到日伪军拦击，又打了第三仗。三次反击，共毙伤敌人60余人，二支队也伤亡30余人。天黑后，在浦太福向导下，走小道，穿村落，绕据点，安全返回常熟。6月7日，新组建的"江抗"三支队在昆山吴巷与日伪军作战。6月10日，日伪军又出动400余人，分3路袭击"江抗"二支队驻地直下泾。二支队却在大白天将部队拉过锡沪公路，使敌扑空。

6月18日凌晨，400多名日军突袭宿营于昆北石牌大凤湾村的"江抗"三支队一、二中队。温玉成、吕炳奎、周达明果断地指挥部队迎击日军，战士们凭着坚强的抗日意志和勇于献身的革命精神，顽强地同敌人作战，毙伤敌人38人。一中队班长江军身负重伤仍坚持战斗，直到子弹全部打光，正当一位老太太把他藏进船艄掩护时，被日军发现。江军毅然纵身扑向敌人，拉响最后一颗手榴弹与敌人同归于尽。战斗中，江军、周涵康等7人牺牲，周达明等10多人负伤。

自5月21日至6月18日近1个月时间里，"江抗"与日伪军作战9次，接敌1 900人次，毙伤敌110多人，"江抗"伤亡60多人。"江抗"和"民抗"灵活地、跳跃式地开展游击战，有效地打击了敌人，保存了自己，巩固了苏常基地，开辟了昆嘉太新区。

6月底，温玉成、吕炳奎等率"江抗"三支队一、二中队再次到达昆东地区，于7月3日晚组织"江抗"三支队一、二中队、昆山县常备队、昆东游击组和民运干部100多人，夜袭沪宁线上的安亭镇伪军金世达部，俘敌17人，缴获手枪1支、步枪10支，子弹900多发及一批服装、粮食等。夜袭安亭的胜利，扩大了"江抗"在昆嘉青直至上海地区的影响，鼓舞了广大群众的斗志。

战斗间隙，谭震林经常深入战士当中，进行"为谁当兵、为谁打仗"的教育，帮助大家克服临时观念和乡土思想。他把教导队时常带在身边，巧妙地与敌周旋，进行水网游击战的实战演习。他还带着警卫班和电台，把指挥部设在农船上，穿插于敌人林立的据点之间。由于河道里筑了暗坝，敌人汽艇通不过，农船却畅通无阻，他在船上指挥既从容又安全。谭震林还十分重视对伪军、顽军的争取工作，提出"一二一"工作法，使他们由心向伪顽一方，转为同时面向抗日军民成为"二"，再争取完全心向抗日军民一方。1940年夏，"江抗"东路指挥部继续做好对保四团的统战工作。谭震林、何克希派原保四团三营副营长郭曦晨专程去上海，把动摇不定的团长王士兰请回太仓，收集散失的人员和埋藏的武器，重新集合200多人队伍，恢复了一营、二营建制，加上已经随"江抗"行动的三营一部，重建了保安四团，王士兰仍任团长，郭曦晨任副团长兼三营营长，随"江抗"行动。不久，击败了一营营长丁光大哗变阴谋后，被编入江抗二支队。王士兰被委任为"江抗"东路指挥部副司令，郭曦晨任二支队副支队长。王士兰在秋天为筹组代政权机构返回太仓，于9月13日遭日伪军包围，中弹牺牲。

1940年8月初，薛惠民在侦察参谋浦太福随同下，率新组建的

"江抗"五支队进入太仓。8月3日晚，部队由何家市出发，披星戴月，捷步行军，深夜到达毛家市，分兵包围了伪自卫团驻地双林庙和高真堂。战斗中，毙伤和俘敌多人，缴获步枪7支，弹药一批。五支队也有2人伤亡。11月14日，五支队在太仓常备队配合下，越过敌人的密集据点，长驱直入敌伪势力最集中的新塘市，袭击伪自卫队。12月15日，五支队又攻打了香花桥敌伪据点。这两次战斗中共俘伪自卫队员20余人，缴获步枪12支，子弹2000余发。"江抗"五支队的这些战斗，为发动群众，开辟太仓抗日游击根据地创造主要条件。

1940年夏，盘踞阳澄湖畔的胡肇汉不顾民族大义，不顾"江抗"东路指挥部的再三规劝，投靠国民党顽固派，受委为江苏省第二区保安第一团团长，与"江抗""民抗"为敌，不断制造摩擦。为了打击胡肇汉的反共气焰，"江抗"东路指挥部断然予以军事打击。8月30日，"江抗"一部夜袭驻于毛湾、谢宅的胡部，给予重创。9月12日，夏光率"江抗"部分战士进袭胡部宿营地殷家浜，激战3小时，毙伤胡部40余人，其参谋长胡杰、大队副张德胜等被击毙。12月上旬，"江抗"三支队二连进入吴县渭塘、黄埭地区活动，遭胡部300多人包围，交战4小时，二连连长等9名干部战士阵亡。

在巩固苏常基地，东出昆嘉太取得成绩的同时，西入澄锡虞也有了进展。1940年5月，东路特委委员王承业奉命率王新民、于玲等进入澄锡虞地区，王承业再次接任无锡县委书记。6月上旬，组建无锡独立支队，薛永辉任司令，王新民负责政治工作。

此时，新四军江南指挥部决定原在西路活动的"江抗"二团划归东路指挥部领导，作为恢复发展东路的主力。"江抗"二团奉命东进。途中，在武南地区遭到常州、宜兴等地日伪军3000多人合击。

"江抗"二团面对优势之敌,英勇抗击,半月内连续作战10余次,沉重地打击了日伪军,但二团也有200余名指战员牺牲,数十人负伤,付出了很大代价。6月上旬,团长徐绪奎率部500余人经武南突围,进入澄锡虞地区,进行休整扩军和开展民运工作。

"江抗"二团进驻沙洲后,在长泾刘家桥打击了刚由浙江奉化窜回的"忠义救国军"包汉生部,又收编了国民党江阴保安大队李善生部。不久,"江抗"二团奉命北上,留下陈刚等10多人负责改造李善生部,协助开辟沙洲工作。9月,陈刚等奉命率李部渡江到达如皋参加整训。

是时,盘踞在澄锡虞三县交界处的国民党江苏省保安第三纵队马乐鸣、赵北部,为扩充势力范围,收编了原在苏常昆边界活动的乐三、乐四土匪武装为所属三支队。他们仗着有千余人,积极反共,制造摩擦,欺压人民,成为开辟澄锡虞抗日游击根据地的主要障碍。

为了扫除障碍,何克希、张开荆率"江抗"一、二支队先后进入澄锡虞地区。6月18日,二支队在顾山附近的须东庄首仗击溃了顽保安三纵队第三支队,俘获45人,缴获轻机枪1挺、步枪35支、手枪1支,子弹1 500发,军毯45条。二支队与"江抗"二团会合后,又在锡北夏庄重创顽保安第六纵队丁松林部,俘获数十人,缴获驳壳枪12支、手枪3支、步枪90支,当场处决特务7名。丁松林低头认罪,经教育后同被俘士兵一起被释放。

6月26日,马乐鸣、赵北顽部五六百人乘"江抗"二支队西进之机,在大河、王庄一带大肆抢劫。"江抗"一支队和无锡独立支队于27日分两路打击其扰民害民活动。28日晚,双方在任巷遭遇,激战3小时。29日上午,顽军在锡北港下向"江抗"驻地进攻,一支队奋起反击,在港下大桥与敌南北相峙。一连强攻受阻,二连从侧翼迂回渡河夹击，顽军弃阵逃跑。"江抗"乘胜追击，重创顽军，取得港下战斗的胜利。这次战斗，毙伤顽军官兵百余人，顽军副司令赵北负伤脱逃，"江抗"一支队和无锡独立支队伤亡40余人。缴获机枪1挺、驳壳枪4支、步枪10余支，俘15人。嗣后，"江抗"二支队从澄西东返，与一支队联合奔袭逃至冶塘附近的赵北部，将其击垮，从而打通了苏常太和澄锡虞之间的通道，为进军澄锡虞，建立澄锡虞根据地扫清了障碍。

"江抗"主力东出昆嘉太，西入澄锡虞，取得了节节胜利，推动了武装力量迅速发展。

8月，"江抗"东路指挥部决定，以无锡独立支队为基础，和锡南地方游击队组成"江抗"第四支队，朱长清任支队长，薛永辉任教导员。

原"江抗"五路司令朱松寿随"江抗"总指挥部撤至澄西地区后，于1940年春奉命回到江阴长寿重建武装。8月，部队已发展到200余人。9月下旬，正式成立江阴民众抗日自卫队（简称"江阴民抗"），朱松寿任司令，王明星任参谋长，包厚昌任政治部主任，成为江阴、沙洲地区一支主要的人民抗日武装。不久，"江抗"二支队一部和"江阴民抗"组成"江抗"第六支队。

9月，"江抗"东路指挥部派参谋杨知方返回沙洲锦丰老家，做同父异母兄长、伪商团杨行方的工作，对其晓以大义，争取反正。下旬，夏光率"江抗"三支队进入杨舍、鹿苑一带袭击日伪据点，同时收缴了顽常熟县政府两个保安中队的武器，进驻锦丰镇。在此情况下，杨行方率部反正。10月1日，伪商团改编为阴沙人民抗日自卫常备队，杨知方任队长。"江抗"派张臣栋、陈勋等五六名连排干部，加强对该部的教育改造。对伪商团的反正，谭震林在《江南》

杂志撰文赞扬，称这一举动"给日寇利用伪军巩固后方的政策以严重的打击"，"是东路伪军中最光荣最模范的行动"，并指出"号召群众起来积极地广泛地开展伪军工作，是今天东路一切工作之首"。

稍后，以"江抗"三支队一部为基础，加上上海、青浦等地参军的一批青年学生、工人，组成江抗淞沪游击纵队（又称"青昆支队"），顾复生兼任司令（未到职），周达明任参谋长，吕炳奎任政治部主任。该部的任务：开辟淀山湖地区，恢复青东地区，打通与浦东的联系，将浦东、浦西连成一片。

鉴于澄锡虞地区的局面已经打开，为加强对该地区的领导，东路军政会和东路特委决定"江抗"东路指挥部于10月西移澄锡虞，东路财经委员会也随之西迁。东路特委机关留在苏常地区，先后成立"江抗"后方留守处和苏常太财经委员会，杨浩庐任"江抗"后方留守处主任兼政委。

到1940年11月，"江抗"东路指挥部成立半年之际，东路部队已由400多人发展到3 000多人，控制了以苏常太为中心，东至昆嘉青，西至澄锡虞的广大农村；历经大小战斗50多次，粉碎了日伪军10余次进攻和"扫荡"。11月初，在澄东召开的大会上，谭震林总结了工作，宣布在指挥部与支队之间，增设3个纵队（相当于团）：一、五支队为第一纵队，司令夏光，政委刘飞；二、六支队为第二纵队，司令陈挺，政治处主任张鏖；三、四支队为第三纵队，司令朱长清，政委温玉成。谭震林在会上提出了发展游击根据地的新任务：向东，向南，向着大上海——我们斗争的目标，向着太湖、淀山湖前进。

在此之前，苏中黄桥决战的关键时刻，戴克林奉命率"江抗"一支队携带6万元经费北渡增援，为赢得战斗做出了贡献。谭震林着眼全局，主动北援的行动，受到了陈毅的高度赞扬。

第三节　加强根据地群众的组织发动工作

1940年5月，东路地区党组织划归东路军政会统一领导后，随着根据地的不断扩展，对县级领导骨干做了调整和配备。调许家信接任常熟县委书记，谢安任苏州县委书记。6月，昆嘉县委成立，刘开基任书记。7月，昆嘉青中心县委成立，顾德欢任书记。昆嘉县委改为昆山县委，华逸民任书记。太仓工委改为县委，刘景兴任书记。无锡县委书记由杨增担任。

东路党组织根据各地不同情况，为实现党的中心任务积极开展工作。在苏常地区，迅速掀起"红五月"运动。各区民运工作人员深入乡镇，广泛宣传东路抗战十大工作纲领，宣传中国共产党坚持抗战、坚持团结、坚持进步的主张，宣传"江抗""民抗"是共产党领导的抗日军队。帮助整顿和建立农民协会、青年协会、妇女协会、手工业联抗会及商民协会等群众团体。到1940年8月，常熟、苏州两县有联抗、农抗会员各3 000多人，妇抗会员4 000多人。各地掀起了参军、扩军热潮。农村青年争先恐后参加自卫队，自卫队员踊跃报名参加区常备队，常备队战士则纷纷要求参加主力部队。不到两月，苏常两地参加主力部队的有600多人，参加地方武装的有250多人。在"红五月"中，还发展了一批党员，建立了党的基层组织，使苏常昆太地区各项工作出现了蓬勃发展的新局面。在澄锡虞地区，东路特委继派王承业、王新民、于玲等人开展工作不久，又调王新、钱国华、姚家礽等一批干部增援。各地党组织坚决维护人民利益，实行减租减息，增加教师、店员和工人工资，使人民群众从日、伪、顽、匪的欺骗压榨下解脱出来，抗日热情日益高涨。10月，中共澄锡虞工委成立，吴达人任书记。同时，江阴、锡北两县县委成立，沈德辉、姚家礽分任书记。建立虞西工委和办事处，钱国华任书记兼主任。12月，沙洲县工委成立，蔡悲鸿任书记。

  1940年10月，浦东地区移交东路特委领导。东路特委决定将浦东工委和昆嘉青中心县委合并，成立淞沪中心县委，顾德欢任书记，统一领导昆嘉青和浦东地区的工作。

  在发动群众，抓紧建党扩军的同时，东路党组织十分重视民主建政工作。正当党中央关于建立"三三制"抗日民族统一政权的指示下达之际，谭震林经过调查研究发现苏常两地乡村抗日自卫会在群众中很有威信。他对此做了充分肯定，决定在工作基础较好的常熟、苏州首先建立县级抗日自卫会。1940年8月2日，常熟县人民抗日自卫会第一次代表大会在吴市召开，按"三三制"原则民主选举产生了常熟县人民抗日自卫会。任天石当选为自卫会执行委员会主席；李建模当选为监察委员会主席，徐翰青为副主席。这是由民主选举产生的、包括国民党员在内的各阶级、各阶层抗日分子参加的代行政权机构。谭震林参加了大会，做了题为《目前国际政治形势和自卫会的意义与任务》的演讲，指出："自卫会是人民的组织，是抗日的组织，它是一个群众团体，政府不能负起领导人民抗日的时候，它是代表了政府执行一切任务，以达到人民的要求。"9月初，苏州县人民抗日自卫会成立，选出浦清为执行委员会主席，周鼎为副主席，顾复生为监察委员会主席。随后，太仓县成立了各界临时联合委员会，昆山县成立了行政委员会。

  在澄锡虞地区，群众基础较好的无锡县成立了县人民抗日自卫会，王承业任主席；其他地区则成立"江抗"办事处作为过渡。从

1940年6月起,先后成立了祝塘、寨门、后塍、王庄、华墅、顾山、沙洲等办事处,每个办事处下设民运工作队、常备队和交通站。10月,澄锡虞总办事处成立,顾复生任主任。上述各办事处调整为江阴、锡北、虞西、沙洲4个县级办事处,归总办事处领导。11月,总办事处改称澄锡虞特区行政委员会,并开始了政权机构的筹建工作。

抗日民主代政权的逐步成立,为实现党领导下的全民抗战提供了更为有利的条件。各地运用代政权力量,团结各阶层进步人士,进行减租减息,改善人民生活,建立地方武装,开展扩军参军,加强财经文教等工作。广大群众团结在抗日民主代政权周围,积极参加根据地的各项建设。代政权认真管理地方上的行政事务,如民事调解、禁烟禁赌、扫盲识字、反对买卖婚姻和兴办公益事业等,对改变社会风气、安定社会秩序和巩固抗日游击根据地起着重要作用。

东路地区有较大的中间势力,其主要构成是农村的中小地主和集镇工商业者。中间势力受日伪压迫,赞成抗日,但受传统观念束缚和日伪宣传欺骗,对共产党的方针政策持怀疑态度。各级抗日民主代政权的建立,共产党和"江抗"的发展,为团结争取中间势力创造了有利条件。抗日民主代政权坚持"三三制"原则,注意吸收国民党员、地方开明士绅参加。谭震林等党政领导亲自登门做长泾中学校长张大烈(留法学生)等地方人士工作,民主政权认真采纳他们的建议,充分发挥他们的作用。这一切,都有力地推动了抗日民族统一战线的发展。

第四节　坚决击退反共逆流

　　1940年10月，国民党顽固派掀起第二次反共高潮。处于日伪统治中心的东路地区面临日伪顽夹击的严峻局面，反"扫荡"常常与反摩擦交织在一起。面对险恶的形势，"江抗"继续高举抗日战争的大旗，坚决击退反共逆流。

　　这时盘踞在阳澄湖畔公开反共的胡肇汉部充当了制造摩擦的急先锋。1940年11月，胡部在湘城捕杀"江抗"湘城办事处主任钱亮臣和干部张曦晨。12月7日，趁"江抗"在苏常公路伏击日军之际，倾全力进攻，使"江抗"7名战士伤亡。12月13日下午，谭震林、何克希率"江抗"一、二支队进入阳澄湖畔东、西张家浜村宿营，胡密报日军，企图借刀杀人。日军出动80余人，分乘3艘汽艇，配备重机枪、小钢炮等武器，发起突袭。"江抗"奋起反击，直到天黑，毙伤敌30余人。当地群众全力支援"江抗"，掩护部队转移。"江抗"二支队卫生队队长赵熙等19人牺牲，另有4名群众身亡。张家浜战斗，使阳澄湖地区的群众进一步认清了胡肇汉的真面目。谭震林、何克希在给部队的慰问信中说："你们革命的热血，照亮了大众的眼睛！"

　　盘踞在常熟南乡杨园一带，有400余人的江苏保安三纵队马乐鸣部，与伪军勾结，经常在苏常公路上绑劫商旅，掳掠群众财物，还与胡肇汉部联合袭击"江抗"部队。1940年12月10日，"江抗"集中二、三、四支队重兵出击，毙伤马乐鸣部30余人，生俘100余人，缴获轻机枪11挺、步枪200余支及弹药一批。11日，又击溃逃逸中的马部200余人。1941年1月，"江抗"一支队组织小分队奔袭马部老窝，俘顽军10余人，缴获轻机枪1挺、长枪15支。"江抗"无一伤亡。从此，马部再也不敢轻举妄动。

在沙洲地区，1940年12月6日，驻鹿苑的日军一小队和伪军丁兆兰部六七十人向乐余镇附近进犯。沙洲常备队伏击回归的日伪军，敌溃逃，当场击毙敌2人，伤1人。12月20日，沙洲、祝塘、王庄等常备队联合攻击恬庄伪军杨春华部，从拂晓开始，激战2小时，杨部伤亡和被俘各20余人，被缴重机枪1挺、长枪30余支。同期沙洲县常备队袭击搁浅在东区沿江的日军货船1艘，击毙日军2人，俘船员6人，缴获大批物资。

在昆青地区，1940年冬，"江抗"淞沪游击纵队恢复了青东地区的工作，开辟了昆南淀山湖地区，与国民党五十四旅七三五团陈耀忠部建立了统战关系，共同合作抗日。淞沪游击纵队通过打击伪军和土匪武装，摧毁伪政权，镇压汉奸，发动群众，至1941年1月，建立了4个区级政权和自卫武装，并成立3个区委，初步形成了昆南淀山湖游击根据地，同昆东游击根据地一样，成为东路抗日游击根据地的重要组成部分。

1941年1月上旬，震惊中外的皖南事变爆发，国民党顽固派掀起的反共逆流达到最高峰。"江抗"东路指挥部和东路特委发出号召："展开反亲日派、反反共、反内战运动，为坚持苏南抗战，巩固东路抗日民主根据地而奋斗。"明确提出集中火力消灭东路反共投降派王文甫、胡肇汉、马乐鸣的任务，认为只有彻底肃清这些亲日反共分子，才能使抗战阵营坚强起来，才能以全力打击日本侵略者。1941年1月下旬，"忠义救国军"澄锡虞专员王文甫率部从宜兴出发，与高杏宝部合成300余人的队伍，盘踞江阴、锡北一带，骚扰破坏东路地区。"江抗"二纵队奉命向锡澄公路以西推进，在桐岐、王大坝进击高部，击溃顽军 100 余人。"江抗"二支队副队长方英在战斗中不幸牺牲。不久，该顽残部投敌，配合伪军进驻青龁、埝桥一带。1月31日夜，高勾结日军40余人，与二纵队和刚由澄西丹北地方武装组建的"江抗"七支队在桐岐遭遇。"江抗"快速攻击，打得敌人措手不及，全被歼灭。战斗中缴获重机枪1挺、轻机枪3挺、步枪20余支及掷弹筒等武器，开创了东路歼灭战之先声，受到陈毅代军长的电令嘉奖。"江抗"二纵队发动地方武装，开展游击战，袭击伪军据点，使澄西与丹北地区连成一片，并控制了申港等重要渡口，增加了与苏中根据地的联系通道。

皖南事变发生后，中共中央按照军事上严守自卫、政治上坚决反击的方针，同国民党顽固派进行了针锋相对的斗争。

1941年1月20日，中共中央军委发布重建新四军军部的命令，任命陈毅为代军长，刘少奇为政治委员。25日，新四军新军部在苏北盐城成立。

22日，中共中央中原局和新四军军部发出指示，决定苏南林俊（谭震林）及罗廖（罗忠毅、廖海涛）部，统一归林俊指挥。遵照新军部命令，"江抗"东路指挥部于2月4日宣告江南人民抗日救国军改编为新四军第三支队，由谭震林（不再化名）任司令。同时宣布成立新四军江南指挥部，谭震林兼任指挥。

3月5日，新四军新一支队司令傅秋涛、副政委江渭清率领自皖南突围的将士到达东路，谭震林于7日主持召开大会，号召广大军民团结一致，粉碎国民党顽固派的反共阴谋，坚持抗战到底，打败日本侵略者。

新四军军部重建后，根据中共中央军委命令，将全军扩编为7个师。苏南部队改编为第六师，谭震林任师长兼政委，罗忠毅任参谋长，下辖十六、十八两个旅。六师的任务是坚持江南抗日斗争，阻止反共军北渡长江。

3月上旬，东路部队由新四军第三支队改编为新四军第六师第十八旅，旅长江渭清，政委温玉成，参谋长夏光，政治部主任张英。下辖五十二团（原"江抗"第二纵队），团长陈挺、参谋长刘品玉（后为胡品山）、政治处主任张鏖；五十三团（原"江抗"第一纵队），团长兼政委刘飞、参谋长韩云、政治处主任舒石生（后为彭冲）；五十四团（原"江抗"第三纵队），团长兼政委吴泳湘、参谋长游玉山（后为王明星）、政治处主任黄吉民。4月上旬又成立五十一团，团长张开荆、政委陈光、参谋长赵伯华（后该团归十六旅指挥）。茅山地区的新四军第二支队改编为新四军第六师第十六旅，旅长罗忠毅（兼）、政委廖海涛、参谋长王胜。

同时，成立江南保安司令部，司令何克希，政委吴仲超，以澄锡虞地方部队改编为警卫一团，团长杨知方、政委曹德辉（后为包厚昌）、参谋长陈新一、政治处主任包厚昌；以苏常太地方部队改编为警卫二团，团长郭曦晨（后为薛惠民）、政委钟发宗。

皖南事变后，东路地区党组织做了调整。1941年3月，中共东路特委改称为路东特委，吴仲超任书记，赵秀英、李建模、何克希、谢明明、王承业、陈光、杨浩庐、翁迪民、李健生、凌菲等任委员。特委管辖范围扩大到锡澄公路以西，京沪铁路以北的西路地区。下辖苏常太工委（苏州、常熟、太仓3个县委和阳澄县工委）、西路工委（澄西、武北、山南、山北、扬中5个县委），以及沙洲、江阴、锡北、虞西、无锡、太湖县委。同时撤销苏常太中心县委和澄锡虞工委。

随着苏南新四军部队的统一整编，中共中央华中局于5月决定成立中共江南区委员会，谭震林任书记，邓振询任副书记。下辖路东、路南、路西南、路西北、浙西北、苏皖等6个特委。

5月，江南区党委决定，淞沪中心县委扩建为中共路南特委，顾德欢任书记，姜杰任副书记，吕炳奎、金子明、王承业为委员。领导范围由原来的淞沪地区向南发展，扩大到原属浙西特委领导的嘉兴、嘉善、海盐、海宁、平湖5个县，并由王承业常驻浙东。同时，路南特委决定成立中共青东工委，华逸民任书记。8月，又成立中共淀山湖工委，诸敏任书记，领导昆南、青浦朱家角和吴江平望、黎里等淀山湖周围地区党的工作。太湖县委划归浙西北特委领导。

皖南事变后，为更好地运用政权力量独立自主开展敌后抗日工作，苏南普遍正式成立各级抗日民主政府。2月，在东路成立了3个行政区，正式任命专员和县长。第一行政区专员任天石，常熟县长任天石（兼），苏州县长浦青，太仓县长郭曦晨，阳澄县长陈鹤；第二行政区专员吴达人，江阴县长李石坪，无锡县长王承业，沙洲县长蔡悲鸿，锡北特区行署主任陈枕白，虞西特区行署主任钱国华；第三行政区专员顾复生，昆山县长陶一球，嘉定县长吕炳奎，青浦县长顾复生（兼），南汇县长连柏生。

为统一领导江南地区行政工作，经谭震林、吴仲超等发起，4月1日正式成立按"三三制"原则，吸收民主人士参加的江南行政委员会，何克希任主任，吴达人任秘书长。

抗日民主政府的正式建立，标志着东路抗日根据地进入了一个新阶段，受到了各界人民的热烈欢迎和拥护。常熟县各群众团体在徐市镇举行了1万多人参加的庆祝大会。张灯结彩，龙灯飞舞，焰火怒放，盛况空前，充分反映了民主政权为广大民众所拥护和爱戴。

同时，日伪和国民党顽固派也加紧了合围东路新四军的行动。3月，大批日军从华北、华中集中苏州、常熟整训，加强了敌人的"扫荡"力量。国民党第三战区调兵遣将，密令"忠义救国军"执行反共计划，妄图消灭东路新四军于长江南岸。日、伪、顽勾结更紧，干部战士屡遭杀害，给根据地的生存发展造成严重威胁。新四军十八旅主力和地方武装担当起保卫根据地的艰巨任务，在四五个月时间里，同日伪军和反共顽军连续作战40余次，击退了日、伪、顽的反共逆流。

3月9日，新四军十八旅五十三团一营宿营在阳澄湖边的渡船头一带。10日下午，日伪军从太平桥、吴塔等据点出动200余人，分乘7艘木壳艇袭击一营驻地。指战员依托村落民房，奋起反击，至6时许结束战斗，毙敌40余人。一营指战员苏仁寿等19人牺牲，8人受伤。当夜，部队转移到白茆蚂蝗浜宿营。11日上午，一营分水陆两路转移时，又遭遇从常熟出动的日军800余人"扫荡"合围。从水路坐船转移的指战员仓促应战，在岸上警戒前进的支队长戴克林率部上前策应，指挥部队边战边撤，终因敌众我寡，教导员陈岳章等100余人捐躯。

3月27日，虞西县委书记钱国华率常备队和民运工作队到顾山南部活动，与下乡"扫荡"的日伪军遭遇，钱国华在突围中英勇牺牲。

4月1日，阳澄县县长陈鹤率部在毛家浜工作时，突遭日伪军偷袭，撤至曹家尖休整。胡肇汉乘机率200余人武装包围，陈鹤和常备队指导员等13人被捕。胡竟用开膛破肚的残酷手段杀害了陈鹤。4月2日，十八旅政委温玉成、参谋长夏光率五十三团、五十四团各一部在阳澄湖地区搜索，在太平桥附近与胡部遭遇。指战员们奋勇战斗，毙伤胡顽部60余人，俘数十人。4月下旬，路东特委决定，抽调三县党员干部80余人，组成3支随军工作队，着手恢复阳澄湖地区的工作。因遭胡部便衣偷袭，马尼、徐桐、蒋洪兴、范广耕等20余名党员、干部惨遭杀害。5月中旬，十八旅五十三团、五十四团各一部再次下阳澄湖搜剿，在古香庵发现胡部，俘获20余人，其参谋长胡杰等12人被击毙。之后，我军又两次袭击太平桥胡部老窝，终于将胡肇汉的反共气焰压了下去。

苏西北甘露、荡口、南北桥一带的杨忠部，被国民党收编后，由于谭震林亲自做工作，一度与共产党保持了较好的合作关系。但此时也公开走上了反共道路。先后抓走漕南区区长王志方和南桥镇爱国人士周云祥，经多方营救两人才免罹难。1941年3月2日至6日，五十四团一部和无锡县常备队3次袭击杨忠部，捣毁其军火藏匿点，捕获其副官、大队长以下数十人。4月21日，杨忠率部100余人，偷袭漕东区机关驻地王家庄，区长洛斐等10人被抓。新四军十八旅五十四团一部闻讯追击，将杨部打垮。而洛斐和年仅16岁的民运工作队员江影（女）惨遭杀害。

1941年4月上旬，"忠义救国军"副总指挥袁亚承率部1 000余人，由吴江向淀山湖地区进犯。11日，吞并了驻陈墓的陈耀忠部，向昆南游击根据地逼近。淞沪中心县委迅即派吕炳奎率淞沪游击纵队两个中队、昆山常备队和中心县委机关干部原地迂回；派周达明率两个中队插到淀山湖东岸抄其后路。中旬，周达明率部宿营于青浦县西岑谢石关村，突遭"忠义救国军"三路袭击，除10余人在群众掩护下突围外，周达明、范守廉、马振庭等指战员壮烈牺牲。战斗失利后，除留少数干部和武装人员坚持昆南及淀山湖地区斗争外，淞沪游击纵队和淞沪中心县委奉命分别转移到苏常太根据地和上海。

5月初，日伪军袭击驻晨阳的新四军十八旅修械所，该所被迫向大新转移。5月24日晨，日海军陆战队100余人，由十二圩向锦丰镇进犯，新四军十八旅五十三团二营当即反击，激战2小时，敌不支溃退。

5月下旬，"忠义救国军"郭墨涛率部千余人，越过沪宁铁路，进入阳澄湖地区。胡肇汉部又充当郭部先遣队，猖狂叫嚣："专打赤匪，根绝赤祸。"大肆捕杀共产党人员，破坏抗日民主政权。6月9日，辛莫区区长梁瑾瑜遭杀害。

6月10日，郭墨涛部窜入苏州县横泾地区，分兵三路袭击新四军十八旅五十四团一营、二营驻地邵家坝。新四军奋起反击，驻白茆塘的警卫二团奉命驰援。持续战斗6小时，毙伤顽军100余人，溺毙40余人，俘获26人，缴获轻机枪4挺、步枪24支、驳壳枪2支，步枪子弹18 000发及其他军用物资。新四军伤12人，牺牲5人。顽军败退互湘城。

6月底，郭墨涛部窜向澄锡虞地区，与当地伪军仲炳炎、杨春华部勾结，盘踞虞西周家码头、西徐市、鸳山一线，向新四军寻衅。7月5日，新四军十八旅调集7个连队，分两路合击鸳山顽军。激战4小时，毙伤顽军50余人，余部向河阳山溃逃。新四军伤亡20余人，五十四团一营教导员许铁英勇牺牲。

从1940年冬到1941年6月底，在半年多时间的反摩擦斗争中，共产党无论是军队还是地方的干部、战士都遭到了较大损失，在肃清根据地内部破坏活动的锄奸斗争中，由于环境的险恶和复杂，一度发生了"左"的偏差，造成错杀干部、积极分子和统战对象30多人的错误，由此产生了一些消极因素。但是，就总体来说，共产党在这段时间里坚决击退了日伪的围剿和国民党顽固派的反共、摩擦逆流，锻炼了广大军民，发展了根据地建设，坚持了抗日战争，无疑取得了巨大的胜利。

第五节　根据地建设全面发展

从1940年春起，在大力拓展抗日游击根据地、坚持敌后抗日游击战争和反击顽固派进攻的同时，中国共产党全面加强了根据地的各项建设。

谭震林来到东路后，为适应开创抗日游击根据地的新形势，中共东路特委就把积极慎重地恢复和重建党的组织、发展党的队伍，作为领导敌后抗日武装斗争的根本关键来抓。至1941年上半年，已建立了常熟、苏州、太仓、昆山、沙洲、阳澄、太湖、虞西、无锡、锡北、江阴等县委（工委）。县、区两级党委普遍设立了组织、宣传、军事、妇女、青年、民运等部门，在政府和群众团体中，也派有党员干部担任党团书记或秘书，形成领导核心。党员发展到上千人，建立了100多个基层党支部以及部分党小组。此外，在苏州城区和吴江等地，还分布着坚持地下斗争的共产党员和党的组织。

在加强组织建设的同时，还加强了党的思想建设。陆续出版发行了《新民主主义论》《论共产党员的修养》等著作和《中国共产党章程》，以及《党的建设》《支部生活》等刊物，作为党员的必读课本。同时，结合实际过好组织生活，开展批评和自我批评，针对党员的不同情况进行不同的教育，促使大家振奋精神，增强团结，不断提高党的战斗力。

东路特委和各县党组织举办各种训练班，教育培养党员干部。从1940年5月至1941年5月，举办了党训班10期，培训330余人。分3期训练民运干部200余人，从中发展党员100多名。开办东路抗日干部训练学校，训练各级干部近百人。经过一系列培训，有效地提高了党员干部的思想和工作水平。

在党的教育培养下，苏州各地涌现了众多忠于党、忠于人民、坚决抗日、勇于牺牲的优秀党员和干部。李建模、任天石、薛惠民等就是他们中间的杰出代表。在1934年抗日救亡运动中加入中国共产党的李建模，在苏州沦陷后，成为苏常太抗日游击根据地的主要创建人之一。为了支持根据地建设，他主动挑起财经工作重担，直至担任江南财经处处长和新四军六师供给部长，成为"理财能手"。他带领财经干部经常做到布袋里装着金条，肩膀上背着现钞，腰缠万贯而一尘不染。还带头提倡"一张纸用两面，一个信封用四次"，成为艰苦奋斗、廉洁奉公的模范，受到了谭震林的高度赞扬。太仓县三五区区委委员、年轻的女党员端木瑞，1941年6月14日在老闸被捕后，遭受敌人严刑拷打而坚贞不屈，以凛然正气怒斥敌人，充分表现了共产党员高尚的革命气节。灭绝人性的日军用硝镪水（硝酸）毁灭了她的躯体。

根据地的政权建设，经历了两个阶段。皖南事变前，以人民抗日自卫会和办事处等形式建立代政权机关。皖南事变后，针对国民党顽固派的反共逆流，全面掀起了民主建政热潮。从江南行政委员会、各行政督察专员公署，到县、区、乡（镇）、村，普遍建立起抗日民主政权。它们坚持了新民主主义人民政权的根本性质，村、乡（镇）一律实行民主选举，废除保甲制度，"人民有监督各级行政人员施政之权"。在民主建政中，坚持实行"三三制"原则，相当一批国民党员和进步民主人士、开明地主士绅等被吸收参加民主政权，保证了在中国共产党领导下，发展进步势力，争取中间势力，扩大和巩固抗日民族统一战线。

各地抗日民主政权一建立，就十分重视加强法制建设，陆续制定颁布了禁毒禁赌、劳动保障、公安民刑、医教管理、粮食运销缉私和税收等一系列条例法令，做到有法可依，有章可循，依法办事，使根据地各项工作逐步走上法治道路。

遵照党中央"放手发展抗日力量""独立自主地扩大军队"的指示，在创建根据地的斗争中，共产党始终把发展和建设人民武装作为首要任务。

东路抗日根据地的主力——新四军六师十八旅，到 1941 年已发展到 4 600 余人，有重机枪 6 挺、轻机枪 47 挺、长短枪 3 000 余支，成长为一支战斗在敌人心脏地区的游击兵团。部队的阶级基础和思想文化素质较好，工人成分占半数，知识分子占 1/5。

部队始终坚持以红军为榜样，以"创建东路抗日铁的模范游击兵团"为目标，开展建军运动，加强部队整训，建立起军事、政治和纪律、军需四大制度，"养成了团结、紧张、严肃、活泼的战斗作风"。并始终坚持党对军队的绝对领导，加强了部队党的建设，使连队的党员比例保持在 1/3 以上。通过轮训和经常教育，不断增强连队党支部的战斗堡垒作用和共产党员的先锋模范作用，带动整个部队始终保持旺盛的革命斗志和英勇顽强的战斗力。

部队后勤保障也得到不断改善和加强。在省委组织动员下，由以上海红十字会总医院和同仁、广仁等医院 72 名青年医护工作者为骨干组成的后方医院及所属卫生队，在极差的条件下，克服种种困难，奋力救死扶伤，有的医护人员甚至献出了自己的生命。由上海机械、五金工人 40 多人组成的修械所，为部队修理枪械，翻造子弹、手榴弹。部队的军服，由以唐市镇"祥记"成衣铺为基础组成的军服厂加工制作。这些都有效地保障了部队的需要。

同时，加强了各级各类群众性地方武装建设。普遍组建了县、区常备队，扩建了江防支队。在地方武装上升改编为警卫团后，各地又积极发展不脱产的人民抗日自卫队。此时常熟县有武装自卫队2万多人，成为坚持地方抗战，保卫地方治安，不断补充发展主力部队兵源的后盾。

抗日群众运动与统战工作也得到很大发展。从县到乡村工、农、青、妇、商、医、教等各种抗日群众团体普遍建立，为抗日游击根据地提供了深厚的群众基础。党和政府把发动群众参加抗日斗争和最大可能地改善群众生活密切结合起来，注意纠正某些"左"的和右的偏向，使群众最广泛地团结在党和抗日民主政府周围。

减租减息是党在抗战时期改善农民生活，调节农民和地主利益，以利于抗日民族统一战线的重要政策。通过协商动员，沙洲地区的"二五"减租不仅受到广大贫苦农民的欢迎，大多数地主也表示能够接受。在苏常太地区，针对抗战以来地主没法收租的特殊情况，在坚持减租前提下，动员农民还租，又开展查田运动，防止隐匿少报，以保证合理负担原则的贯彻落实。1941年1月农历年关期间，各地又进行了减息工作。原则上规定"新成立之债务，利息不得超过百分之十五""五年以内老债，如均按年付息者，利息折半归还""任何老债，其归还利息，数目已超过原本者，一律停息还本"，从而减轻了群众债务包袱。各地农民、职工抗日协会还与店主雇主协商，实行劳资仲裁，确定职（雇）工合理报酬。有些地方农协组成平粜委员会，使平均每担米售价低于市价5至10元。有些地方妇抗会号召取缔童养媳制度，支持妇女摆脱封建束缚，争取婚姻自由。常熟县妇抗会还发动妇女组织花边生产合作社，减少产销中间环节，增加妇女收入。这些运动都收到了很好的效果。

抗日群众运动和统战工作的发展不仅巩固了与工农基本群众的

团结，而且团结了一批开明士绅和有识之士，扩大了抗日阵营。他们中间一些原来靠拢抗日民主政府的，现在靠得更拢了；原来动摇的，现在坚定了；原来与日伪勾结的，现在回避了。1940年12月14日，太仓县收租委员会主任、大地主陈士勤下乡抢租，被"民抗"捕获。经过教育，目睹"江抗""民抗"热心救国，官兵平等，群众拥戴，深受感动，发表了《告太仓民众书》，表示"速向光明大道上迈进"，"在统一战线上做事，……此心此志至死不渝"。并致信规劝伪县长"急流勇退，弃暗投明"。陈士勤被释放回家后，主动捐献了一笔抗日经费，产生了积极影响。

根据地的财经工作，是在冲破日军殖民统治和经济封锁的情况下，按照"发展经济，保障供给""取之于民，用之于民"和"合理负担"原则建立发展起来的。当时日军严密控制各交通线，但上海公共租界的港口码头起初还未在其掌握之中，根据地便利用这一途径开展长江航运。一时间沙洲沿江码头林立。东路财经委员会于1940年10月成立江防管理局和江防大队，设卡收税，打击霸头，加强管理。从1940年冬到1941年上半年日军"清乡"前，江防局所辖各港口成了东路地区的主要交通港。棉、茧、丝等农副产品源源输出，棉纱、布匹、药材、煤油、书报、日用品，甚至军工器材从上海源源运来，有的还转运苏北，支援新四军军部。沿江税收额每天有近万元。

根据地不断改革和加强了税制。1941年元旦前夕，李建模主持召开东路地区财经会议，统一了苏常太、澄锡虞地区6个县的税法税则。规定根据地内部货物流通，实行一物一税，不重复征税。针对物价不稳的现状，不定期编制商品估价表，统一各税卡估价征税。在税收负担上，对民用必需品征低税，文教用品全免，对迷信品、高级消费品课征重税。在物资进出口上，严禁粮食和废铜铁出口，对进口粮食、棉纱、食盐、药品等实行免税。对于不顾大局，贪图暴利，私运粮棉出境的，加强缉私斗争，予以重罚。在广大税务干部共同努力下，苏常地区全年各项税收总额达70余万元。

田赋（田亩救国捐）是根据地财政收入的重要来源。对地主应交的田赋，在实行"二五减租"基础上，采取"赋从租出"，从佃农所交租款中提成征收。对贫苦农民减收、失收者，予以减免。对抗日军人家属，实行优待减征。实行累进率计征，做到田多多交。同时确定累进率最高、最低标准，既保证田赋收入，又照顾地主合法利益。常熟、苏州两县90多万亩土地，1940年秋冬的田赋收入达200多万元，占全部抗日经费来源的70%。

根据地还大力倡导合作事业，因地制宜举办消费、粮食、生产、运销、信用等多种合作社，方便群众，服务生产，活跃经济。针对货币流通紊乱、法币贬值、辅币缺乏的状况，东路经委会制版发行"江南商业货币券"，建立基金会，购置一定数量粮棉实物，以保证币值稳定。

各地还采取多项措施，指导和组织群众兴修水利、选用良种、防治病虫害，支持发展农业生产。1941年春，沙洲县抗日民主政府专设河工办事处，组织全县数万民工，历时半月余，疏浚河道36条半，全长100多公里，使全县河道畅通。群众纷纷赞扬："抗日民主政府办了一件大好事。"

根据地的新闻出版、文化教育事业，从服务于抗日战争的大局出发，不断得到加强和发展，成为根据地抗日斗争的重要组成部分。中共东路特委领导的江南社，编辑出版《江南》半月刊和《大众报》，发行量前者4 000份左右，后者达1万份，发行范围遍及东路地区，还秘密发行到上海及其他敌占区。江南社编印《江南丛书》，出版各类书籍50余种。江南社有编辑、记者和排印工各20多人，有较为齐全的、其他根据地少见的电信和电动印刷设备。为适应游击环境，江南社全部工作人员分处11条木船上，流动在根据地的河湖港汊，被誉为敌后"文化舰队"。《江南》半月刊、《大众报》和江抗政治部出版发行的《东进报》，成为创建、发展、巩固抗日游击根据地的重要宣传阵地。

根据地抗日文艺活动分外活跃。拥有上海剧艺社文艺骨干20余人、归"江抗"政治部领导的大众剧团，经常自编自演抗日剧目。六师成立后，有了有声电影放映设备，在部队、农村放映《农夫曲》等苏联有声片，深受军民欢迎。同时，苏州县和路东教育会先后成立流动宣传团（后改为江南剧团），排演抗战剧目上百个，推动了根据地抗战戏剧运动的发展。抗日民主政府还加强了戏曲演出的管理，推动评弹艺人革新演出内容，表演抗战曲目。根据地各处都设有俱乐部，编印油印刊物，开展读书、读报、球赛、演出等群众文体活动，推动了抗日宣传，丰富了文化生活。

神圣炽烈的抗日斗争，推动了抗战戏剧创作，也推动了抗战文学创作。江南社社长刘平若连续创作《呼吸》等一批描写敌后抗日斗争的报告文学，在胡风主编的《七月》杂志上连载。作家蒋锡金创作了10多万字的长篇报告文学《江南漫记》《江南草长》等作品，在上海、香港等地发表。《江南》半月刊和《大众报》《东进报》开辟了"江南文艺""大众戏剧""原野"等栏目，发表了大量小说、戏剧、诗歌和通讯、速写等。

根据地教育事业发展迅速。1941年1月，东路教委会颁布了《东路小学暂行规程》，明确规定学校必须"遵行抗建教育"，"决不容许敌伪奴化教育及封建教育之存在"。对学校的设置、编制、教材、课时、教职员任用等,做出了具体规定。根据地的学校在遭受日军侵略战火的破坏后,很快得到恢复和发展,一些偏僻农村也办起了抗日小学。苏州、常熟两县境内共有小学110多所,其中完全小学23所。1941年春,东路教委会在常熟梅南区莳泾村创办了江南中学。全校教职员20余人,学生40余人,一律住读,过军事化生活,白天读书,晚上到附近村庄办识字班,做群众工作,费用全由抗日民主政府供给。日军入侵后,沙洲农村学校大部分停办。创建根据地后,到1941年2月,已有小学40多所,中学4所。为提高师资水平,教委会前后办了7期师资训练班,训练教师300多人。教师还指导学生建立少年抗日先锋队,开展站岗放哨、传递情报、宣传鼓动、劝募劳军等各项抗日活动。

民主建政工作在不断总结经验、克服缺点中前进。由于初期缺乏经验,一度出现把政权机构与群众团体混淆起来,把"三三制"政权与工农民主专政等同起来的偏差。各地党组织及时对民运工作干部进行教育,并在报刊、训练班和各种会议上广泛宣传,开展讨论,分清界限,从而保证了新生政权的健康成长。

东路军政会在紧张激烈和极其复杂的战争环境中,在较短时间里,坚决执行党中央独立自主开展敌后游击战的方针,放手发展抗日武装,迅速形成了以苏常太、澄锡虞为中心的抗日根据地,击退了一次又一次反共逆流,取得了党的建设、政权建设、武装建设、干部队伍建设,以及财经、文教等各项工作的全面胜利,扩大了抗日民族统一战线,赢得了东路抗日战争的新局面。这一切跟主要负责人谭震林非凡的革命胆略、可贵的创新精神和在一系列关键领域创造性地工作是密不可分的。他的功绩将永垂史册。

第十章　英勇顽强的反"清乡"斗争

第一节　日伪"清乡"的出笼及根据地遭受的破坏

1940年9月，日本与德、意两国结成军事同盟，急图南进，发动太平洋战争，侵占东南亚。然而，日本帝国主义发动全面侵华战争后，损耗大量国力，侵占的只是沦陷区的城市和部分集镇。即使在其统治中心苏南地区，广大农村依然控制在抗日军民手中，这有力地牵制着敌人的侵华战争。为了摆脱困境，强化其奴役和统治，日军企图从以往蒋介石在苏区剿共的队伍中，寻找对付抗日军民的办法。

1941年年初，日军中国派遣军总司令部制订了《昭和十六年以后现地长期战政略指导》，确定了在中国占领区实行长期战，"以资加强帝国战力"的方针。在日军第十三军司令官泽田茂授意下，汪伪顾问晴气庆胤和伪警政部长李士群密谋炮制了《治安肃清要纲》，确定了对占领区分区、分期实施"清乡"的计划。日伪"清乡"采取军事清剿、政治伪化、经济掠夺和思想奴化相结合的所谓"三分军事、七分政治"的方针，实施综合进攻，达到其清除占领区抗日力量，实现彻底伪化，建设"理想的和平区"的妄想。

1941年5月11日，汪伪政府正式成立"清乡委员会"，汪精卫任委员长，陈公博、周佛海任副委员长，李士群任秘书长，主持苏南"清乡"工作。日伪第一阶段"清乡"的范围包括常熟、苏州、太仓、昆山、江阴、无锡、武进等7个县,尤其把汪精卫所说"最为富庶""匪化最深"的苏常太地区列为首期首批进行的"实验区",把"清乡"司令部等庞杂的指挥机构全设在苏州。

6月18日,日军与汪伪签订了《关于苏州地区清乡工作之日华协定》,规定由日军担任"清乡"中作战及封锁事项,汪伪担任政治工作。7月1日,日军集中10个大队、3 500多兵力,加上伪军、伪警、特工,总共约1.8万兵力,浩浩荡荡进入苏常太昆地区。把从苏州经常熟至福山,沿长江至浏河,再经太仓、昆山,沿沪宁铁路线至苏州,总面积约1 800平方公里的三角地带,划为"清乡区"。耗费200万根竹子,筑起130公里长的竹篱笆,并在沪宁铁路沿线和其他重要地段,筑起铁丝网和电网,构成封锁线;在交通要道口,设立14个大检问所、四五十个小检问所,盘查行人;设立许多瞭望台、巡逻哨等进行监视,把"清乡区"和周围地区封锁隔绝。在"清乡区"内,日伪军又大量增设据点,构筑碉堡,形成网状封锁,实行分割占领。并实施"联保切结""连坐法"等强制手段,配以特务威胁、欺骗,破坏群众与抗日军队的联系。还以拉网式、篦梳式战术,分进合击,反复"清剿",到处搜索,妄图彻底歼灭抗日武装力量,破坏抗日游击根据地。

根据地的抗日军民因此遭受严重损失。苏常太地区县、区、乡抗日民主政权被迫瘫痪;群众性抗日团体解体;党组织遭到严重破坏,数百名党员干部遭逮捕关押;武装力量损失(包括牺牲、被捕、失散)400余人,其中被害牺牲的常熟籍干部、战士达130人。许多被害的外来干部、战士甚至连姓名都没留下。广大群众完全失去人身自由,走路要凭"良民证""通行证",进出关口要强受搜身,鞠躬纳贡。"清乡"部队下乡,又以"搜查"为名,翻箱倒箧,肆意劫掠,"清乡"被叫作"清箱"。民众还要遭到种种残酷迫害。常熟地区被抓捕、关押的无辜群众达数千人,有的被勒索钱财后交保释放,有的被关押至常熟、苏州等地监狱,有的被押解到南京、安徽等地煤场,有的甚至被流放到南太平洋一些岛屿上服苦役、被折磨致死。

在随后几期"清乡"里,日军同样制造了一系列血腥大屠杀。其中尤以吴江、昆山间的芦(墟)、莘(塔)、(北)厍、周(庄)大屠杀为最。1942年2月21日,日军出动千余人,分乘百余机船,在水上飞机和炮艇的配合下,向四镇周围反复"扫荡",滥杀无辜,历时20天。周庄老人朱润苍在《贞丰八年血泪录》中记载道:"兽兵逐日分批在芦、莘、厍、周四镇十二里内外乡村劫掠搜查,并拘捕无辜,滥施酷刑,年老或气柔体弱之人惨毙于淫刑者甚多,强壮如不受刑毙,敌每日辄押至东渡里池旁枪杀,极尽人间惨绝悲痛。""四镇所属各村遭受惨祸史无前例,被敌焚毁者计二十余村,无辜人民惨遭非命者不知凡几,各乡河荡浮尸漂流日起,认尸者号哭之声半月不绝。"灭绝人性的日军,用枪杀、刀刺、沉荡、活埋、火烧、水煮等种种残暴手段,大肆捕杀。在北厍一荷花池里扒出的被害者尸体就有200多具。在金家湾莲荡里,日军把20多名村民押上农船,然后开足机船马力将农船拦腰撞沉,20多人丧生。据吴江县当时统计,有据可查的被害者就达2 373人。

日伪发动"清乡"的主要目的是消灭抗日力量,加强控制和奴役,另一目的则是掠夺资源,以图摆脱由侵略造成的经济窘境。"清乡"开始不久,伪常熟特别区公署就建立了租赋并征委员会及收税总处,下设30多个分处,加紧逼租,田赋额从每亩1元多提高到9元。至1941年11月底,日伪仅在常熟就征租赋1 360万余元,而"清乡"前的1941年1月至5月,日伪在吴县、昆山、太仓、常熟、无锡、江阴、武进 7 个县所征田赋不过 58 万余元。他们还强行统制物资，垄断金融，横征暴敛，敲诈勒索，把苏州地区划为日本军需米区域，到处强征军米。昆北地区在半年间，被强征军米 200 多万斤。年年有余粮的常熟县，"清乡"后出现了严重缺粮现象。全县全年缺少稻谷 2 万石、面粉 6 000 袋。日伪还通过大量发行和强制使用伪币"储备券"，以 100∶74、100∶50 的比率限期兑换法币和辅币，进行敲骨吸髓的搜刮。军事、政治、经济、思想数管齐下的"清乡"，使人民群众又一次陷入绝境。

第二节 反"清乡"从内线坚持到分区转移

反"清乡"斗争开始时，新四军六师及其十八旅在军事上采取内线坚持与外线作战相结合的方针。1941 年 7 月 3 日，陈毅、刘少奇电示谭震林，强调"主要任务是保存部队有生力量"，"多派干部加强地方部队领导，分散游击，就地坚持"。

日伪对苏常太地区实施"清乡"前，新四军十八旅主力部队大多活动在澄锡虞地区，留在苏常太的仅警卫二团及各县地方武装。6月初，钟发宗奉调到常熟任苏常太工委副书记兼警卫二团政委。中旬，十八旅政治部主任张英和五十四团参谋长王明星又奉命率五十四团 1 个营进入苏常太地区。根据上级决定，成立苏常太反"清乡"斗争委员会（另一说为"军政分会"），以张英为书记，杨浩庐、任天石、薛惠民、钟发宗为委员，统一领导反"清乡"斗争。以五十四团二营 2 个连和警卫二团 4 个连共 500 多人组成反"清乡"主力武装五十五团，团长薛惠民，政委张英，参谋长王明星，政治处主任钟发宗。分工张英、薛惠民率团部和 3 个连坚持在中心地区常熟县；王明星和二营营长张友林率2个连到苏州县；钟发宗率1个连到太仓县。任天石、杨浩庐也先后到苏州县指导反"清乡"斗争。

由于敌我力量悬殊，反"清乡"斗争从一开始就陷入了被动的局面。钟发宗率部穿过白茆塘封锁线进入太仓后，为牵制敌人，减轻常熟的压力，决定主动出击，奔袭方家桥日军据点。7月中旬某晚，以五十五团七连担任主攻，太仓县大队配合阻援，集中120多人发起攻击。击毙日军2人，击伤多人。因敌人火力强大，未能攻克据点，主动撤出战斗。翌日晨，七连转移途中，遭到日军包围，1名战士牺牲，指导员朱明等受重伤，连长朱扣宝等被俘。钟发宗奉命率余下五六十人撤回常熟。太仓县县长郭曦晨腿部受伤后仍坚持战斗在反"清乡"斗争第一线，后被叛徒出卖，遭日军逮捕关押。

王明星率部进入苏州县，不久即被日伪军紧紧咬住。他率领的四连面对10倍以上的日伪军，无眠无休，忍饥挨饿，连日苦战。7月15日夜，又与伪警第一大队遭遇，击毙伪警察中队长等。王明星在战斗中臂部负伤，尽管伤口发炎，处境险恶，依然鼓励部队，安慰伤员，顽强战斗。终因寡不敌众，王明星、张友林等大批人员英勇牺牲，四连83名战斗人员最后仅剩下26人。

常熟的反"清乡"部队，也在敌人反复"清剿"中顽强坚持。7月6日，当五十五团一部在兴隆乡支家湾宿营时，福山伪自卫团团长仲炳炎率部"围剿"。五十五团奋起抗击，战斗中牺牲1人，被俘4人。17日晚，原警卫二团组织股长黄之平率五十五团1个连在徐市陆岗桥附近宿营时，遭敌包围。战士们子弹打光了，就把枪支毁掉，赤手空拳与敌拼搏，一班战士全部壮烈牺牲。黄之平待敌人靠近，毅然拉响手榴弹与之同归于尽。

在敌情越来越严重的情况下，反"清乡"部队被迫分成若干战斗小组，化整为零，隐蔽战斗。他们昼伏夜行，风餐露宿在田间、坟冢、牛棚、船坊之中，承受酷暑、饥渴、蚊叮虫咬等种种苦难，顽强坚持，但仍然有越来越多的战士落入敌手被害牺牲。7月20日左右，八连连长赵来发带领11人的战斗小组流动到梅北八字桥一带，被敌人三面包围，赵来发和梅北区副区长张平等6人牺牲。22日上午，徐市敌人出动100多人，对吴里区进行篦梳式"清剿"，向张英汇报工作后正隐蔽在这里的太仓县委书记杨子清及吴里区区政府督导员唐绍裘、区委组织委员张汉章、常熟县交通站长杨子欣等5人壮烈牺牲。7月下旬，苏州县抗联主席徐青萍在库浜被捕，于8月6日慷慨就义。苏州县辛莫区区委书记朱凡，是上海来的女青年，在木勺湾尼姑庵开会时，突遭包围，落入敌手。她受尽酷刑而坚贞不屈，惨遭杀害，年仅23岁。太仓县军事科科长于鹤辂，带伤坚持斗争，遭日军逮捕，受尽严刑拷打，被打断了腿，伤口流脓生蛆，始终坚贞不屈，直至壮烈牺牲。在"清乡"中牺牲的县、区级干部，还有常熟县委组织部部长李向、常熟县雪长区区委书记周醒明、苏州县李白区区委书记陆诚、唐市区区委书记秦恭亮、藕渠区区长姚克明，以及创建抗日武装、曾任"江抗"二路司令的陈震寰等，常熟县副县长、爱国民主人士吴宗馨被捕后，也备受折磨而牺牲。

在险恶的反"清乡"斗争中，广大抗日军民冒着毁家献身的危险，谱写出血肉深情的悲壮乐章。战士们为了维护群众利益，日夜待在野外田间、坟丛，群众则秘密掩护干部战士，送水送饭，泅河摆渡，传递情报，对伤病员更是细心照顾。太仓县大队指导员薛福成负伤后，日伪篦梳"清乡"来到他隐蔽的村庄，将全村群众赶到村口捆绑吊打，灌辣椒水，逼供新四军行踪，却没有一人说出薛福成的隐蔽地点。太仓县交通站陈金龙，住房被敌人烧毁，女儿遭到毒打，他仍继续寻找和照顾失散战士，掩护他们养伤和转移，赤胆忠心地为抗日事业竭尽全力。

一些农村党的基层组织和共产党员，在血腥恐怖中，注意隐蔽，善于斗争，被誉为"红色堡垒"。常熟县钱仓乡湖泾支部，面对敌人"清乡"，书记带领党员们宣誓：坚持斗争，坚守秘密，不暴露党员身份，至死不屈。先后有7名党员被捕，他们在敌人毒刑拷打下无一暴露身份，千方百计帮助隐蔽该地的伤病员安全转移。陶沙乡汪桥支部要求党员万一被捕，不得暴露身份，更不准出卖同志。他们努力掩护梅北区委组织委员杨敏，直至将她安全送走。

为了配合苏常太地区的反"清乡"斗争，十八旅和十六旅主力在外线积极进攻日伪据点。7月中旬，五十二团在锡东频频出击，攻克了苏西北黄埭等据点。下旬，五十五团二营南进太湖沿岸，接连攻克苏西寺桥、白马涧等伪军据点，破坏公路桥梁，威胁苏州城；五十四团一营攻克无锡近郊的西胶山、严埭等据点；五十一团逼近江阴城郊，袭击西门外伪军；十八旅教导大队和警卫一团在沙洲连续袭击日伪据点；十六旅在苏南的第二、第三游击区攻击了延陵、九里、蒲干、三岔、郭庄庙等10多个据点；等等。这些行动尽管给敌人以连连打击，但狡猾的日伪军不为所动，宁可撤掉一批据点，收缩战线，仍然坚持既定部署，继续在苏常太地区"清乡"。

在内线坚持、外线配合战术失效的情况下，为了减少损失，保存有生力量，谭震林决定尽快组织突围，跳出"清乡"区。7月下旬，杨浩庐、任天石等越过太仓浏河附近的电网，撤往上海；太仓县部分县、区干部徐念初、汤钧、张梅等通过关系取得"良民证"，从浏河到达上海。8月上旬，张英、钟发宗、薛惠民等先后带领200多名干部战士，分批越过福山塘封锁线，进入澄锡虞地区。

8月上旬，谭震林主持召开党政军领导干部会议，总结苏常太地区反"清乡"斗争的经验教训，认识到由于对敌情的严重性和"清乡"的残酷性估计不足，招致苏常太地区反"清乡"失利，决定下一步部队采取"以分区转移对付敌分区清乡"，地方采取"避开强敌，分散埋伏，积蓄力量，等待时机"的策略，以最大限度保存有生力量。8月14日，新四军军部批准谭震林提出的反"清乡"斗争的基本方针、策略和各项措施。六师师部、江南区党委及路东特委重新部署了澄锡虞地区的反"清乡"斗争，决定分批撤退身份已经公开的干部，在苏中靖江建立江南干部大队。留在澄锡虞地区坚持斗争的党员干部，由公开转入地下，确定各县特派员和区联络员，实行单线领导，做好以秘密工作方式长期坚持的准备。

8月23日，六师师部及十八旅主力在谭震林率领下，越过锡澄公路封锁线，跳出澄锡虞，向澄西转移。9月22日，大批"忠义救国军"袭击澄西。谭震林亲临前沿，指挥部队从西石桥、老新街、新新街至芦埠港六七里长的战线上英勇反击，澄西民兵、大刀队数百人配合，终于击退2 000余名顽军的进攻，击毙其头目梅明章，歼敌百余人。这一胜利，粉碎了国民党顽固派企图在长江边围歼新四军主力的阴谋，牢牢控制了长江渡口，完成了阻挠反共军北渡的艰巨使命，保卫了苏中新四军新军部的安全。

江南区党委和路东特委也迅速组织从苏常太突围和澄锡虞撤离的党政干部，分批转移北撤。到9月中下旬，日伪结束在苏常太地区的军事"清乡"，转而进入澄锡虞地区开始"清乡"时，新四军和党政干部早已主动撤离。

第三节　保卫南北战略通道的艰苦战斗

在苏常太、澄锡虞反"清乡"斗争中,地处长江南岸的沙洲地区,是连接苏南、苏中两块抗日根据地的桥头堡,谁控制,谁就主动,由此成为敌我"清乡"、反"清乡"中激烈争夺的战略要地。沙洲地区的反"清乡"斗争因此更呈现其艰苦性和复杂性。

"清乡"一开始,日伪就企图截断这一通道。从常熟、江阴东西两方面调兵进入沙洲地区。1941年7月2日,日军占领杨舍镇,原驻鹿苑的伪军,奉命开赴十二圩港,在港口构筑工事,设立岗哨,控制渡口。七八月间,日伪从东起福山,沿盐铁塘、横套河,经张家港至黄田港一线,挖深沟,扎篱笆,筑起了一条近60公里的封锁线。在沿线大小集镇设立据点,日夜巡逻,盘查行人。同时,日伪军和特工队日夜出动,不断下乡"清剿"。7月中旬,沙洲县东郊区区委书记程坚石,在金童桥工作时遭敌人逮捕。

8月上旬,日伪又向沙洲地区增兵,在横套河一线建立据点,并不时向横套河以北地区进行"扫荡"。9月中下旬,日伪进一步大举增兵沙洲地区。9月22日,汪伪江阴县政府改为"清乡"特别区公署。在黄田港、张家港、护漕港和十一圩港等地设立了大检问所,配以小检问所和430多个瞭望哨,严密监视、盘查行人。同时,日军又派舰艇封锁长江,派汽艇在内河游弋,出动坦克、装甲车在公路上巡逻,对沙洲地区进行严密封锁。

早在7月初,何克希、吴仲超即率警卫连和警卫一团到达沙洲。新四军六师十八旅教导大队也同时来到。组成由沙洲县委、县政府、警卫一团和教导大队主要成员李健生、蔡悲鸿、曹德辉、杨知方、白书章5人组成的沙洲县军政委员会,领导部署反"清乡"斗争。

7月11日,警卫团和教导大队联合行动,分数路袭扰日伪据点。一路先袭占文桥据点,向敌碉堡投手榴弹,炸死敌多人;连夜又进袭后塍据点,激战半小时,敌溃逃,俘敌7人,缴获步枪、驳壳枪14支,指挥刀1把。另一路袭击西三节桥据点,俘敌4人,缴获步枪、盒子枪3支。翌晨又袭击了三甲里据点。7月下旬,警卫一团在沙洲县警卫大队配合下,袭击叶家桥据点,毙敌1人,俘2人,缴获一批战利品,伪军向南溃逃。8月上旬,警卫一团某连袭击徐家桥据点,因日伪兵力较强,该连伤亡二三十人,被迫撤离。8月11日深夜,警卫一团集中3个连攻打乐余镇伪军屈重光部,从半夜打至天明,给敌重创,一团也伤亡20余人,屈部退守鹿苑。8月13日,警卫一团某连在沙洲县警卫大队配合下,在天妃庙伏击自后塍到护漕港"清乡"之日伪军,击毙3人,伤数人。8月18日夜,何克希、吴仲超率警卫一团一连宿营于合兴老圩埭,被汉奸告密,鹿苑、东莱两地150名日伪军连夜偷袭,连长李元毅率战士坚守村口,阻击来敌,击毙日伪军班长及密探各1人,掩护部队安全转移。受阻敌人分路包抄,一连奋力反击,李元毅等9人壮烈牺牲。日伪军还残酷地枪杀当地群众3人,烧毁民房31间。

同时,沙洲县委、县政府广泛发动群众破坏交通线,打破封锁网。7月下旬,沿江、后塍、周庄3个区出动600多名群众,在警卫大队掩护下,拆毁了从西三节桥至马桥间的竹篱笆,破坏公路一段,使敌无法通车。8月上旬,后塍区又两次发动群众五六百人,破坏敌人军用公路1000多米,拆毁公路桥梁1座、涵洞3处,剪掉军用电话线数十米,迫使敌人交通联络一度中断。8月中旬,当敌人打算在沿江修建军用公路时,抗日群众又将福善乡广昌圩地段路基破坏，涵洞砸毁，迫敌放弃修路计划。

在此之前，路东特委和沙洲县委、虞西县委在这里建立了两条隐蔽的交通线。一路从江阴祝塘越过封锁线，经后塍到达护漕港联络站；另一路从常熟王庄经黄家港，通过封锁线到锦丰棟树港站。为了保证过往安全，当地党员群众做出了重要贡献，有的甚至献出了生命。因此，当改变反"清乡"部署，苏常太、澄锡虞地区干部战士奉命渡江转移时，沙洲军民不辱使命，保证了交通线畅通，胜利完成了掩护北撤的艰巨任务。

8月下旬，按照"以分区转移对付敌分区'清乡'"的部署，沙洲县委书记李健生、县长蔡悲鸿等一批身份已公开的县、区干部及十八旅教导大队相继奉命北撤。留下部分地方党政干部，组建了由杨维生为书记，焦康寿、奚明道、朱文海、钱玉芬、吴阳普、周怀苏等为委员的沙洲县委，配合警卫一团继续坚持反"清乡"斗争。

9月初，已转移到澄西的新四军六师师部决定在这里建立反"清乡"斗争的桥头堡，重新恢复澄锡虞根据地。为此，已经北撤的大批干部又重返沙洲，重新调整充实沙洲县、区领导力量，仍由李健生任县委书记，由县长管寒涛、警卫一团政委曹德辉、政治处主任包厚昌、原县委书记杨维生及钱玉芬等为委员，组成新的沙洲县委。各区普遍建立公开和秘密的两套班子。

9月中下旬起，沙洲成为重点"清乡"区，日伪军多路"围剿"，紧紧咬住新四军不放。温玉成率警卫一团由护漕港进入沙洲，在大新、锦丰等地不断遭到包围合击，一日数战，疲于应敌，并因此失去了电台，中断了与师部的联系。在此危急情况下，温玉成等决定率领部队撤至澄西与师部会合。

9月26日午夜，温玉成等率两个连撤到徐家高桥渡横套河时，突遭敌人装甲车猛扑，敌人用交叉火力封锁河面。在激烈的阻击和渡河过程中，两个连伤亡20多人，团政委曹德辉不幸牺牲。途中又遭敌人袭击，温玉成等到达师部时，只剩下一二十人。10月4日，包厚昌率新二连和收容的失散人员、地方干部，甩开敌人，突破封锁线，分乘4艘木船，从双山沙渡江北撤。焦康寿和十八旅敌工科长谢镇军等10多人，在打入伪政权的秘密党员掩护下，于10月5日最后一批撤离沙洲。

同时，六师师部及十八旅遵照新四军军部关于六师行动部署，离开东路，北渡长江，进入江都、高邮、宝应地区，担负起开辟苏北根据地的新任务。

沙洲军民反击日伪军事"清乡"保卫南北通道的斗争，历时3个月，在苏州地区的反"清乡"斗争中具有突出地位，为抗击日军侵略做出了牺牲和贡献，为我们留下了宝贵的斗争经验和精神财富。

第四节 恢复苏常太、澄锡虞根据地的斗争

新四军六师及其十八旅和江南区党委、路东特委等撤离苏常太、澄锡虞渡江北上后，在中共中央华中局、新四军军部指导下，对苏南东路，尤其是苏常太地区的反"清乡"斗争，进行了认真的总结。

1941年11月，谭震林在总结东路反"清乡"斗争时指出："第一个经验，我们在开始时对敌人的'清乡'缺乏正确的估计和认识，因此我们仍然采用了反扫荡的战术方针。""第二个经验，我们在不能坚持时，部队没有迅速地、坚决地转移。""第三个经验，在紧急时部队不应该过于分散，因为过于分散，结果遭受敌人的各个击破，而转移时又没有采取分散转移的办法。""第四个经验，在总的方面

说来，一般的政策运用是过'左'的，造成了自己在某些地方孤立，给了敌人某些可利用的条件。"同时，谭震林也指出：尽管如此，通过反"清乡"斗争，新四军六师十八旅和东路地区党组织经受了严峻考验，保存了主力及党政干部的大多数，打破了敌人消灭东路抗日力量的企图，开辟了太湖沿岸地区，为继续坚持东路抗日斗争保存了基础。

通过总结，克服了部分干部战士中一度出现的悲观情绪，增强了坚持敌后抗战，恢复和发展东路地区工作的信心和决心，提高了广大干部战士的斗争水平和正确贯彻党的政策的自觉性。这一切，成为后来恢复和发展苏州地区抗日斗争的重要精神财富，也为其他地区夺取反"清乡"斗争的胜利提供了宝贵经验。

江南区党委于1942年4月下旬召开扩大会议，针对变化了的斗争形势，分别提出了不同地区的斗争方针。在包括苏西太湖地区在内的沪宁铁路以南地区，执行"加强团结，坚持抗战""一面作战、一面建设"的方针。在苏常太、澄锡虞等铁路以北地区，由原来的建立游击根据地的方针，转变为长期隐蔽，积蓄力量，坚持武装斗争和地下党合法斗争相结合的方针。

江南地区党组织系统也进行了调整。江南区党委改组为苏皖区党委，江渭清、邓振询为正、副书记。辖铁路以南的茅山、太滆、郎广等地区。所属太滆特委改为太滆地委，陈立平、孙章禄任正、副书记。沪宁铁路以北的苏常太、澄锡虞和丹北地区，撤销原来的路东特委，分别归属苏中四地委、三地委和一地委，实行隔江领导。7月，包括淀山湖地区的路南特委改组为浦东地委，改属浙东区党委领导。至此，苏州地区的路北苏常太昆沙等地、路南苏西太湖地区和淀山湖地区党的领导系统，分属苏中、苏皖和浙东三个区党委。

苏常太地区归属苏中四地委领导后，四地委成立了江南工作委员会，先后由任天石、薛惠民负责。他们以与常熟隔江相望的通海游击区为基地，立足江北，面向江南，以党的秘密工作为先导，进入"清乡"区，等条件成熟，再派武装南下，恢复游击活动。

1942年上半年，江南工委先后派出杨增、仲国鋆、朱青、周亦航、戴坚、徐政、王瑞龙、戈仰山等进入苏常太地区。他们的任务是以社会职业为掩护，隐蔽下来，站稳脚跟，一面实地了解情况，一面寻找失去关系的党员干部，相机建立点线关系，稳扎稳打地开展秘密工作，努力为恢复游击区，开展武装斗争创造条件。

正当党组织积极寻找失散的党员干部时，失散的党员干部同时也在千方百计寻找自己的组织。他们中间有的是从敌人监狱中、刑场上通过暴动、解救等途径冲破牢笼归队的；有的是以各种职业为掩护，甚至插入敌人内部立足，等待时机接上关系的；有的是被敌人打散后，坚持小型武装斗争得以生存的。他们历经磨难而矢志不变，保持着一颗颗抗日爱国的赤子之心。在这些劫后余生的党员干部中，最富传奇色彩的莫过于侦察员彭云云和班长李岐昌。他们在"清乡"区突围后，流落苏州郊外与渔民为伍，以捕鱼捉虾为生。不久，凭着机智从警察手里夺来和从河里捞起的长短枪各1支和鸟枪2支、小船1条，在金鸡湖、阳澄湖一带打起了游击。在与苏州县特派员仲国鋆接上关系、经过批准后，以新四军东路游击司令部直属苏昆武工队的番号，扩大活动地盘。他们印发传单，宣传抗日，规劝伪军警弃暗投明，神出鬼没，打击零星、小股敌人。在唯亭，镇压了1名罪大恶极的伪乡长；在官渎里，击伤下乡逼租的数名伪军；在宝带桥，击毙伪军4名，救出被抓群众10多人；在娄门和浒关，抓获为害群众的警察各1名，经教育认罪后释放；还连续两次袭击了陆墓伪警署。1943年，在黄天荡与敌人遭遇时，李岐昌不幸中弹牺牲，彭云云被迫避走他乡。

经过一段时间工作，一批分散隐蔽的党员干部与党组织接上了关系，一些党支部（小组）恢复了活动。在常熟境内的浒浦、吴市、梅李、沈市、古里、森泉、珍门、白茆、唐市等地，普遍建立起党的秘密点线。在苏州至昆山及其周围地区，党的秘密工作形成了几个联系片。如包括吴县唯亭、悬珠、甪直和昆山正仪、张浦、茜墩等地的苏昆片；包括巴城、石牌、任阳、李市等地的常昆片；包括昆、嘉、太交界地区新镇、蓬阆、天福庵、花家桥和安亭、外冈、黄渡等地的昆东片；包括西巷、夏驾桥、西古、菉葭浜、茜墩、张浦的昆南片；以及昆山、太仓城区和浏河、沙溪、直塘、支塘等地的秘密点线。恢复工作已几乎覆盖整个苏常昆太地区。

各地还以"兄弟十人团"等名义稳步发展外围组织，团结一批抗日积极分子。同时，积极做好统战工作，陆续与一批上层人士和汪伪军政人员发展了统战关系。

通过党的秘密活动，在常熟梅南、梅北、白茆塘东，形成了3个接应武装小分队南下活动的基地。吴市附近的包昆林等与党接上关系以后，团结一批农民、渔民积极分子，组织了一支不脱产的地下武装小组，在高浦口开辟了一条与通海地区联系的长江交通线。1942年冬，上级又将曾在苏常太活动的苏中二分区特务连调入通海自卫团，由江南工委调用。这些都为恢复武装斗争提供了条件。

1943年3月，薛惠民由通海到达上海，设立秘密联络站。召集徐政、戈仰山、仲国鋆、周亦航、包昆林等举行秘密会议，决定执行"长期隐蔽、积蓄力量、待机而动、适可而止"的方针，恢复武装斗争。将原来单一的秘密工作，转为秘密工作和武装工作相结合，逐步恢复苏常昆太抗日游击区。

在做好接应武装小分队南下准备工作的基础上，5月，徐政、俞玉铭等7人组成短枪武装小分队到达梅李。1个月后，朱英又率陆小康等3人南下，重新燃起了抗日武装斗争的火焰。群众见到武装小分队回来，既高兴又害怕，一开始不敢接近。7月中旬，武装小分队从梅李出发，经沈市、董浜、古里、唐市、横泾，到吴县消泾、葡萄堰，再折回常熟，进行了一次武装巡回流动。"新四军又南下了"的消息不胫而走，振奋了群众，也震惊了敌人。日伪军立即进行"扫荡"。17日，小分队折返途中宿营于横泾乡下时，突遭日伪军数路包围。突围中，徐政负伤，队员胡阿祥牺牲。面对敌强我弱的形势，小分队决定暂时分散隐蔽在吴市、森泉和李市等地农村，以待时机。

1943年冬，薛惠民在上海再次召开秘密会议，决定把武装斗争和群众工作结合起来，把原来由秘工领导的农村党组织划归武装小分队领导，使武装斗争建立在依靠当地党组织和密切联系群众的基础之上。

这次会议后，苏常昆太地区的恢复工作出现了新的起色。武装小分队以常熟梅南的徐家宅基、森泉的湖泾和古里的钱仓乡一带为基地，继续联络失去联系的共产党员，逐步恢复党的组织。同时，在伪区乡保长和伪军头目中争取"两面派"。1944年春，武装小分队的活动区域逐步扩大，建立了好几个宿营基地，取出了埋藏的一些步枪，建立了长枪武装。至8月，已在吴市、唐市、梅南、梅北4个地区，各建起1个武装工作组。

仲国鏊调任昆山县特派员后，于1944年1月以开杂货店为掩护，开展秘密活动。2月，成立中共昆南特支，仲国鏊兼任特支书记，团结周围抗日积极分子，形成较好的群众基础，并把西古乡从日伪的"模范乡"变成共产党地下活动的隐蔽基地。薛惠民等多次到这里召开秘密会议，领导苏常昆太地区的恢复工作。

9月，薛惠民进入常熟。针对因环境险恶、斗争受挫带来的部分人员情绪波动，开了3天武装小分队全体会议，总结工作，统一思想，克服悲观情绪，坚定胜利信心。在此基础上，正式成立苏常昆太武工队，朱英任大队长，徐政任副大队长兼武工队党支部书记。会后，武工队又充实了一批人员和装备，具备了一定的战斗力。同时，常熟境内农村党的基层组织有所恢复，外围组织"兄弟十人团"发展到了34个。

沙洲地下党工作这时也有了很大进展。早在1941年年底，焦康寿即奉命多次进入沙洲，与隐蔽坚持的王德成、黄鹤祥、周汝元、张杏元、王明才、陈锡清、陈锡根、李桐明、孙刚等接上了关系。1942年2月，焦康寿、陈锡清利用关系在常家埭立足办学；孙刚、李桐明在年旺街小学任教；王明才在占文桥开南货店；陈锡根、张永明在家种田。各自以职业为掩护隐蔽下来，逐步开展工作。4月，澄锡虞中心县委决定，焦康寿为沙洲县特派员。焦康寿等以走亲访友、家庭访问、做生意、打短工、拾野粪等为掩护，对党员逐个考察审查，慎重地恢复组织关系。经过一年半时间的努力，恢复了沿江、后塍、海沙、干西、东郊、杨章和王庄等处的地下党支部14个，恢复党员82人，同时开始吸收新党员。

自1943年下半年起，沙洲地下党进而把秘密工作与合法斗争结合起来，以办图书馆、教师进修会等形式，团结一批进步师生和社会青年，吸收了陈令仪等9名进步师生入党。沿江区党组织抓住伪保长敲诈勒索、中饱私囊、鱼肉乡民的罪行，发动群众联名告状，迫使敌人撤掉了五六个死心塌地为敌效劳的伪保长，由地下党员和同情支持抗日的人士取而代之。各地也都采取打进去、拉出来的办法，争取了牛市乡、东界港、常家埭等地的一些伪乡长、保长为地下党服务。遵照澄锡虞中心县委决定，沙洲县原警卫大队长俞静德在农民、船民、商人、小贩以及伪乡保长和流氓土匪中广收徒弟，利用他们为抗日出力，其中部分人由此走上武装抗日的道路。沙洲地下党还以运货为名，租用木船来往于大江南北，建立地下交通线输送情报、物资、党政干部和北上参军的青年。沙洲地下党在一年多时间里，动员了百余名青年去苏北参加新四军，扩大了抗日武装，也为恢复沙洲地区的武装斗争做了准备。

随着抗战形势的发展和沙洲地区武装斗争条件的日益成熟，1944年春，澄锡虞中心县委决定，由俞静德带领武装班10多人以苏北丹华港为立足点，于夜晚进入沙洲穿插活动，开展抗日宣传，镇压罪大恶极的汉奸特务，打破日伪"深度清乡""强化治安"的阴谋，鼓舞人民群众的抗日斗志。在强敌如林的"清乡"区，战士们英勇善战，机智灵活，多次化险为夷。6月9日凌晨，武装班驾船由双山沙北返途中，与日本海军巡逻艇遭遇。全班战士临危不惧，沉着应战，用集束手榴弹出其不意地炸坏了敌人的巡逻艇，炸死日军8人、汉奸翻译1人，炸伤多人，还炸毁敌人机枪1挺、步枪10余支。武装班安全返回丹华港。在沙洲大队的影响和帮助下，沿江各地的抗日骨干陆续组织起三四人、七八人不等的武装游击小组。至当年秋天，沙洲沿江一带已有10多个武装游击小组。双山沙、护漕港等地的游击小组，多次配合沙洲大队开展游击活动。

苏西北地区恢复武装斗争和整理地下党的工作也逐步展开。1941年秋，共产党员赵建平等在苏州道前街以开柴行为掩护，建立秘密联络点，成功地策动汉奸李士群的两名副官带枪下乡，由锡东地下党员、抗日青年带领，2天内缴了西仓、廊下、厚桥三处伪警察局的步枪78支，子弹4 000余发。翌年3月，无锡县委决定，用这些缴获的武器装备组建无锡人民抗日自卫军，杨步云任司令，刘敏任政委，钱仁斋任参谋长，进一步恢复武装斗争。5月上旬，钱敏、包厚昌率新成立的澄锡虞中心县委和武装部队到达锡东，决定中共无锡县委改称中共锡东县委，由陈源继任书记，刘敏任副书记专抓武装，朱帆任组织部部长，赵建平任宣传部部长，惠峻山任秘工部长。还成立了由陈枕白为主任的锡东办事处。锡东地区的党政军工作开始全面恢复。

历时半年左右的武装反"清乡"斗争和党的秘密工作取得了一定成绩，也付出了沉重代价。澄锡虞中心县委委员史雨生和重建的锡北工委书记陈凤威等在战斗中英勇献身。锡东县委副书记兼自卫军政委刘敏和自卫军参谋长钱仁斋相继被捕遇害。经不起艰苦斗争考验的自卫军司令杨步云投敌叛变，使武装反"清乡"的斗争再次受挫。10月底至11月初，钱敏、包厚昌奉命撤回苏北。之后，仍由锡东县委在这一带坚持工作。到1944年夏，基本上恢复了对黄桥、东桥两个区的控制，苏西北的渔池弄成了活动的根据地。

第五节　苏西太湖游击根据地的开辟和太湖、淀山湖地区的反"清乡"斗争

苏西地区是指沪宁线以南，京杭运河以西，环绕太湖，包括苏州附近的陆墓、蠡口、东桥、浒关在内的广大地区。它横跨江浙两省，是连接苏州、无锡两市，以及苏州和茅山抗日根据地及浙西北

和皖南的水上通道，有着重要的战略地位。早在日伪发动"清乡"前，中共东路特委（后为路东特委）贯彻新四军六师和江南区党委"向太湖前进"的方针，从锡南和苏西两个方面着手，加强了对太湖地区的开辟。1941年皖南事变后，为加快这一地区的开辟，在无锡南部成立锡南办事处，组建太湖游击支队。

1941年5月，中共太湖县委成立，徐明任书记兼太湖游击支队政委，统一了对锡南、苏西、太湖地区的领导。太湖游击支队在地方党组织协同配合下，攻打善人桥伪军据点，歼敌1个连，缴获机枪2挺、长枪几十支；消灭寺桥头伪自卫团1个班，缴获短枪1支、步枪数支。

当时盘踞西山岛上的蔡三乐部是一支新被汪伪收编的伪军。太湖县委先后派共产党员许培英、谢安、李锐、周培之等到该部策反，争取其联合抗日。蔡部曾配合太湖游击支队捣毁了三山岛的金阿三匪巢。7月，在太湖县委安排下，蔡三乐部离开西山，正式接受收编，成为太湖县委领导的又一支抗日地方武装。

7月下旬，为进一步打开太湖地区抗日局面，牵制敌兵力，配合苏常太地区反"清乡"斗争，新四军五十二团二营奉命南下太湖，进军苏西，还任命熟悉太湖情况的无锡县军事科科长薛永辉为该营教导员，连续取得全歼寺桥伪军1个中队，俘获白马涧伪警30名、缴获机步手枪100多支（挺）和焚毁苏锡公路主要通道——通安大桥等一系列战斗的胜利。8月26日，太湖游击支队苏征西、罗春亮拉走部分队伍（原国民党散兵），去宜兴山里投靠了国民党。太湖游击支队被搞垮，共产党在锡南的斗争遭受重大挫折。9月初某晚，五十二团二营六连战士分乘3条木船由镇湖龙塘港扬帆出发，奉命去西山开展武装斗争，遭日军3艘巡逻艇伏击。前锋船被敌掷弹筒击沉，1个排30余名战士除3人生还外，余皆牺牲。另2条木船也遭到重大伤亡，被迫撤回。五十二团二营为开辟苏西太湖游击区做出了重大牺牲。不久奉命返回旅部，薛永辉等20余人留下，组成由蔡三乐任司令、薛永辉任副司令的苏锡人民抗日自卫军。这时，新四军十六旅独立二团又奉命从太祥地区来苏西机动穿插，配合苏锡人民抗日自卫军打击敌人。

太湖游击支队被搞垮后，太湖县委的主要活动由锡南转至苏西，成立了阳西、阳东两个区委。此外，周之彬、张振东等在香山、邓尉山、渔洋里、马舍等地发展了一批党员，有的地方成立了党支部。苏西地区当时有党员60多人。并以兄弟会、姐妹会等形式，吸收大批青年参加抗日斗争，组织基干民兵，逐步建立各级政权机关。8月，成立县级苏西（太湖）行政办事处。主任蔡三乐、副主任朱维贤（后徐亚夫）。同时成立西华（阳西）区、香山区、阳东区行政办事处。

正当苏西太湖抗日游击根据地艰难地开辟形成的时候，日伪继对苏常太、澄锡虞地区"清乡"之后，又从1942年2月起，对太湖、淀山湖地区实施"清乡"。日伪照例实行分割封锁政策。在太湖沿岸，从木渎开始，经胥口、唐村、光福、渡僧桥、外龙塘桥、金墅、沙墩港，折向锡南的华庄、南方泉、吴塘门弯至梅园一线，筑起竹篱笆，隔绝交通。除原有铁路沿线的大检问所外，又在胥口、光福、金墅、横泾等要道口设立大小检问所。在"清乡"区内一面强化基层伪政权，推行保甲制度，建立各种情报网加强特务活动，胁迫群众巡逻防夜；一面重兵压境，除原有胥口、木渎、善人桥、光福、浒墅关等据点外，增设唐村、石码头、金山浜、白马涧、渡僧桥、金墅、东渚、通安、观桥、道堂庙等10多个据点。在狭小的苏西"清乡"区里，每隔三五里就有1个据点，组成了梅花桩式的据点群。日伪军在密探特务配合下，昼夜出动，篦梳式扫荡，到处搜捕共产党员和武工队队员。

独立二团和武工队充分利用苏西地区山多水多的特点，机动灵活地时散时集，穿插于日伪据点之间，以"捉迷藏"方式与敌周旋。1942年1月，独立二团一部奇袭通安桥伪军据点，俘获1个排。2月，独立二团一部与苏锡人民抗日自卫军联合进攻胥口金阿三伪军据点，因侦察不明未克，四连连长吴上士牺牲。3月7日，独立二团二营四连和苏锡人民抗日自卫军联合行动，在营长程铁英和薛永辉指挥下，一举攻克锡南华庄伪据点，全歼伪军1个连，缴获长枪60多支、机枪1挺。4月，中共太滆地委决定建立中共锡南县工委，何行之任书记，张文龙任组织部部长。同时重建太湖游击支队，恢复锡南的武装斗争。7月间，驻唐村日军到太湖边渔洋里"扫荡"，未抓到武工队队员，即迁怒于群众，纵火烧屋，又强令把全村房屋拆除，将水木料搬到唐村修筑碉堡。日伪在疯狂进行军事"清乡"的同时，又加紧诱降活动。经争取反戈抗日、时任苏锡人民抗日自卫军司令的蔡三乐于7月再次投敌，当上了督剿专员。原阳东办事处主任吴林枫、苏西办事处副主任朱维贤、自卫军副司令许培英等经不起残酷斗争的考验，先后叛变投敌，配合日伪军下乡搜索扫荡，使苏西形势更加险恶。

为避敌锋芒，减少损失。1942年10月，苏西县委（太湖县委改称）撤销了苏西办事处等行政机构和区委组织，70余人的长枪队亦随新四军十六旅独立二团撤往太滆，由薛永辉留下负责县委和武工队工作，领导苏西地区的反"清乡"斗争。

独立二团和自卫军的长枪队撤离后，坚持苏西反"清乡"斗争的武装即以短枪队为主。他们机动灵活、神出鬼没地战斗在反"清乡"第一线。1943年2月，苏西县委委员胡云翔带领武工队队员在光福下绞村附近伏击日军军车，击毙日军1人。同年秋，阳山区委书记林晓洛率武工队队员化装送柴草之人进入观桥保安据点，全歼1个排，缴获步枪10余支和一批手榴弹。之后，林晓洛又带人化装成丧家买棺材，突然袭击通安桥伪警据点，缴获步枪15支和弹药一批。这些机智灵活的战斗，挫败了敌人嚣张一时的"清乡"气焰。

苏西县委在领导开展小型武装斗争的同时，又积极做好群众工作，支持群众抗租、抗丁，保护群众利益。"清乡"期间，日伪支持苏州城里的大地主下乡武装逼租。苏西武工队两次阻击下乡逼租的武装伪警察，使逼租气焰有所收敛。1943年年初，在武工队授意下，几个乡农民同时拒收田赋通知单，并责令汪伪派收取田赋的"经漕"当众将通知单烧掉，迫使征收工作停顿。1943年，日伪下达抽壮丁任务，武工队迫使伪乡长、保长弄几个"白粉鬼"、二流子去顶数。武工队还十分重视剿灭太湖土匪，打击流氓势力，以维护湖区治安。这些保护群众利益的行动，得到了群众的拥护，也使武工队自己处处受到群众的支持和保护。

苏西县委还注意做好统战、敌工工作。对地主、富农、两面派乡保长等竭力做好团结教育工作，尽量使他们为我所用；对投敌分子许培英等，警告他们少做坏事，多留后路；对伪军，也通过关系联络疏通，保持一定联系。同时，坚决镇压死心塌地为敌效力的汉奸。

通过机智顽强的艰苦斗争，苏西太湖地区的抗日军民，度过了1942年到1943年上半年这段最困难的日子。尽管日伪又开始了第四期"清乡"，但坚持苏西斗争的党组织和抗日军民，已逐步识破敌人

"清乡"伎俩，摆脱了被动局面，苏西太湖地区的抗日斗争，在日伪继续"清乡"的环境中继续有所发展。

1943年5月，中共太祥地委调派徐行、王坚（女）等一批干部加强苏西太湖地区的领导。中共苏西县委经过调整，改由徐行任书记，薛永辉、许英、胡云翔为委员。苏西抗日武装改番号为太湖独立救国军，薛永辉任司令，徐行兼任政委。同时，恢复了西华、彭山、阳山、邓尉4个区的区委和区办事处。又在苏西各地恢复建立兄弟会、姐妹会等群众团体，不少青年积极要求参加新四军，太湖独立救国军扩建了1个长枪连，抗日武装力量不断壮大。9月，张文龙从锡南调至苏西为县委委员。1944年1月，徐行调离，薛永辉接任苏西县委书记，负责苏西地区党政军工作。

苏西军民在党的领导下，坚持武装反"清乡"，英勇、机智、顽强地与敌人殊死作战、浴血奋斗。1944年3月，新四军独立二团团长杨洪才率部会同太湖独立救国军游击支队奔袭通安桥伪军据点，俘敌13人，缴获轻机枪1挺、步枪9支。4月23日晚，薛永辉率部在枫桥华山寺与日军发生遭遇战。月底，薛永辉率部与独立二团一部联合行动，宿营于通安陈家桥，东渚伪军闻讯出动，薛永辉等奋力反击，俘伪连长以下20余人，缴获机枪1挺、步枪20支。6月下旬，薛永辉率领苏西部队在西华镇附近与伪军1个连、日军1个班发生激战，历时1小时，俘伪军4人，缴获机枪1挺、步枪3支。战斗中张文龙负伤。8月25日，阳山区委书记林晓洛率区武工队宿营于东渚范家坟，遭日伪军包围，渡河时光荣殉职。9月9日，50多名县、区干部和民兵骨干集中冲山岛训练，由于叛徒告密，下午4时，日伪军出动100多人乘汽艇四面包围冲山岛，登岛梳篦式搜捕。同时封锁村庄，抓人烧屋，捉鸡宰羊，胁迫群众。面对强敌突袭，薛永辉迅即命令短枪队掩护，分组下芦苇荡隐蔽，组织懂水性的同志趁夜色游水突围。剩下薛永辉、王坚、严月落、张云和民兵李兴根等6人，其中5人隐蔽在芦苇荡中，刺藜棚里，风餐露宿，挖芦根、捋稻谷充饥，强忍蚊叮虫咬，顶着狂风恶浪，熬着白天烈日暴晒、水气熏蒸，入晚寒风刺骨、周身冰凉，过着常人难以想象的生活，躲过敌人机枪扫、用火烧等一次次搜捕。另一民兵，机智地流动隐蔽在山上、村里，甚至藏到敌人住房的阁楼上。中共太滆地委闻讯后，即派独立二团参谋长王香雄率部到冲山水域相机营救。敌人见主力前来，又风闻薛永辉等已突围离岛，即于29日撤走。在敌人连续20天的重重包围搜捕中，集训的干部、民兵20多人壮烈牺牲，部分人员游水突出重围，薛永辉等6人，则以坚强的毅力在芦苇荡中胜利地坚持了过来。薛永辉率武工队冲山突围的英勇事迹，中华人民共和国成立后被写成报告文学和编成中篇评弹，在苏浙沪一带广为传播。

中共苏西县委领导军民艰苦奋斗，终于战胜了日伪的"清乡"，完成了"坚持苏西"的任务，成为人民心目中不倒的红旗，在烟波浩渺的太湖之上，一直坚持到抗战胜利。

反"清乡"期间，在日、伪、顽夹击下，淀山湖工委暂时停止了武装斗争，在昆南茜墩、张浦、大慈、歇马桥、尚明甸和吴江芦墟、黎里、平望一带，贯彻隐蔽精干方针，实行单线领导，坚持地下斗争。敌人开始"清乡"后，根据上级指示，浦东地委先后将所属工委改为特派员制。1943年年初，淀山湖地区特派员林岑到达吴江芦墟，以开设"汇丰烟纸店"为掩护，领导淀山湖地区党的秘密工作。1943年冬，王友生回青浦，组织了20多人的游击队。接着，黄友梅在青东蟠龙一带也组织了一支小型武装。同年，原在吴江平望从事地下工作的徐永坚奉命到昆山东南地区组成了20多人的昆山游击队。于是，这3支游击队相互呼应，时分时合，恢复了浦西地区的抗日武装斗争。

1944年6月，中共浦西工委决定，把徐永坚、王友生、黄友梅3支游击队，统一组建为浦西支队，活动在东至青浦观音堂、南至淀山湖畔、西至吴县胜浦、北至太仓塘之间，逐步恢复了浦西游击区。9月间，日军苏州警备队派出9名武装人员伪装成"新四军"到茜墩、杨湘泾一带刺探我军情报，徐永坚带领10多人化装成伪警察，在茜墩至杨湘泾途中伏击，击毙敌军数人。

第十一章　苏州城区、昆山城区和吴江严墓地区的抗日活动

第一节　东路地区党组织在苏州城区的活动

抗战时期的苏州城区，是汪伪江苏省政府所在地，军警宪特多如牛毛，白色恐怖严重，进行抗日活动非常困难。然而，日本侵略者是国人共敌，汪伪是民族败类，他们失道无助，在群众中陷入完全孤立的境地；而中国共产党代表民族利益，坚持抗日立场，群众拥护，得道多助。共产党人正是运用这种得道和失道、多助和无助的辩证法，执行正确的路线和方针，依靠人民群众的支持和掩护，在苏州城区这个敌人统治严密的地方立足下来，充分发挥了苏州地区在抗日战争中隐蔽精干的立足点、潜藏埋伏的避风港、情报物资的中转站、积蓄力量的储存库的独特功能和作用，为全民抗战做出了特殊的贡献。

东路地区党组织在苏州城区的活动，大致分为3个阶段。

第一阶段，1939年秋"江抗"奉命西撤之后。此时，苏常地区武装力量极少，敌、伪、顽联手加紧封锁和"扫荡"，原来联合抗日的胡肇汉、杨忠等部重回故地，各占一方。在此形势下，江南特委主要领导成员于1939年冬转移至城区进行隐蔽斗争。林枫在观前街摆设香烟摊，张英夫妇居住在临顿路菉葭巷，王承业夫妇在景德路开设宝成银楼，刘平若以裱画店股东身份住在桃花坞。他们以各种

职业为掩护,继续领导武装斗争,直至"江抗"重建。

第二阶段,1941年5月,日伪对苏常太地区实施"清乡"前夕,苏州城区成了"清乡"指挥中心。为了侦察敌情,掌握动态,东路特委派党员张素梅夫妇在调丰巷以开设裁缝铺为掩护,建立立足点,搜集情报。6月,特委又派原在陆墓的方玉书来苏州,联系苏州、浒墅关和无锡、常州等地党员和积极分子进行秘密工作。

8月至9月间,日伪将"清乡"中捕获的东路武装人员押解苏州,分押在伪"清乡"委员会拘留所、桃花坞看守所、慕家花园集中营、省三分监等处,进行迫害和残杀。狱中人员进行了不屈斗争。10月,三分监党员在狱中成立中共临时支部,原中共常熟县藕渠区区委书记林更前、原太仓县县长郭曦晨等分任书记和委员,秘密出版手抄本《劳动战线》刊物在狱中传阅,鼓舞难友斗志。翌年春,为反对狱方克扣"囚粮",临时支部发动绝食斗争,狱方被迫改善伙食。不久,原常熟县委委员孙学明等72名难友被秘密杀害,新四军十八旅某营教导员叶初晓等200多名难友经南京转押芜湖集中营做苦工。5月,又有林更前等200多名难友经南京转押安徽裕溪口煤矿做苦工。不久,两地分别组织暴动,叶初晓等暴动成功,重新归队。林更前等150多人参加暴动,110多人成功归队,余者被杀害在长江边。

第三阶段,1942年,苏常太军事"清乡"告一段落后进行恢复时期。苏中四地委所属江南工委派人进城"以职业为掩护,建立立足点,隐蔽下来,寻找失去联系的党员,为恢复苏常太地区的工作做准备"。10月,仲国鋆任苏州特派员到城内小王家弄、信孚里以设立医疗诊所为掩护开展工作。经过严格审查,先后同30多名党员和统战对象接上了关系。他还通过关系搜集敌情,沟通与狱中难友联系，组织反"清乡"突围到苏州的彭云云等开展游击活动，做了大量工作。

1943年春，江南工委又派徐懋德、陆天虹、徐懋义3人到苏州建立秘密党小组，分别以教师和学生身份进行活动。他们发展了一中学生黄厥明、唐崇侃入党，结交了文教界一批朋友。7月，江南工委又派原在常熟工作的党员周亦航、戴志芳夫妇到浒关小学任教，开展抗日宣传，发展党的组织。当年年底，仲国鏊调任昆山县特派员，离开苏州，周亦航接任苏昆段特派员，徐懋德为副手。1944年夏，周亦航夫妇调离苏州。同年秋，陆天虹调往苏常太地区。

第二节　江苏省委（华中城工部）系统地下党在苏州城区的活动

日军发动太平洋战争、进占上海英法租界之后，上海的抗日斗争进入更加困难的时期。当时驻在上海的中共江苏省委及其所属的工人运动委员会、职业委员会、教育委员会、学生委员会通过省委组织部周克统一安排，一批党员先后来苏州、吴江、昆山等地隐蔽。其中进入城区的有15人，分别在苏州绸厂、针织系统及江苏省立教育学院等单位立足。

1940年10月至1941年年初，原属省委工人运动委员会领导的上海美亚绸厂地下党员万芝妹、吴杏仙、徐珊和裴晋岳来到分厂——苏州绸厂工作，建立了党支部。通过抗日宣传，教唱《大路歌》《新女性》《大刀进行曲》《缫丝女工苦》等救亡歌曲，到庙会演出《女工苦》《卖油条》等节目，团结教育工人群众。该厂虽是美亚分厂，但工人工资比上海本厂低得多，每人每天只有二三角钱，物价飞涨，工人们无法养家活口。1941年4月，在党支部领导下，工人推出代表与厂方谈判，要求增加工资，遭到拒绝，党支部便发动工人罢工。厂方纠集伪警察前来镇压，胁迫学徒上班。党支部针锋相对，一面请老工人做好学徒的思想工作，帮助他们安排好生活，要他们拒绝上班；一面团结全厂工人，做好警察的工作，争取他们同情；又派人争取兄弟厂工人的支持。在此情况下，厂方不得不增加工资二成半，罢工斗争取得了胜利。同年10月31日，苏州绸厂工人因米价疯涨，再次要求增加工资，发给生活津贴。遭到拒绝后再次罢工，厂方终于被迫同意增加工资一成，并发给罢工期间生活津贴。之后，裘晋岳、万芝妹先后离开该厂。

1942年2月，省委安排原在上海文林小学任教的党员孔令宗回到苏州，进入大成商行当职员。9月，省委又安排学生党员季蘋、叶正国、王业康到苏州，进入江苏省立教育学院读书。11月，原省委工人运动委员会委员王中一也到达苏州，成立了由王中一、裘晋岳、孔令宗3人组成，由王中一为负责人的苏州工委。他们先后在舒巷、西善长巷开设一大针织厂为掩护，开展工作。1942年9月，江苏省委撤至淮南根据地。1943年1月，中共中央决定撤销江苏省委，成立华中局敌工部（后改城工部），苏州工委由华中局城工部领导。1944年9月，王中一奉调去沪，苏州工委由孔令宗负责。

1943年春到1945年抗战胜利，苏州工委坚持执行"隐蔽精干，长期埋伏，积蓄力量，以待时机""职业化、社会化、合法化""勤学、勤业、交朋友"的方针，以各种社会职业为掩护，广交朋友，以各种方式开展秘密斗争。这一阶段他们的主要工作，一是打入敌人内部，搜集情报。地下党员金元孝利用关系获取观音山日军地图。潜入汪伪政治保卫局苏州支局吴江站的党员，把汪伪军警宪特和

"忠义救国军"活动情况、日伪在苏南地区进攻部署等重要情报及时提供给党组织,为根据地反"扫荡"做出了特殊贡献。二是开展学生工作。季颁等3人进入省立教育学院后,一面读书,一面广交朋友。通过竞选,叶正国当上了学生生活委员会理事长。利用这一身份,组织同学开展演戏、郊游、举办画展、交流图书等活动,并在进步可靠的同学中传阅革命书籍,团结培养积极分子,发展进步力量。1943年6月,发展了同学王达民入党,成立了教育学院党支部,季颁、叶正国先后任书记。是时,敌人在学院推行奴化教育,强迫学生接受军事训练。反动军事教官吴震,身穿日本军服,腰挎日本军刀,卖力地为敌效命。吴震经常搞夜间军事训练,引起学生们的强烈不满。叶正国等因势利导,宣传"学生的任务是学习,搞军训影响学习""学校不是兵营,学生不是丘八"等观点,深得人心。1943年10月2日晚,吴震又搞紧急集合。操场上一片漆黑,一些胆小的女学生被吓得昏倒,学生们一片怨言。叶正国见时机成熟,当即发动同学包围教育长住房,要求撤换教官。又带领同学连夜编印《吴震十大罪状》传单,四出散发,并抄写张贴在教学楼大墙上,在全院掀起了反军训斗争,吓得吴震溜之大吉,1个多月未敢露面。教育学院的反军训斗争轰动了苏州城。三是开展工人运动。1943年秋冬之交,米价狂涨,针织工人难以维生,要求工资按米价计算,劳资双方谈判无结果,引起全行业罢工。特务头子、伪军警对工人施压,激起工人强烈愤怒。趁资方集会,几百个工人包围会场两昼夜,此时针织业产销转入旺季,资方不得不答应工人要求。在此过程中,地下党进行积极引导,有理有节,适可而止,既保护工人利益,又防止敌人镇压、工贼破坏,终于使罢工获得全胜。同时,苏中五分区城工部系统地下党员朱宝根团结争取丝织工会常务理事汪荣生，通过他多次领导开展丝织行业的罢工斗争，争取工人的生存权。四是培养积极分子，发展党员。通过锻炼和考验，在教育学院、苏州绸厂、一大针织厂等处发展了6名党员，并动员多名积极分子到大别山和苏北根据地工作，支援根据地建设。

此外，江苏省工委宣传委员会书记屠基远1942年即来苏州隐蔽，先后打入伪江苏省财政厅、伪昆山税管处、伪江苏省护渔处立足。其夫人朱介瑾（党员）则在苏州铁道医院、昆山医院工作，后到葑门北栅头自设诊所，实际成为地下党的联络点。

1944年8月，屠基远去华中局城工部学习。12月，接刘长胜部长通知：城工部决定成立中共苏州地区敌占区工作委员会，由屠基远任书记，命他立即带领屠传泗等4人回苏州工作。回苏后通过关系，他们分别打入伪吴江特工站、伪无锡警察局、伪江苏省保安处、和平军第二方面军等处立足，打算利用和平军的外衣建立共产党控制的武装力量。后因抗战胜利中止了这一工作，屠基远等于1945年9月离苏去沪。

第三节　吴江严墓地区地下党的活动和上海学委系统地下党在昆山的活动

吴江严墓地区，位于县域南端，与浙江重镇新塍、南浔毗邻，境内湖荡港汊交错，交通闭塞，日军难以进占，一时成了许多人的避难场所。1938年9月，国民党第三战区任命的吴江县长沈立群率县政府及县党部进驻这里。下设政工队，为新四军军部派遣来此招募抗日青年的共产党员庄绍桢所控制。由特科派来发展抗日武装的共产党员丁秉成、张琼英、施光华及一批武抗青年也一度立足此地，参加政工队工作，丁秉成还担任了政工队指导员。庄和丁彼此心照不宣，相互默契配合。由此，一时之间，严墓地区抗日工作十分活跃。1939年春，丁、张、施进入太湖抗日义勇军工作。同年秋，庄绍桢等人受浙西吴兴县委领导。翌年建立中共苏浙特别支部，创办"严墓青年读书会"，出版《正义》《严墓新闻》等油印小报，深入农村举办识字班，教唱抗日歌曲，在算墟、竹里等5个乡，采用结拜兄弟、结拜姐妹等形式，发动和组织"联村会"，宣传抗日救国，策划减租减息，为贫苦农民撑腰。1940年秋，政工队在镇上召开"二五减租"座谈会，遭到国民党吴江县党部攻击，县长沈立群遭受非难，被迫撤销政工队，庄绍桢被撤职。1941年年初，严墓地区"联村会"上书国民党吴江县政府，要求实行"二五减租"，未得同意，反遭搜捕，"联村会"组织遭到破坏。1940年春，中共浙西特委、吴兴县委进驻严墓东水家巷，成立严墓区委和东水家巷等几个党支部，开展抗日活动。同时，原随丁秉成来此的俞清志通过沈立群这一关系当上了吴江三区区长。他同金大鹏一起组成30多人的区自卫队，袭击大溪桥日伪军，镇压盛泽伪区长，打开了这一带抗日新局面。3月间，"忠义救国军"苏嘉沪挺进纵队进入吴江，日军也加紧扫荡，在日、伪、顽夹击下，严墓一带的抗日斗争转入低潮，但仍有部分党员在日伪"清乡"的频频"扫荡"中，秘密地坚持斗争。1942年，中共嘉兴县委组建新滕区委，分工区委委员毛国荣联系严墓党组织。同时，区委书记沈如淙到吴江，恢复了大谢支部，以大谢乡为基点，在平望、盛泽、南麻、梅堰、震泽等地秘密发展党员，扩大活动范围，积蓄力量，等待时机。1943年4月，浙西党组织改为特派员制，沈如淙任嘉兴特派员，继续领导吴江地区党的工作。至抗战胜利时，吴江地区属浙西党组织领导的共产党员已发展到49人。

1943年年初，上海地下党学委布置共产党员龚兆源回家乡昆山隐蔽，又把从根据地江淮大学转移出来的一批党员的关系转来。5月，龚兆源打入伪昆山县政府建设科，把江淮大学转来的党员分别安排在建设科和正仪近民、培本小学工作。建立了党支部，龚兆源为书记。他们以合法身份联系群众，广交朋友，进行上层工作。之后，龚兆源进入昆山县立中学任教导主任，为开展学生工作创造了有利条件。龚兆源等立足昆山县城，联系隐蔽在苏州、青浦等地的一些党员，伺机向外发展。10月至11月间，上海地下党学委决定，在党支部基础上成立昆山工作委员会，龚兆源为书记。

昆山工委认真贯彻党的白区工作方针，在坚持隐蔽的前提下，为积蓄和发展革命力量努力工作。龚兆源等在昆山县中，利用授课、讲故事、组织篮球队、举办晚会等形式联系群众，引导倾向进步的学生阅读革命书籍，向他们介绍苏联和解放区的新面貌，介绍八路军、新四军英勇抗日的事迹，使许多学生从埋头读书转变为关心国家的前途命运，紧密地团结在龚兆源等人周围。1945年1月，学校发生侮辱殴打学生事件，寄宿生的伙食又长期得不到改善，对日伪奴化教育早已心怀不满的广大学生愤而罢课，迫使校方让步。7名学生因此被勒令开除或退学，转入其他学校就读。罢课斗争教育了广大学生，增强了团结抗日的爱国思想。

1945年4月，根据上海地下党学委指示，为配合新四军解放上海、解放江南，夺取抗日战争的胜利，昆山工委在县中发展了一些党员。至抗战胜利前夕，已有党员近30人。

第十二章　重建根据地，迎接抗战胜利

第一节　进入战略反攻阶段
党组织系统的恢复和调整

以1943年苏联红军胜利反攻为标志，世界反法西斯战争形势开始发生根本性转变。

1944年，苏联红军直捣德国，英、美联军开辟第二战场；中、美、英在缅甸开始反攻，美军又在太平洋反攻中逼近日本本土，并打算在中国东南沿海登陆。为挽救败局，日军以中国大陆为基地做垂死挣扎。此时，华中日军南进打通了浙赣线，占领温州等地，加强了沿海防御。在苏常地区，日军集中力量构筑沿江防御工事，从吴淞口直到常熟浒浦各港口一路设防。国民党"忠义救国军"包汉生、殷丹天部经中美合作所整训，配备了美式武器重回这一带活动。

1944年八九月间，党中央为发展东南沿海抗日斗争和准备战略反攻，重申发展东南的方针。当年年底，新四军一师主力南下，打开苏浙皖边区和浙西等地的局面。党中央还强调要做好大城市和交通要道的工作，使游击战争广泛地发展到上海周围和沪宁路两侧，使日伪完全陷在游击战争包围之中。

根据形势的发展，扼守长江通道、地处沪杭宁三角交会战略要地的苏常地区，其工作方针已由积蓄力量、坚持斗争转向恢复扩大抗日游击根据地。中心任务是加强党的力量，放手发动群众，积极发展武工队，在条件具备的地方恢复抗日民主政权，配合新四军主力南下，使之成为"破敌、收京、入沪"的前沿阵地。

为了适应新的斗争形势需要，苏中区党委于1944年10月决定，将原由苏中三、四分区代管的澄锡虞、苏常太两地区，合并为苏中第六行政区，成立中共苏中第六地委，由钱敏、任天石、包厚昌三人组成，钱敏为书记。同时成立苏中第六行政区专员公署和苏中第六军分区，分别由任天石任专员，包厚昌任司令，钱敏兼任政委。

在县一级，10月率先恢复中共沙洲县委和沙洲县抗日民主政府。调新四军一师干部科科长沙金任县委书记兼县长，焦康寿任县委副书记。同时，组建沙洲县武工大队，由沙金兼政委，俞静德任大队长。同时成立沿江、海沙、北沙（后改称东沙）3个区委、区政府。

12月，中共苏常太工委成立，薛惠民任工委书记，陈刚、杨增任工委委员，后又增加钱伯荪为工委委员。1945年1月，苏常太工委又决定成立太仓特区工委和办事处，由浦太福任书记兼主任。

同时，六地委又决定建立中共锡北（锡澄）县委，姚家礽任书记。调整中共锡东县委，李中任书记。至此，在六地委领导下，建立了苏常太工委和沙洲、锡东、锡北3个县委。

1944年冬至1945年春，沙金、焦康寿率沙洲县党政干部和武工大队，姚家礽、李中各率20名左右武工队队员，薛惠民、杨增、浦太福、陈刚、钱伯荪率22名短枪队员先后南下。正当苏中军分区任命薛惠民为第六军分区副司令，担负重建苏常太抗日游击根据地重任的时候，薛因劳累过度，肺病严重恶化，于4月20日不幸逝世。随后，由杨增代理苏常太工委书记。六地委委员、军分区司令包厚昌于2月上旬和6月上旬，两下江南，立足苏锡地区，直接指挥苏州人民的抗日武装斗争。

浙东区党委和苏皖区党委也在这时分别采取措施，从东西两翼，加强浦西地区和太湖地区的工作，共同推动苏州人民的抗日斗争。

为了加强淞沪地区的斗争，为全面反攻时夺取上海做准备，浙东区党委于1944年11月将中共浦东地委改组为淞沪地委，由姜杰（后为陈伟达）任书记，朱亚民、金子明、张席珍、曾平、华逸民（后增补行署专员顾复生）为委员。同时，命名淞沪第五支队为新四军浙东纵队淞沪支队。

淞沪地委为贯彻华中局关于"巩固浦东，开辟浦西，将浙西、浙东根据地与苏南根据地接通"的指示，决定移师浦西。2月27日，顾复生率领由42人组成的淞沪支队先遣队，率先渡过黄浦江，到达青浦观音堂，进入浦西地区。接着，淞沪地委和淞沪支队3个主力大队（泰山大队、华山大队、衡山大队），于4月5日挺进浦西。

淞沪地委率淞沪支队移师浦西后，撤销了沪西工委，组建了青东、松江和昆南3个工委。昆南工委由地委委员华逸民任书记，周强任副书记，徐永坚、陈杰、钱序阳、李尚同为委员，并确定金佩扬为吴江县委负责人，负责吴江县及淀山湖西部地下党工作。同时，在昆南地区成立昆山县政府，隶属淞沪专员公署。

苏皖区党委这时根据华中局和新四军军部关于"大力创造中心根据地"的指示，加强了太湖地区的工作。将苏西、锡南和马山合并为太湖县，重建太湖县委，薛永辉任书记，张文龙、徐亚夫为委员。县委下设苏西阳山、彭山、邓尉3个区委和锡南、马山两个中心区委。同时，成立太湖县行政办事处，由薛永辉兼任办事处主任。苏西、锡南的武装合并组建为太湖县总队。

随着苏中六地委率部南下，淞沪地委移师浦西，苏南二地委加强太湖地区工作，三部分力量汇成一股抗日激流，苏州人民抗日斗争进入了新阶段。

第二节　发动群众重建根据地

此时，由于日伪连年"扫荡""清乡"，加之顽军、土匪的敲诈勒索，苏州地区广大人民受尽迫害和盘剥，郁积了强烈的抗日反顽怒火。就在苏中六地委南下时，澄锡虞地区爆发了"先天道"群众自发的暴动，六地委及时进行了正确的引导。

"先天道"原是日本控制的反动封建会道门，发源于华北。1943年进入无锡农村，初期入会者很少。在其"佛力保家，刀枪不入"等迷信口号欺骗下，深受日、伪、顽匪之苦的农民纷纷盲目入会。他们一旦拿起刀枪，面对深恶痛绝的仇敌，就冲破道首束缚，爆发出复仇的烈火。1945年年初，春荒遍地。2月27日（农历元宵节）聚集安镇附近上山村的3 000道徒，手执大刀，砍杀下乡来的伪军，并乘胜直冲安镇，攻击日伪据点。29日，四乡道徒又汇集上万人，再次围攻安镇日伪据点。前后砍死日伪军二三十人。"先天道"打鬼子的消息不胫而走，四乡群众纷纷入道，暴动声势越来越大。

刚从苏北南下，正在苏西北渔池弄检查工作的六地委委员、军分区司令包厚昌，得到锡东县委报告后，立即赶赴安镇，与锡东、锡北县委领导一起分析，一致认为"先天道"的上层是反动的，而广大道徒则是深受日、伪、顽、匪之苦的基本群众，暴动的实质是反迫害、反征粮、反抽丁。便决定采取"联络其上层，争取其中层，团结其下层"的方针，提出"保村庄、保太平、打鬼子、反土匪"的口号，要求各县委派人打入其内部，把暴动引上正确的轨道。

一批共产党员和积极分子入道后，有几十人当上了标长，掌握了领导权。短短两三个月内,浪潮迅速波及无锡、常熟、江阴、武进等地农村,参加人数达10万以上,大小暴动90多次,杀死日军30多人,杀死伪军、顽军和特务土匪200多人,捣毁日伪检问所、税务所10余处。盘踞无锡、常熟交界的"忠义救国军"王品珊部为扼制暴动,疯狂烧毁道徒活动点陆北庄民房280间,烧死群众17人,激起众怒。锡北县委调集粮食救济受害群众,派出武工队协助复仇的暴动农民分兵出击,痛歼顽军,将王部逐出了无锡地界。"先天道"农民暴动,打击了日伪,遏制了顽军、土匪,扩大了我方控制区。延安《解放日报》和盐城《苏中报》为此连续报道,称道为"江南人民的伟大发动"。

这时,苏常太日伪当局常向群众征军米、收军树,并勾结地主武装,强征田赋,疯狂逼租。针对这些罪恶行径,武工队和地下党于1944年冬发动和支持群众,开展各种形式的"反苛捐,反征税,反军米"斗争。支塘、董浜一带农民连续3个晚上行动,捣毁了董浜镇上日伪的军米仓库,拆除了董浜、沈市两镇的碉堡、铁丝网、竹篱笆,破坏了附近的公路桥梁,吓得两镇伪职人员慌忙逃跑。敌人下乡强征军米,湖泾党支部安排两面派乡保长虚以周旋,将掺进沙子的大米装进船舱,铺上白米蒙混敌人。吴市区伪区长杨振亚、伪乡长王宇平依仗伪警察在吴市开设租栈,悍然宣布"冬至开征,租赋并征,旧欠新租,限期缴清,分文不得短少,违抗者严惩不贷"。为打击敌人的嚣张气焰,20多名武工队队员化装成日伪军于12月21日下午奔袭吴市镇,收缴了伪警察所10余支长枪,捣毁了租栈,销毁了租簿,并将杨、王两人就地正法。这次袭击,打破了敌人武装逼租征赋的计划,进一步扩大了武工队的影响。敌人为构筑工事,强行砍伐树木,武工队组织梅北丁巷一带群众,砍掉伪乡长宅前屋后的树木交差。又发动千余群众,手执树棍,浩浩荡荡向梅李镇进发,去"缴军树"。慑于群众威力,日伪被迫暂停号收军树。

各地在开展反征军米、抗交租赋的斗争中,兄弟会等各种组织十分活跃,新党员也不断增加。同时,武工队继续机动灵活地开展斗争,在梅北、东横地区镇压、惩处了伪军政特工10余人,袭击了唐市镇的日伪军,进一步鼓舞了群众的斗志和信心。

日益活跃的群众斗争和武装斗争引起了敌人的恐慌。1945年春,日伪军出动1 000余人,分头沿梅塘和锡沪、江申路"扫荡"武工队和地下党活动地区。经过多年反"清乡"斗争锻炼、积累了丰富经验的苏常太工委除留少数民运干部分散坚持、搜集情报外,迅即带领武工队跳出敌人合围圈,转入太仓境内。这样,既打破了敌人的"合围扫荡"计划,又乘机开展太仓县境的斗争。敌人见大部队合围不能奏效,便改为小股行动,每股二三十人,穿便衣,佩短枪,假冒新四军武工队四出活动。但武工队有着良好的群众基础,很快识破敌人的诡计。结果敌人窜动10多天,以一无所获而告终。

在苏常太工委和武工队的领导与支持下,太仓特区工委以常熟为基地,立足何项区,逐步深入太仓地区开展恢复工作。浦太福、朱文斌等先后进入太仓后,积极寻找"清乡"时隐蔽下来的共产党员和积极分子,经过考察,恢复了一些党员的组织关系,发展了新党员,并在杨漕地区建立了党小组,在何项区建立了党支部。随后,又在何项地区建立办事机构,筹建区武装。至8月中旬,正式成立了有70多人、30多支长短枪的太仓县大队。

沙洲县委把工作重点放在扩大抗日武装、开展武装斗争上。县委加强了对县武工大队的领导,不断从各地抗日游击小组选拔骨干,在群众基础较好的乡村吸收青年参军，充实和扩大武工大队。同时加强军政训练，提高军政素质。到1945年夏，沙洲县武工大队已由初建时的四五十人，发展到1个连，成为一支具有相当战斗力的抗日武装。各区也以游击小组为基础组建区队。东沙区区队成立时仅有1支手枪和几个手榴弹。6月，他们机智地袭击了一伙正在赌博的土匪，缴获了10多支长短枪和一批子弹。7月初，又出击从南通过江"扫荡"的伪军，缴到1挺轻机枪和数支长枪，东沙区队由此发展到五六十人。沿江区队也由最初的七八人，发展到20多人。6月初，11名伪税警从老海坝往晨阳收税。县、区大队互相配合，预先设伏，迅即出击，伪税警全部投降。到1945年初夏，东起东界港，西至猛将堂、拦门沙，南到德积街、桥头街的整个沿江地带已成为武工队的基本活动地区。

锡东县委为推进苏西北地区重建根据地的工作，将该地划为特区，于1945年春成立了特区工委和行政办事处，由县委委员赵建平任书记兼主任。下设黄桥、东桥、漕东、漕南4个区办事处。办事处干部发动群众建立兄弟会等群众组织，逐步形成游击小组，活动在长青、虎丘、黄埭、永昌和漕湖地区，配合锡东武工队屡屡出击日伪据点。3月，地下工作者吴道元打进蠡口伪军中队进行策反工作，锡东武工队与吴道元里应外合，一举拔掉了蠡口伪军据点，缴获轻机枪1挺、步枪20余支、短枪3支。5月，黄桥占上村游击小组在西塘河截获伪军中队长等3人。7月，黄桥武工组在苏虞公路上，伏击伪吴县保安队车辆，俘中队长等7人，缴获短枪8支。

太湖县委贯彻"巩固老区，建设新区，开辟边区，建设中心根据地"的方针，在巩固苏西、锡南、马山地区的同时，着手开辟洞庭东、西山，扩大太湖抗日游击根据地。洞庭东、西山从1941年以来虽曾多次开辟，并一度成立西山办事处，但均未成功。两山除驻有日伪军外，还有"忠义救国军"和湖匪盘踞。1944年夏秋之间，曾在苏西与党领导的抗日武装合作，担任阳山乡乡长的东山爱国商人夏桐生，上马山找到原苏西办事处主任徐亚夫，历数东山人民的苦难，热切盼望抗日武装开辟东山。夏桐生回东山后，积极争取国民党地下区长张子平叔侄，多次秘密潜往马山，共商开辟东山、合作抗日大计。1945年1月，薛永辉率太湖县总队1个主力连，奔袭东山伪军据点，活捉其中队长，俘获伪军警1个中队。随后，太湖县委决定，成立中共洞庭区工作委员会和洞庭办事处，由徐亚夫任书记兼主任。5月，成立东山区武工队，并委任张子平为东山区区长。

四五月间，徐亚夫率武工队到达西山，开展抗日宣传，发现和培养积极分子，做好上层人物的统战工作，打击汉奸和忠救坐探。金阿三土匪部队闻风溜走。5月，太湖县总队在西山以北横山岛与日军巡逻队遭遇，击毙日军2人，缴获步枪2支。同月，西山区武工队成立。

至此，太湖县委成功地开辟了东、西山，基本形成了京杭大运河以西，包括苏西、洞庭、锡南、马山在内，面积达800平方公里、人口30余万的太湖抗日游击根据地。

在发动群众，开展武装斗争，重建抗日游击根据地过程中，各地认真贯彻党的抗日民族统一战线政策，积极做好上层人士工作，在伪职人员中争取"两面派"。由于抗战形势胜利发展，日本侵略者的败兆日益显露，在共产党活动区域和边沿坞区，除驻有日伪军的几个大集镇外，多数伪乡保长都成了不同程度的"两面派"，有些成了为共产党工作而敷衍敌人的"白皮红心"人物。王市伪保安队接受共产党控制后，不再下乡骚扰。常熟特高科科长王平主动与共产党联系，表示愿意将功赎罪。

沙洲县委分别对不同对象，进行深入细致的统战工作。在护漕港、店岸等地，多次召开地方知名人士和开明士绅会议，辅之以个别谈话，耐心说服。同时，大力开展"两面派"工作，争取伪乡保长为抗日武装服务。丰亨乡伪乡长施正荣，经过教育，幡然醒悟，为抗日武装提供给养，传递情报，对敌人封锁消息，消极抵制，发挥了特有作用。常熟县第十区伪区长屈重光，深感末日将临，通过关系找到县委。副书记焦康寿对其讲明政策，屈即表示不妨碍抗日武装在东沙活动，不向群众敲诈勒索，并同意抗日武装在十一圩港西岸设卡收税。

沙洲县还发动伪军家属、亲朋及"两面派"乡、保长做好伪军工作，希望他们认清前途，立功赎罪。张家港、中兴、段山、护漕港等据点的部分伪军，都与武工队建立了联系，不仅不再干扰武工队活动，还经常提供日军行动讯息。护漕港据点的一名翻译，每逢日军出动，都事先送出情报。一次日伪军突然行动，他就在途中开枪打狗，向武工队报警，使县武工大队安全转移。通过策反，江阴要塞的伪军卖给了武工队一批枪支弹药。苏北张黄港的伪军，也送来了10多支步枪。

各地统一战线工作的开展，广泛团结了各界人士，分化瓦解了敌人，推动了抗日游击根据地的重建和发展。

在美国政府"扶蒋反共"政策支持下，多年来躲在大后方避战观战，豫湘桂战役中又连连溃败的国民党顽固派，这时又进一步加紧了反共活动。"忠义救国军"包汉生、章晓光、殷丹天等部返回澄锡虞和淞沪等地后，与日伪军沆瀣一气，肆意袭击新四军，鱼肉残害群众，破坏抗日。1945年5月，常熟县县长钱伯荪率领梅北武工队，在归家城、钱家大小宅基、小义桥一带开展抗日宣传，盘踞在附近的"忠义救国军"竟联络伪保安队和日军约200人同时出动，围攻武工队驻地。武工队奋起迎敌，以密集手榴弹猛烈冲击，迫敌溃退，才冲出包围，安全撤离。对于"忠义救国军"的倒行逆施，武工队用革命的两手，对付其反革命的两手。能争取的尽量争取，化敌为友；顽固不化、坚持反共的，坚决予以打击。三四月间，沙洲县武工队在殷沙埭与"忠义救国军"遭遇，双方发生激烈战斗，"忠义救国军"东沙情报站站长尹企程被武工队抓获。县委副书记焦康寿与尹谈话，晓以大义，指明出路。尹幡然醒悟。此后，尹为武工队递送不少有价值的情报，后因事泄被害。5月底、6月初，全部美式装备的"忠义救国军"技术营窜到年旺街、桥头一带，威胁武工队。军分区司令包厚昌率两个主力连连夜渡江到沙洲，与沙洲县大队和海沙、沿江两区队向"忠义救国军"技术营奔袭。顽军猝不及防，仓皇逃窜，被缴获卡宾枪1支、长短枪数支及大量炸药雷管，顽军数人被击毙。7月初，"忠义救国军"一股窜到小大圩埭活动，沙洲县武工队兵分两路，分进合击。顽军慌作一团，拼命逃窜，被武工队毙伤20多人，俘虏10多人，缴获武器一批。

在淞沪地区，"忠义救国军"殷丹天部回到沪西后，同日伪勾结，疯狂与武工队为敌。1945年4月5日，淞沪地委书记陈伟达、淞沪支队司令朱亚民率部进入浦西，途中突遭殷部伏击。武工队奋起自卫。激战中，淞沪支队政治部主任曾平和接应部队西进的青东工委书记康则荟不幸牺牲。6月中旬，殷部窜至青昆交界地区与张龙云部会合，分驻于周泾村、蔡家浜村。淞沪支队迅即隐蔽合围，以迅雷之势痛歼敌人。激战1小时，除张龙云等六七人漏网外，当场击毙殷丹天等 60 余人，俘敌 70 余人，缴获机枪 3 挺，卡宾、汤姆及长短枪 100 余支，电台 2 部，沉重地打击了反共顽固派，为烈士报了仇。

苏州各地反顽斗争的继续，粉碎了反共顽固派限令消灭江南新四军的妄想，保障了抗日游击根据地的重建和发展。

经过顽强的反"清乡"斗争和艰苦的恢复重建，至 1945 年 8 月日本投降前，苏州地区的抗日游击根据地基本得到恢复，还拓展了太湖地区等新的游击根据地。

第三节　迎接抗战最后胜利

1945 年各抗日根据地大规模的春、夏季攻势，收复了大片国土；国际反法西斯战争节节胜利，苏联于 8 月 8 日对日宣战，百万苏联红军于次日挺进我国东北，同日本关东军作战；美军占领了日本冲绳岛，又向广岛、长崎投了原子弹。日军败局已定，胜利正向中国人民和世界反法西斯人民招手。

1945 年 4 月 6 日，中国共产党召开第七次全国代表大会，制定了"放手发动群众，壮大人民力量，在我党的领导下，打败日本侵略者，解放全国人民，建立一个新民主主义的中国"的政治路线，为全国人民指明了前进方向。

8 月 9 日，毛泽东发表《对日寇的最后一战》声明，号召"中国人民的一切抗日力量应举行全国规模的反攻，……八路军、新四军及其他人民军队，应在一切可能条件下，对于一切不愿投降的侵略者及其走狗实行广泛的进攻"。10 日、11 日，朱德总司令连续发表关于受降和对日展开全面反攻等七道命令。华中局和新四军军部做出部署，准备夺取南京、上海、杭州等大中城市和沪宁铁路沿线。苏中六地委和第六军分区也奉命积极准备解放苏州、无锡等城市，向日伪发出了限令缴械投降的最后通牒。

日本政府在世界反法西斯力量的强大压力下，被迫接受《波茨坦公告》。8月15日，日本天皇裕仁以广播"终战诏书"形式，宣布无条件投降。抗战胜利的消息传到苏州，饱受战乱之苦的城乡人民欢呼雀跃，欣喜若狂，到处锣鼓喧天，爆竹震地，集会游行，欢庆胜利。然而，日军并没有立即放下武器。

正当解放区军民发起全面反攻，夺取抗战最后胜利的时候，又上演了美、蒋、日、伪大合流，妄图阻止人民军队反攻，篡夺中国人民抗日战争胜利果实的闹剧。蒋介石于8月11日一连发出3道命令，命令解放区人民军队"就原地驻防待命"，不得向日伪"擅自行动"；命令国民党军队"加紧作战"，"积极推进"，"勿稍松懈"；命令伪军"负责维持治安"，"趁机赎罪"。美国政府进一步推行其"扶蒋反共"政策，调集大批飞机、船只，把国民党军队迅速运往各大城市和主要交通线，抢占战略要地。伪江苏省省长、第一方面军司令任援道，于8月15日日本宣布投降的当晚，即被国民党委任为"南京先遣军司令"。常熟县、太仓县伪县长及其所属保安大队，纷纷以各种面目抗拒向人民军队投降。

根据地军民在没有主力武装的情况下，依靠武工队等地方武装和广大群众的支援，独立自主地展开了战略反攻。苏中六地委书记钱敏和专员任天石，先后赶到江南，部署战略反攻，收复据点，收缴日伪军武装，收复苏州、无锡等城市的工作。

荡口镇是锡东与苏西北交界处的重镇，驻有伪军1个连和少数伪警察。8月14日半夜，六分区司令包厚昌率两个连和锡东县警卫连共300多人向荡口进发，8月15日天亮后战斗打响，很快解决了老义庄、新义庄的伪军和警察。伪军连部凭水泥楼房顽抗，缺乏攻坚作战手段的共产党，先后以集束手榴弹和煤油火攻未破，为防敌人增援暂时撤出战斗。天黑后，伪军仓皇向苏州逃窜，荡口镇为六分区军队收复。

苏中第六行政公署专员任天石于8月下旬到达常熟，将六分区特务二连三四十人，与苏常太武工大队长枪队合并组建为1个连。加上南下支援的东南警卫团五连组建为苏常昆太警卫团。8月30日晚，警卫团在太仓县大队配合下，对璜泾伪军警发起攻击。任天石、陈刚亲临前线，指挥作战。由警卫团一连任主攻，攻打伪保安队队部；二连攻打伪警察署；太仓县大队负责阻击沙溪援敌。午夜，战斗打响，激战3个多小时，击毙伪军中队长以下3人，伤20余人。伪县长唐剑勋急电任援道，报告新四军千余人攻打璜泾，要求增补弹药，但为时已晚。翌晨，伪军弃阵逃往沙溪。31日上午，警卫团收复璜泾。太仓县县长浦太福于当天下午在璜泾召开群众大会，欢庆胜利。璜泾镇的收复，拔除了插在常熟、太仓间的最后一个据点，把两块根据地连接了起来。

随后，常熟县梅福区武工队于9月上旬攻打兴隆桥伪军据点，迫使伪军向常熟县城撤逃。11日下午，常熟县东横区武工队分南北两路夹击唐市镇伪军据点，交火近4个小时。至晚，伪军趁黑夜遁去，敌碉堡当晚被烧毁。翌日拂晓，警卫团二连和东横区武工队部分武装进驻唐市镇。9月29日夜，由警卫团一连主攻盘踞谢桥的保安队仲炳炎部，二连和梅福区武工队分别阻击打援。警卫团一连于午夜发起猛烈攻击，战士们在机枪掩护下，强行跃上屋顶，施行火攻，毙伤伪军10多人。战斗直至天明，为防敌人南北两路增援，武工队旋即撤出战斗。仲炳炎部仓皇撤逃,龟缩进常熟城。

在六地委领导下,沙洲县委、县政府率领县、区武工队主动出击,收复敌据点。护漕港驻有伪江阴县保安大队第四中队,队长房耀章与两面派乡长施正荣交往甚密,县委即一面布置县、区武工队包围据点,开展军事攻势;一面派施正荣与房联络。在我党政策感召下,房耀章率部投降,缴出步枪70多支及一批弹药,实现了和平收缴。县、区武工队又迅速赶到十一圩港,准备收缴伪军屈重光部的武装,屈已弃军逃跑,众伪军也已鸟兽散,武工队顺利收复了十一圩港。

沙洲县武工队积极打击拒绝投降的日伪军,"忠义救国军"孙留宝部竟占领后塍,阻止武工队收复。武工队便兵分两路,一面进攻,一面打援,将"忠义救国军"驱走。不日,"忠义救国军"又卷土重来,再占后塍,并向武工队侦察排突袭。时在沙洲的军分区司令包厚昌率部驰援,展开猛烈攻击,"忠义救国军"仓皇南逃,后塍终于为共产党收复。

苏西北各区抗日武装,在锡东县委和苏州县政府指挥下,纷纷行动起来打击拒绝投降的小股日军。8月17日凌晨,南望乡乡长王丙生、共产党员陈寿山等6人,去虎丘张贴命令日伪军缴械的布告,在山塘街路遇白洋湾火车站来的3名日军拒绝缴枪,日军被当场击毙2人,缴枪2支,1人脱逃。东桥区游击小组汤文虎、严云生,在浒墅关镇刺杀、重伤拒交枪支日军各1人。

活跃在太湖地区的抗日武装,在太湖县委领导下,辗转苏西、东山、西山、马山、锡南等地,肃清日伪顽势力。8月22日,太湖县总队在政委薛永辉率领下,出动2个连,逼近无锡县城的南、北桥薛湾里,伏击由周新镇坐船撤逃抗拒投降的日军,毙敌2人,伤多人,缴获掷弹筒2具、机枪1挺、步枪数支。

锡东县委和苏州县政府根据上级指示,为配合主力收复苏州城,全力动员根据地军民,开展"改造地形,破坏交通,切断通讯联络"的突击运动。苏州县县长赵建平在长青坝上召开千人动员大会,并在北庄集中铁匠日夜开工,赶制破坏铁路、公路的工具和大刀。各区积极响应,纷纷行动。黄桥区出动数千群众、200多条木船,在2天内筑断了宽阔的黄埭荡;漕东区发动数千群众筑断了冶长泾;东桥、黄埭区的干部战士,一个晚上就把东桥到浒关、黄埭至荡口的电线杆全部砍倒;黄桥区大队还多次出动,炸毁白洋湾铁路桥、齐门洋泾塘公路桥,迫使交通中断,日军只得龟缩进苏州城里。

不久,党中央根据形势的发展,及时调整部署,于8月21日发出停止上海武装起义的急电。22日,又发出《关于改变行动方针》的指示,停止了收复上海和苏州、昆山等城市的行动,集中力量控制广大农村,扩大和巩固游击根据地。

1945年9月2日,在美国密苏里号战舰上,日本正式签署无条件投降书。9月9日,中国政府代表在南京接受日本中国派遣军总司令冈村宁次签署的投降书。至此,第二次世界大战结束,中国取得抗日战争胜利。

抗日战争中的苏州,以苏常太为基地的抗日武装斗争占了突出位置。经过"江抗"东进、西撤,以及东路抗日根据地的建立和日伪"清乡"两次大的起落,以及无数次小的曲折,付出巨大牺牲和代价,至抗战胜利前夕,原苏常太及沙洲、苏西北、苏西、昆南等游击根据地已基本得到恢复,建立了中共苏中六地委、第六行政公署、中共苏常太工委、苏常昆太行署及常熟、太仓、沙洲、苏州(苏西北)、昆山(昆南)、太湖6个县级党政机构,下辖25个区。

历史证明,在日伪统治心脏地区的抗日游击根据地,在艰难曲折中坚持下来,是十分艰巨的,却不是偶然的。从客观上讲,有合适的湖泊港汊作天然屏障,有广大群众的全力支持和积极参与,加之日伪兵力有限,只能驻守城镇,而对广大农村只能短期突击而无法经常控制等。从主观上讲,这时的中国共产党已经走向成熟,实施了正确的领导。第一,有一套正确的方针政策和战略战术。主要是全面抗战路线和持久战方针,建立根据地开展敌后游击战方针,统一战线和独立自主相结合、武装斗争和地下斗争相结合的方针,等等。这是坚持武装抗日的生命线。第二,有一支以坚持南方三年游击战将士为骨干并不断发展壮大的新四军主力,带动地方武装和游击队组成的军事力量,这是坚持武装抗日的基本条件。第三,有一条紧紧依靠人民群众的全面抗战路线。抗日战争本身就代表了人民群众的根本利益,但是,它还必须同现实利益相结合,赋予人民群众以参政权、选举权、监督权等民主权利,从政治上唤起他们当家做主的积极性;通过减租减息、公平负担、发展生产和公益事业,使之得到看得见、摸得着的经济利益;建立抗日民主政权和群众团体,从组织上保障他们的抗日热情,体现他们的意志。他们亲身体验到共产党、新四军确是真心实意为他们谋利益,他们就自觉自愿地不惜一切代价乃至自己的生命投身抗日斗争。这是武装抗日的根本立足点。第四,有一支坚强的领导骨干队伍。他们忠于党、忠于人民,在错综复杂的局势面前,坚定不移,百折不挠,临危不惧,处变不惊。他们对上级指示,不是生搬硬套,而是紧密结合实际,一切从实际出发,既有坚定正确的政治方向,又有机动灵活的战略战术;既有严谨踏实的科学态度,又有敢作敢为的创新精神;既有非凡的胆略和魄力,又有多谋善断、集思广益和艰苦奋斗、深入细致的作风；等等。这是坚持武装抗日的决定性因素。

以上几点，是一个整体，相互依存，不可或缺。而这也正是土地革命时期农暴无法取胜，而抗战时期根据地能够生根立足的根本原因所在。

苏州的抗日游击根据地在全国根据地中仅是很小的一块，苏州地区对全国敌后而言也只是很小的一片。然而，它独特的地理位置和社会经济条件决定了它地域虽小，其作用却不可小视。新四军东进后几度西迁北撤，又几度重返，除了打击敌人外，一个重要原因是这里人财物资源富集。抗战期间，苏州人民为支援抗日全局输送了一批批有理想、有文化的年轻子弟、干部队伍和武装人员，奉献了大量战略物资和抗战经费，牵制了（以苏州城区驻扎的计算）大至师团的日军14批、伪军11批，并为本地培养造就了大批党员骨干，提高了人民群众的组织程度和觉悟程度，养成了优良的革命传统和精神。这一切，不仅直接为抗日战争，而且为抗战胜利后不久爆发的解放战争，乃至新中国的成立和建设做出了贡献。

抗日战争是100多年来中国人民反对资本帝国主义侵略所取得的第一次完全胜利的民族解放战争，苏州人民无愧于这场洗雪民族耻辱、伟大神圣的正义之战。

第四编　解放战争时期

（1945年9月—1949年5月）

抗战胜利后，全国人民渴望和平安定的生活，渴望建立独立民主、繁荣富强的国家。国民党蒋介石却另有所谋，坚持独裁和内战的方针，一面依靠美国支持加紧从海陆空运送军队，部署兵力，准备内战；一面玩弄和平阴谋，欺骗群众，连发3封电报邀请毛泽东去重庆谈判。中国共产党代表全国人民的愿望，坚持争取和平民主的方针，于1945年10月10日，与国民党签署《双十协定》。翌年1月，国共及各党派代表参加的政治协商会议举行。一时间，和平、民主、团结、统一的气氛弥漫全国。可是，国民党待内战部署停当，立刻翻过脸来，于1946年6月，公然撕毁墨迹未干的停战协定和政协协议，向解放区发动全面进攻，全面内战爆发，中国共产党领导的人民军队以自卫战争粉碎了国民党的军事进攻。国民党坚持内战、独裁、卖国政策，不仅受到解放区军民坚决的自卫反击，也擦亮了全国各阶层人民的眼睛，国统区爱国民主运动高涨，形成了配合人民解放战争的反蒋第二条战线。1947年7月起，人民解放军转入战略进攻阶段。翌年秋，进入决战阶段。继辽沈、淮海、平津三大战役胜利之后，人民解放军百万雄师横渡长江，直捣国民党统治中心——南京，宣告了国民党反动统治的覆灭，蒋介石集团被赶到了台湾。

三年解放战争时期的苏州，日军一投降，汪伪军摇身一变成了

"先遣军"抢占苏州，大批军警宪特跟着进驻，县区乡镇反动政权纷纷建立，并竭力推行保甲编制和联保连坐法，加强控制，四处搜捕共产党员和新四军战士。各路大员以接收为名，行"劫收"之实。同时滥发纸币，大肆搜刮民脂民膏，顿使物价飞涨，市场混乱，人心惶惶。国统区的经济政治危机，使民众对国民党的幻想破灭。新四军北撤后，留守人员转入地下。内战一打响，国民党进一步加强"清剿"，留守人员在极其艰苦残酷的环境中历经反"清剿"而斗志弥坚。城区中共地下党站住脚跟、积聚力量，采取正确的斗争策略，开展卓有成效的隐蔽工作，学生运动和工人运动高潮迭起，连连打击国民党反动政权的统治。随后，围绕策应大军南下，中共地下党在城乡广阔战线上纵横驰骋，广泛团结各阶层人民积极应变，终于迎来了苏州全境解放和人民政权的诞生。

第十三章　抗战胜利后新四军和党组织的活动

第一节　新四军北撤

抗战胜利时，中国共产党领导的武装力量已基本恢复的原苏常太及沙洲、苏西、苏西北、昆南等游击根据地，约计2 000平方公里。此时新四军六师主力虽早已北撤，但尚有近2 000名地方党政军人员在这里坚持斗争。重庆谈判期间，中共代表着眼和平民主全局，提出新四军从包括苏南在内的8块解放区主动北撤，也就意味着除少数留守人员外，多数将从此离开这片生我养我或长期浴血奋战、寸土必争来的热土，并将其交给国民党。对此，干部战士和人民群众在思想上一时很难接受。于是，从中共中央华中局、苏浙区党委到苏中六地委、苏常太工委和各县县委，层层紧急动员，宣传解释，统一思想，抓紧做好北撤的各项准备工作。

苏常太工委和沙洲县委广泛散发和张贴《江南新四军北移告别民众书》。在解释新四军为什么北撤时指出："共产党为了制止反动派的阴谋，为了避免内战，实现全国和平团结，不得不忍痛这样做。我们相信中国共产党这种顾全大局的伟大胸怀及委曲求全的苦衷，是能够得到全国人民的赞许和谅解的。"告别书最后指出："同胞们，现在反动派还在耍阴谋，我们面前还有极大的困难。""我们一定能够克服困难，得到胜利。我们这番暂时和你们告别，在离你们不远的江北，就有强大的解放区，我们将全力地支持你们，你们决不孤立！"

在苏常太工委和常熟、太仓县政府及各区政府召开的各界人士告别座谈会上，任天石、陈刚、钱伯荪等都推心置腹地指出：共产党以人民利益为重，真心实意希望实现国内的和平民主，反对国民党挑起内战。为了顾全大局，江南新四军遵守《双十协定》，渡江北撤，希望各界人士继续同我们的留守处合作，保护群众利益，照顾抗日军工家属。各界代表也热情表示愿意同留守人员合作，希望新四军不久就能回来。

当时，正值新粮、新棉登场。六地委决定立即开展征收公粮工作。苏常太工委确定每亩稻田征稻谷10斤、每亩棉田征棉花2.5斤，分别由常熟、太仓两县政府具体负责。各区在区委领导下，以武工队队员为骨干、积极分子为主力，组成许多征粮小组，深入农村发动群众，宣传征粮目的和方法步骤。农民群众得知新四军北撤在即，为了表示拥护共产党、新四军，出现了踊跃交粮的动人场面。至11月中旬，就征到粮食、棉花折合稻谷1 500石左右，超额完成了原定1 000石的任务。征收的粮棉集中到白茆口下船，派武装押送到苏北新四军仓库。沙洲县征收到近千石粮食、数千万元（法币）税款及一部分棉花和100余万斤芦苇。他们将部分粮食兑成黄金，并购置一批药品，带往苏北。苏常太工委还成立了由朱英负责的运粮办事处和护粮队，保证途中安全。

遵照党中央和华中局指示，江南新四军分批有序地北撤。除了苏常昆太地区的党政军人员外，苏浙军区主力也将在此借道北上。为了首先保证苏浙军区所属4个纵队主力顺利过江，六地委书记钱敏、六分区司令包厚昌率部赶到沙洲接应。沙洲县委在护漕港集中粮草，控制船只，随时准备浙东主力的到来。

苏浙军区第二纵队司令员何克希率领第五支队等部数千人，于1945年10月18日抵达常熟白茆、唐市一带。人民群众以极大的热情欢迎他们过境，纷纷腾出房屋，安排部队食宿。何克希重踏故地，倍感亲切。纵队司令部暂设在淼泉镇。苏常太工委为北撤部队补充给养，一时间，淼泉河内挤满了民船，上面装着粮食、猪肉、蔬菜等大量慰劳品。不日，何克希即率部从浒浦、徐六泾口和白茆口渡江北撤，常熟县警卫团担任沿途警戒。

苏浙军区第二纵队政委谭启龙、参谋长刘亨云率领纵队机关和所属三支队、金萧支队和警卫大队等五六千人，于10月20日下午进入沙洲，宿营南丰镇。国民党背信弃义，调兵遣将，阻挠袭击，妄图将新四军消灭在北撤途中。由原汪伪中央税警团改编的国民党别动军十三纵队司令熊剑东奉命率部数千人，集结于常熟福山港口设伏。21日凌晨，兵分3路袭击南丰镇。谭启龙命令金萧支队负责警戒，三支队和警卫大队分别向南、向东出击。指战员们不顾疲劳，勇猛战斗，毙敌数十人，俘敌百余人，缴获大批枪支弹药，敌狼狈溃逃。第二天，苏中六分区部队与沙洲县委一起，在年旺街召开军民大会，欢迎浙东主力过境，共庆南丰之战胜利。沙洲人民杀猪担酒，热情慰问部队。沙洲县政府拨出一批粮食，补充部队给养。苏浙军区第二纵队也赠送给沙洲县政府许多枪支弹药，装备地方武装。次日，第二纵队告别沙洲人民，从七圩港至护漕港之间各港口安然渡江。

苏浙军区第一纵队司令员王必成、政委江渭清，第三纵队司令员陶勇、政委阮英平，第四纵队司令员廖政国、政委韦一平分别率领所属部队从驻地出发，进入苏南地区，在江阴、武进一线渡江北撤。10月15日夜，运送北撤部队的"中安"轮行驶到泰兴天星港以南江面时，因船只超载遇到风浪而沉没。第四纵队政委韦一平，苏常太根据地创始人之一、时任苏南行署财经处长的李建模等指战员和地方干部不幸罹难。

送走了新四军主力，告别了江南父老，苏中六地委书记钱敏和六分区司令包厚昌，于10月下旬率部100余人，从沙洲护漕港渡江，撤往苏北。沙洲县委副书记焦康寿此时调任六地委秘书，先回如皋黄家市，安排迎接北撤的后勤工作。

太湖、常熟、太仓、锡东、苏州、沙洲各地党政干部和武装人员，也从10月上旬到11月中旬分批北撤。

1945年11月下旬，在完成接应新四军主力及兄弟县党政军人员北撤任务后，沙洲县委书记沙金率领干部战士100多人，最后撤往苏北。

各地党政干部和武装人员北撤时，人民群众夹道相送，他们饱含热泪，嘱咐战士们早日归来。北撤的同志登上船只，与送行群众依依惜别，嘱咐留守的同志："好好坚持，我们会回来的！"

至此，江南新四军主力和地方武装胜利完成了战略转移任务。苏常太、澄锡虞地区的北撤人员陆续到达苏中六地委机关所在地——如皋黄家市集中，武装人员编成1个团，归苏中六分区指挥。其他人员有的调苏中根据地工作，有的入苏中公学、江海公学、华中建设大学学习，有些党员进入整风学习队学习。六地委撤销后，整风学习队转入一地委党校，编为第三队。经过学习，多数北撤干部成为不久重返江南开展斗争的骨干力量。

北撤过程中，太湖县留守处在上级领导支持下，争取收编了"忠义救国军"淞沪区五团刘建部300余人加入北撤行列。

第二节　留守人员转入地下

新四军北撤以后，留下坚持斗争的留守人员转入地下，做好和、战两手准备：如形势转好，国共两党组成联合政府，准备参加地方政权建设；反之，形势逆转，国民党挑起内战，则准备长期坚持，开展秘密斗争，迎接解放。由此，党的组织机构、领导体制、工作内容、活动方式、人员安排等都面临新的变化。

1945年10月，苏中六地委决定撤销苏常太工委和沙洲等3个县委及所属区委，建立秘密领导体制，设县、区两级特派员。党员分别编入甲、乙两种组织：身份已经公开、脱产或半脱产的党员编入甲种组织，由武工队的党组织领导；身份没有公开和不脱产的秘密党员编入乙种组织，由特派员单线领导。甲、乙两种组织不发生横向关系，工作中互相配合，互为掩护。原梅福区区委书记周亦航和任石区区委书记朱文斌任常熟县特派员，分别领导苏常太南北两片的乙种党工作。编入乙种党的党员共100多人，成立了13个支部（小组）。不久，周亦航调任太仓县特派员。

同月，苏中六地委决定撤销锡东县委及所属漕东、黄桥、东桥、黄埭等区委，建立甲、乙两种党的领导体制。在苏西北和锡东地区设立苏锡县特派员，由惠峻山担任，隶属澄锡虞中心县委领导，在苏西北地区设立3个区特派员，留守的甲、乙两种党员共28名。

11月，又建立新的苏常太工委，领导留守工作。陈刚为书记，戈仰山、徐政为委员。陈刚负责全面工作，主要活动于吴（市）浒（浦）太（仓）和梅南、梅北两个片；戈仰山分管组织工作，主要活动于东横地区；徐政分管武装工作，主要活动于任石地区。在昆山城区坚持斗争的地下党员属苏常太工委领导，在昆山东南地区坚持斗争的地下党员归属中共淞沪工委系统。

同期，为了坚持太湖、滆湖地区的留守工作，中共苏浙区委决定成立太滆工委，孙章禄任书记。同时，撤销太湖县委及所属阳山、彭山、洞庭、锡南、马山区委，任命原太湖县委书记薛永辉为太滆工委委员兼太湖县党的特派员，领导太湖县的工作。太湖县在苏西坚持留守的20多名党员组成1个支部。

各地行政机构也相应改变，撤销县、区政府和办事处，成立留守处。苏常昆太地区宣布成立"新四军苏常昆太留守处"，陈刚兼主任。何项区区委书记朱青和吴浒区区委副书记潘新负责太仓留守工作。沙洲县成立新四军留守办事处，原县委副书记陆仁生任主任，李桐明任指导员。并挑选数十名立场坚定、熟悉情况的人员组成留守部队，包括1个长枪排和1个短枪班。陆仁生兼留守部队政委，邵荣祖任留守部队队长，陆英任留守部队指导员。后因沿江环境恶化，12月中旬，澄锡虞中心县委命沙洲留守办事处和留守部队北撤。

10月初，太湖县办事处及所属行政机构撤销，成立新四军太湖留守处，由太湖县特派员薛永辉兼主任。下设苏西、锡南、马山3个留守分处，周志敏、张文龙、张振东分任主任。

11月，位于苏西北地区的苏州县政府和锡东地区的锡东县政府及所属各区政府撤销，成立新四军苏锡县留守处，由赵建平任主任。

同时，组建武工队，形成党组织、留守处、武工队三位一体的新的组织形式。

10月初，太湖县全体留守人员30多人组成太湖县武工队，由薛永辉兼队长。下属3个留守分处组成3个武工队，分别由留守分处主任兼任队长。

11月，苏西北和锡东留守人员组成苏锡县武工队，赵建平兼队长，吴县境内成立了苏西北武工队，下设黄桥、东桥两个武工组。

11月18日，苏常太工委举行第一次武工队队员大会，宣布苏常昆太武工队成立，陈刚兼任队长。30名队员分成3个小队、3个片活动。

留下的武工队队员都经过严格挑选，立场比较坚定，与群众联系密切，熟悉地形和环境，具有一定的军事知识和游击斗争经验，并经过形势和革命气节教育，提高了坚持江南斗争的认识，做好了长期艰苦斗争的准备。

苏西北武工队成立后，积极开展以打击叛徒和反动分子为主要目标的武工活动。12月初，黄桥武工组在虎丘山三佛桥路遇携枪卷款潜逃的原苏州县税务主任杨景春，当即予以缴械处死。同月，将坚持反动立场的东桥自卫团团长、镇长张桂华击毙。

12月14日，国民党武进县第十区区长率保安队突袭马山，马山留守分处主任张振东和正在马山的锡南留守分处主任张文龙等迅即突围，与敌激战。敌人在岛上杀害区农会副会长管正浩等多人，搜捕积极分子，实行白色恐怖。太湖县留守处决定放弃马山岛，将留守人员撤至苏西，张振东改任苏西留守分处副主任兼苏西武工队副队长。张文龙返回锡南。

新四军主力北撤后，太湖湖匪猖獗，太湖县武工队反复进行围剿。1946年1月，苏西武工队在漫山岛附近发现匪船活动，当即开火击毙湖匪2名。春节期间，两船湖匪行劫长沙岛结婚户，苏西武工队当即将匪击溃。三四月间，湖匪在镇湖三羊村掳掠船只，武工队队员谢玉林、仇全男等率先攻击，5名湖匪被擒。谢玉林不幸牺牲。其时，苏西地主勾结国民党军警出动武装收租，为保护群众利益，太湖县留守处秦大刚等于1月22日化装进入金墅镇，将反动地主李兰轩及其手下李金祥抓获，并在两人企图逃跑时将其一一击毙。这一行动，在苏西震动很大，使地主武装收租风有所收敛。

1945年12月4日，国民党常熟县政府成立"追租处"，限令佃户当月15日前交清本年田租。否则，将用武力追租。此时正值年关，当年收成不佳，农民交了租，日子没法过。不料，期限一到，县政府悍然派军警追逼，任意殴打、拘捕农民，激起反抗。苏常太工委为了维护群众利益，并借以粉碎国民党"清剿"活动，通过武工队队员在白茆组织群众抗租。同时，争取开明士绅同情，对不听规劝的地主当面警告，对个别作恶多端、警告无效的予以镇压，使租栈无法开征。

一次，在常熟八区区长、大地主陆绥玉指使下，警察下乡抓了3名佃农，押回白茆时，群众一拥而上救下被抓农民。慑于群众声势，警察再也不敢下乡，改用趁农民上街时抓人的手段逼租。武工队发动群众拆掉白茆镇周围的桥板，并派人到路口劝说人们不要上街。接连3天，白茆镇上无法开市，店主、摊贩纷纷要求撤销租栈，赔偿损失，迫使租栈不得不关闭，白茆农民抗租斗争取得了胜利。

1946年春，古里镇地主又设栈收租，雇佣武装下乡追逼。4月20日，保安队来到鲇鱼乡军墩村抓了7名佃农。次日，军墩村党小组长蔡永林等带领激怒的农民蜂拥上街要人，一农民大腿被保安队刺伤。这时已聚集农民近2 000人，将被抓农民夺下，并迫使乡长答应医治被刺伤的农民。不久，古里租栈也告撤销，斗争再次获胜。稍后，梅李、董浜、沈家市、东横区蒋桥乡等地抗租风潮彼落此起，遍及全县大小集镇，且蔓延到了吴县、太仓等邻县。

此次抗租斗争注意策略，重在智取，表明苏常太地区党组织和武工队的斗争水平有了新的提高。

1945年12月，六地委撤销，成立苏常太和澄锡虞两个中心县委，属华中一地委领导。1946年2月，华中一地委决定将苏常太、澄锡虞两个中心县委合并为京（宁）沪路东中心县委，书记任天石，副书记李中，委员姚家礽（组织部部长）、尤旭（城工部部长）、陈刚，统一领导苏常太、澄锡虞地区的坚持工作。县委机关设在如皋城内，对外称江南办事处，隔江领导江南工作。

此前，澄锡虞中心县委曾派成国粹以经商为掩护，南下沙洲建立立足点。他先后到杨舍、店岸、海坝和后塍等地，同数十名地下党员取得单线联系，布置他们长期隐蔽，利用机会开展活动。2月，京（宁）沪路东中心县委成立后，派成国粹再下沙洲，开展隐蔽斗争，先后恢复了店岸、杨舍、后塍、大新等地的部分基层党组织。3月，中心县委又派钱仁忠南下，协助成国粹开展工作。成安排钱到倪成垦殖公司青草沙挑泥场开设小酒店，借以开展民工工作。青草沙挑泥场有民工数千，老板拖欠工资，激起民工愤懑。成国粹、钱仁忠因势利导，团结积极分子，带动千余民工，先后举行3次罢工，使堤岸不能按期合龙。老板被迫答应民工所提条件，实行按挑泥土方数发放工资。通过罢工斗争，扩大了党在群众中的影响，锻炼和考验了积极分子，发展了党员。

第三节　城区地下党立下脚跟、积聚力量

抗战时期苏州城区有分属华中局城工部系统和苏中六地委苏常太工委系统的两支地下党组织。抗战胜利后，华中局城工部系统的

党员调走大半，到1945年10月，只剩下孔令宗、金元孝、叶正国等六七人，力量减少，群众基础薄弱，面对国民党的嚣张反动气焰，如何开展工作？上级要求他们坚持"分散隐蔽，保存和积蓄力量，为以后斗争打好根底"。并要求每个同志根据各自条件转移阵地，改变活动方式，开展新的工作。根据这一要求，孔令宗继续在一大针织厂担任经理做职业掩护，金元孝以技师身份组织针织技术研究会与工贼、托派嫌疑分子徐明忠控制的针织业工会争夺群众，进而打入对方内部，控制部分领导权。叶正国因教育学院停办，先打入国民党军队当上尉指导员，后开书店当老板、当报社记者做掩护。邱健打入三青团江苏支团部任《团讯》编辑。武文斌以摊贩为职业，广交朋友。当时国民党当局为讨好美国兵，以"妨碍市容"为名，不准在观前、石路摆摊，断了摊贩生路。武文斌便发动摊贩持香请愿，由观前街经道前街、石路、金门、景德路到长春巷警察局，沿途加入者达数百人，形成浩大声势，迫使当局收回成命。属苏常太工委的苏昆段特派员徐懋德，除在吴县县中教书外，还在苏州工专、伯乐中学、光华中学兼课，在东吴大学也开展了工作。八九月间，徐懋德去苏北六地委汇报工作，地委指示："要利用日本投降，国民党统治尚未巩固的空隙，积极开展群众工作，扩大党的影响，发展党的组织。"1946年4月，京（宁）沪路东中心县委派陆天虹、何洛两人南下，鉴于当时长江北岸已发生军事冲突，内战迫在眉睫，上级要他们到苏州后"站稳脚跟，积蓄力量，开展地下秘密斗争"。陆天虹、何洛即会同徐懋德一起组成苏州工作委员会，由陆天虹任书记，徐懋德、何洛为委员。陆天虹来到苏州后，与人合伙开设苏州石英公司，在天池山采矿，在阊门外安徽会馆租房办公，后又在大太平巷租房作为工委秘密机关。

为了加强与学生、青年的联系，徐懋德与县中学生、地下党员唐崇侃，进步师生吴石牧、夏锡生、周善德、胡正平等一起，于1945年10月6日在护龙街因果巷口吴石牧家开办了文心图书馆。通过借阅进步书报，编辑进步刊物（副刊），排演进步戏剧，开展书评、影评，举办座谈会、联欢会、郊游等丰富多彩的活动，吸引了越来越多的青年。许多青年从中受到了教育，认清了前途，逐步树立了正确的人生观，走上了革命的道路。

10月中旬，叶正国经与孔令宗商量后，在宫巷新市场办起了大业书屋。后因地处偏僻，生意清淡，便搬到护龙街大井巷口，主营图书出借，辅以销售。主要目的在于广泛接触各界人士。这时护龙街怡园旁又出现了另一家由进步青年开办并得到徐懋德资助的青年书店（后改年青书店），为苏州这块文化旷野平添了几分生机。苏州三青团分团部为争夺阵地，在护龙街禅兴寺桥附近也办了一家"青年书店"，且蛮横地声称"青年"二字只能由他们专用。但因店内充塞反动、色情、荒诞读物，经常是门可罗雀，少人问津。叶正国还设法弄到《大华报》记者兼编辑聘书，利用合法身份出入党政军界采访，了解敌人动态，秘密提供给地下党组织。他还在《苏州明报》主编《职业青年》副刊，以生活知识、职业修养、生活报道吸引大批职业青年，使副刊成为他们的业余学习园地。

1945年冬，孔令宗布置金元孝等到北局青年会夜校读书，结交朋友。不久，在思杜堂牧师陈新华的帮助下，金元孝等自办夜校，吸引观前、养育巷、胥门一带职业青年入学。1946年4月，又在思杜堂举办职青图书馆，成为联系教育职业青年、培养积极分子、积蓄力量的又一阵地。

1946年4月，苏州工委书记陆天虹通过当时具有吴县总工会常务理事、丝织业工会理事长、县农会理事、县参议员等多项头衔的积极分子汪荣生,在丝织业工人中开展工作。当时物价飞涨,工人生活痛苦。汪凭合法身份,团结工会中的上层人物同吴县当局及资方说理,并领导工人用请愿、怠工等方式迫使资方让步,改善了工人生活,从而使地下党在工会和群众中逐步产生影响,打下了进一步开展斗争的基础。

陆天虹还布置汪荣生在苏州近郊组织农会。经过疏通,吴县县政府批准了组织农会的申请。汪荣生便在自己家乡建立了唯亭、向朝、夷陵3个乡农会,并由农会出面,向中国银行、善后救济总署苏宁分署申请农贷和排灌机具,发动群众消灭螟虫,为农民排忧解难,提高了农会在农民中的威信。

6月,吴县县政府对虎丘花农加征茶花特种税,花农不堪负担。苏州工委领导花农进行抗税斗争。11日,由积极分子张曙村出面发动千余花农集会虎丘山,并推派400多名代表去中山堂吴县临时参议会请愿,经与县政府多次谈判,加之舆论支持,终于迫使当局暂停开征茶花特种税。

第十四章 内战爆发后的农村斗争

第一节 华中十地委的建立和遭到破坏

1946年6月26日,抗战胜利不满一年,国民党反动派便在美国政府的帮助和支持下,背信弃义,悍然撕毁停战协定,大举进攻中原和其他解放区。一场中国历史上空前规模的全国性内战被强加到了中国人民头上。国民党凭借其优势兵力和装备,猖狂扬言3至5个月内"整个解决"中共领导的军队。同年8月,毛泽东提出了"帝国主义和一切反动派都是纸老虎"的著名论断,号召全国人民依靠自力更生结成广泛的统一战线,以自卫战争粉碎蒋介石的进攻。

在苏中地区,国民党军队5个整编师15个旅约12万兵力向南通至泰州一线大举进犯。华中野战军集中19个团3万余人,在粟裕、谭震林的指挥和人民群众支援下,从7月13日至8月27日,在泰兴、如皋、海安、邵伯一线,七战七捷,歼敌5.3万余人,沉重打击了国民党的疯狂嚣张气焰。随后,华中野战军主力撤出了苏中的一些城镇和地区,领导江南工作的中共京(宁)沪路东中心县委机关,也随军撤出如皋城,逐步向北转移,远离江南。

为了恢复和发展江南工作,加强对国民党统治区民主运动的领导,苏中区党委根据华中分局指示,于1946年9月23日成立中共华中第十地方委员会(简称"华中十地委"),统一领导京(宁)沪路东中心县委和丹北中心县委所辖北濒长江、南临太湖、西至镇江、东抵上海近郊的广大地区。

十地委以金柯为书记，陈云阁（组织部部长）、杨斌（城工部部长）、江坚（宣传部部长）、张志强（行政部部长）、任天石（社会部部长）、包厚昌（军事部部长）、李中、康迪为委员。其中金柯、陈云阁、杨斌、任天石、包厚昌为常委。

十地委下辖苏常太、澄锡虞、澄武锡、镇丹扬等4个工委和镇句县委。苏常太工委书记由包厚昌兼任，副书记江坚、陈刚，委员徐政、卜明（未到职）、钱伯荪（后增）、浦太福（后增）。澄锡虞工委书记李中，委员赵建平（后为书记）、朱帆、焦康寿（后增）、张卓如（后增）、沈鲁钊（后增）。澄武锡工委书记张志强，镇丹扬工委书记陈云阁，镇句县委书记康迪。为了领导秘密党员（当时称乙种组织）的坚持工作，十地委继续实行特派员制，隐蔽地开展活动。先后委派的县级特派员有锡澄县沈鲁钊（后为李桐明）、苏锡县韦惠民（后为储新民）、沙洲县仲国鋆（后为赵惕义）、太仓县周亦航、冯云章（后为仲国鋆、朱文斌）、澄西县王鹏。

10月中旬，陈刚返回苏常太地区。11月下旬，包厚昌率20多人的短枪队到达常熟后，与苏常昆太武工队会师，在东横、任石地区立足，增强了武工队队员长期坚持的信心。澄锡虞地区的干部在李中、朱帆等率领下，先后由上海转入锡澄地区。11月，杨斌、任天石南下，在上海建立十地委机关。12月，金柯到达上海。

1947年1月3日，张志强率南下干部和武装人员同原来坚持在丹北地区的十地委常委陈云阁等会师。

1月上旬，苏常太工委副书记江坚到达苏常太地区。1月14日，浦太福率领武工队队员20余人，在太仓荡茜口上岸。20日，转移到常熟任阳，与包厚昌、江坚、徐政等会合。苏常太工委主要在常熟东横、梅李、任石等地区开展秘密活动。工委决定设立太仓特区，由浦太福负责，在太仓北部开展工作。

2月，澄锡虞工委派委员朱帆到沙洲。5月，成立沙洲工作委员会和沙洲武工队，朱帆任工委书记，何洛、李桐明、仲国鋆为委员，何洛任武工队长，成国粹任副队长，仲国鋆负责党的秘密工作。从此，地下党和武工队密切配合，逐步建立起合兴常家埭、杨舍吼山房、大新五圩埭、店岸江北埭等一批有可靠党群基础的联络站，成为武工队秘密活动的基点。当地党员和积极分子经常冒着生命危险，为武工队队员望风放哨，传送情报，提供食宿，有的还挖地洞、掘地坑，以备应急之用。武工队依托这些基点，使活动范围逐步扩大。

同期，焦康寿等一批干部由上海转到吴江同里镇，建立秘密立足点，开展淀山湖地区的工作，在沪宁铁路以南扩大回旋余地。

十地委在沪宁铁路两侧的任务，主要是长期坚持，积蓄力量，等待时机，争取胜利。贯彻以秘密工作为主、武装斗争为辅的方针，使党的工作在群众中生根，逐步积聚力量，达到长期坚持江南斗争的目的。

不料，十地委刚到江南，立足未稳，即遭叛徒告密。任天石于1947年1月30日深夜在上海住处被国民党淞沪警备司令部稽查处密捕，同时被捕的还有社会部干部黄叔雷等5人。3月初，任天石被解到国民党首都卫戍司令部无锡指挥所，5月下旬又被解到南京。任天石在狱中坚贞不屈，被敌杀害，牺牲时年仅36岁。

2月4日，金柯一行10余人从上海乘火车到达丹北地区，屡遭敌人包围，金柯脚部负伤。3月26日，突围后从陵口乘火车去上海。金柯在上海不遵守秘密工作纪律，行动随便，不加检点。4月16日，苏中区党委指示金柯立即撤回苏中，他未按指示北返。5月15日，由于叛徒出卖，金柯、杨斌及城工部干部张达平被国民党军统特务逮捕，随即解往南京。在狱中，杨斌表示："十地委遭受破坏，我们身份完全暴露，不能存在任何幻想。与其乌漆墨黑地生，不如光明磊落地死！"金柯却默不作声，不久即叛变出狱，任国民党保密局特工组长。杨斌不顾敌人严刑拷打，始终坚贞不屈，1948年春牺牲于军统监狱。

十地委领导机关被破坏后，苏常太工委与上级的联系一度中断，工委先后派江坚、浦太福、钱伯荪去苏中区党委汇报请示。6月，华中分局和苏中区党委决定，十地委由陈云阁负责，并明确指示"主要任务在保存有生力量，取得立足点，免受大损失"。

1945年10月到1948年，另有两支地下党组织在吴江边缘地带活动，伺机开展武装斗争。前一支始于1945年10月下旬，华中分局派王克刚、陈伯亮、鞠耐秋组成中共淞沪地区工作委员会，领导上海近郊及江苏吴江、昆山大部分地区及浙江嘉善、平湖、海盐部分地区的地下党工作。分工领导吴江地区党组织的是淀山湖地区特派员沈小方。1947年春，中共淞沪工委把浦西地区的工作重点移至淀山湖地区，派金亮、李华到平望，组成由金亮任书记，李华、张振海为委员的青（浦）吴（江）工作委员会，在青浦西部、吴江东部水网区筹组水上武装。之后，又派肖斧、秦克强分别在盛泽、北厍一带建立党支部，发展党组织，准备开展武装活动。同年9月，青吴工委扩建为浦西工委，由陆文杰任书记，李华、金亮、方诚、钟秀为委员。此时，青东地区武装活动有了一定发展，决定建立"江南人民反三征总队第一大队"，下设5个武工队，各有七八十人。活动以分散为主，通过宣传发动群众，开展反征兵、反征税、反征粮斗争。不久，由于国民党青年军的"围剿"，采取避实就虚、化整为零、分散隐蔽的方式继续活动。这段时间里,吴江县党组织有了较大发展。平静人、张鹤鸣、胡治忠等40多人入党,建立了北库珍如埂、黎里、桃源李家坝、青云仁荡坝、同里等一批党支部。

后一支始于1948年1月,按上海局外县工委书记张执一指示,成立由方休任书记的中共杭嘉湖工委,领导包括吴江在内的地下党工作。嘉兴特派员沈如淙具体负责吴江、嘉兴交界地区的地下党组织。不久,方休、沈如淙等到吴江坛丘大谢乡视察,认为这一带地处苏浙沪交界,回旋余地大,党群基础好,是开展武装斗争的理想场所。杭嘉湖工委派沈如淙、肖斧着手组织游击武装队伍。3月,上海局外县工委决定将淞沪工委与杭嘉湖工委合并成淞沪杭嘉湖工委,由方休任书记,王克刚任副书记。4月,又决定成立吴(江)嘉(兴)工委,由金佩扬任书记,沈如淙、金亮为委员。4月中旬,淞沪杭嘉湖工委决定借农历三月十五日新塍庙会的机会,突袭敌人。当天,在沈如淙指挥下,由大谢乡地下党员潘天扬、顾阿坤袭击新塍东岳庙的国民党驻军,获枪1支后迅速转移。7月1日,吴嘉武工队正式成立,鼓舞了当地群众的斗志,震慑了敌人。

第二节 国民党的疯狂"清剿"

1945年11月中旬,蒋介石在重庆面谕第三方面军司令官汤恩伯:为"屏障京畿,利于还都",采取"三分军事、七分政治""剿抚并举"的"清剿"方针,在三个月内肃清江南"匪患"。

12月初,汤恩伯和江苏省政府主席王懋功在无锡召开有70多名军政要员参加的江南治安会议,通过了"清剿"的方针、政策、步骤、措施等19项决议案。汤恩伯扬言,下最大决心在两个月内完成

"清剿"使命。随后，各地设立"清剿"指挥部，组织保安团，建立自卫队，在重要集镇设立据点，构筑碉堡，设置盘查哨，建立特务情报网，地方武装与国民党正规军相配合，到处搜捕地下党和武工队队员。12月下旬，驻常熟国民党军队封锁长江口岸，采取"分路出击、突然合围、封锁交通、就地搜索"等手段，"围剿"苏常昆太武工队。苏州城乡笼罩在一片白色恐怖之中。

在此情况下，有些留守人员经不住残酷斗争考验，叛变投敌，助纣为虐。这在苏西北地区尤为突出。1945年10月，原苏州县警卫排排长张恒山等数人携枪投向吴县靖太保安队，率敌劫取苏州县北撤前存放的木船和3 000万元公粮款，领捉留守人员。11月，原苏州县军事科副科长林伯平投敌，破坏多处留守人员宿营地和联络站，并对宿营地和联络站的房东大肆敲诈勒索，杀害邱家乡"两面派"乡长苏老寿和黄桥区特派员钱克。由于他的出卖，短短一二个月内，苏西北地区黄桥、东桥、陆墓、长青一带被捕、被杀留守人员四五十人。直至1946年秋，林伯平被敌击毙，才使这个叛徒落得应有下场。同时叛变的还有原苏州县漕东区副区长黄炳华等10余人。

由于敌人"清剿"，叛徒出卖，不少留守人员被捕、被害。

1946年1月10日，苏西北留守人员俞阿甲被北桥保安队逮捕，在狱中不畏强暴，坚贞不屈，被迫害致死。1月12日，苏西北武工队队长金瑞生、指导员李觉和队员杨阿考夜宿梅林庙，遭"香火"告密，次日凌晨被黄桥保安队包围，金瑞生遇难，李觉、杨阿考被捕。

2月9日，吴浒太武工组组长朱青率队员8人，宿营于常熟陆家市和周泾口之间的王家角，遭吴市、徐市等几路国民党"清剿"部队合围。朱青在突围时中弹牺牲。

4月17日，苏锡武工队队长赵建平和队员朱世民、唐申祥宿营在唐更村，被特务告密，100多个敌人半夜奔袭唐更村，企图捕捉赵建平。次日晨，敌人集中全村群众逐个查认，挨户搜查。由于群众保护，赵建平和两名武工队队员隐居密室，未遭暴露。特派员戈仰山等5人遭叛徒指认被捕，除1人身残出狱外，戈仰山等4人牺牲。

9月16日，国民党首都卫戍司令部设立无锡指挥所，调江阴要塞司令陈大庆任主任，毛森任参谋长，划分太湖、阳澄湖、茅山、苏浙皖边4个"清剿"区，实施"剿抚并举"，妄图趁十地委南下人员立足未稳之机一举歼灭。阳澄湖"清剿"区辖虞、昆、太、吴江四县，在常熟设"绥靖指挥所"，由驻常熟国民党伞兵部队大队长任指挥官，坐镇唐市，常熟县长任副指挥官坐镇梅李，调集保安大队、各乡自卫队配合伞兵部队，对武工队活动区全面"清剿"，先后抓捕武工队队员和群众200多人。何项太武工组副组长潘新在太仓冯家桥与国民党自卫队遭遇，不幸中弹牺牲。

1947年1月，伞兵队调离，青年军二〇二师二旅三团进驻常熟，在各集镇驻守保安队，管制水陆交通，严密封锁浏河至福山的长江各口岸，禁止车船夜间通行。在农村设立盘查哨、递步哨，组织巡夜队，收罗地痞流氓白天化装成小贩、渔民、乞丐流窜乡间，窥视武工队踪迹，晚上引领青年军搜捕。同时，强化保甲组织，实行纵横连坐，使武工队队员难以活动。

1947年2月上旬，包厚昌在常熟任石区茶叶泾召开苏常太工委会议，讨论坚持长期斗争的策略问题，决定建立东横、梅李、任石3个区委和太仓特区。东横区以唐市、横泾为主要活动基地，南向阳澄湖，西向昆承湖发展。梅李区分梅南、梅北两个小组活动。任石区以任阳、石牌为活动基地，向昆山县周墅、陆桥方向发展。武工队尽量采取小型、分散的方式，在中心区和外围地带穿插活动，以避敌锋芒，尽量减少损失。但是，武工队队员不幸牺牲的消息仍然不时传来。

3月5日，东横区区委书记陆建南带领武工小组在唐市溪上宿营时，被国民党青年军发现。陆建南中弹牺牲，其余两名武工队队员在群众掩护下涉水渡河，始得脱险。

6月19日，任石区区委委员、武工组组长樊秋声，在任阳白牛潭与敌保安队遭遇，受伤被捕。敌严刑逼供，樊宁死不屈，严守党的机密，保护组织和同志。敌人以"赤化太深，无法救治"为由，将樊秋声杀害于碧溪徐庄桥。樊秋声牺牲前奋力高呼："我一人死了没关系，四万万同胞都是共产党，中国共产党万岁！"实践了他入党时"为革命愿抛弃自己的一切，为革命愿流尽自己最后一滴血"的庄严誓言。

7月8日晚，苏常太工委副书记江坚与任石区武工队队员在任阳白米浜与国民党青年军遭遇，武工队队员击毙敌向导，江坚等安全撤出。下旬，江坚与两名武工队队员去东横区与包厚昌碰头后乘小船返回任石区，途经白茆南桥时，突然与县保安大队数十人相遇，敌依仗人多势众，喝令江坚等靠岸接受搜查。江坚等乘敌不备，用驳壳枪向敌猛扫，乘敌人慌乱之际，3人弃船游到对岸脱险。

9月，陈刚到寨角老陈家宅基召开梅李区委和梅南、梅北武工组联席会议。哨兵发觉多路敌军正向老陈家宅基合围，全体人员随即转移，历尽艰难，突出重围。

敌人反复"清剿"，逐步摸清了武工队的活动范围和行动规律，武工队活动基点村的一些积极分子被捕捉，一些隐蔽的密室被破坏。

为了不连累群众，武工队队员晚上或住宿在牛棚里，或露宿在荒坟边，往往一夜数易住地。天气转冷后，有的住宿在河浜里的小船上，吃不上饭就以野菜充饥。这是武工队处于活动最困难、生活最艰苦的时期。

10月16日，东横区区委副书记季元福率两名武工队队员在白茆镇附近活动时，被敌包围，3人全部牺牲。敌人在季元福衣袋内搜得"陈振华"（陈刚原名）私章1枚，于是大肆宣传"击死匪首陈振华"，并上报请功。

10月27日，太仓县特派员周亦航、冯云章到常熟东唐市向包厚昌汇报工作，当晚住宿在常熟与吴县交界的孔家宅基。翌日凌晨，突遭吴县保安队包围。周、冯在突围渡河时，因不谙水性，溺水牺牲。

10月20日，苏中区党委在听取了江坚等人的汇报后，给包厚昌及苏常太工委来信："今后苏常太、澄锡虞两个工委，统归区党委直接领导。"同时通知包厚昌去路南工作，包即于10月底离开常熟，转赴吴江，从外线领导苏常太、澄锡虞地区的斗争。

为了使包厚昌在吴江取得立足点，由地下党员吴明出面，与他人合股开办万丰石灰窑，窑址在吴江北门外三里桥东窑港河道中的大墩上，四面环水，外界不易注目，有利于秘密工作的开展。不久，又调数名地下党员到窑上工作，使该窑成为秘密活动的基点。包厚昌召开澄锡虞工委会议，决定由赵建平负责工委全面工作，张卓如负责武工队工作，焦康寿、朱帆负责党的秘密工作。为了方便工作，在吴江同里也设立了联络站，由李桐明负责。李租了两间房，以卖布为职业掩护。澄锡虞工委在同里联络站也开过一次会。不久，沈鲁钊调任澄锡虞工委委员、组织部副部长，由李桐明接替沈鲁钊任锡澄县特派员。11月底，钱伯荪由苏北返回向包厚昌、赵建平传达华中工委指示：要积极开展小块游击根据地的建设；发展不脱产的秘密武装小组；开展"抗丁""抗粮"运动，保护群众利益；开展敌军工作，有条件地进行策反；开展城市工作，争取知识分子；发展党的组织，建立可靠的联络点和地下交通线。12月下旬，焦康寿从苏北到达吴江，又带来华中工委有关适应迅速发展的形势需要，撤销十地委建制，所属各工委由华中工委国统区工作部领导，当前要积极做好迎接大军渡江准备的指示。

1948年2月10日，包厚昌在吴江召开苏常太和澄锡虞工委领导成员会议，决定苏常太工委在苏州城区设立秘密领导机关，增补徐政为苏常太工委副书记。按照华中工委指示，在坚持江南斗争中目标太大或立足有困难的同志撤回苏北，隔江领导江南工作。于是，包厚昌、江坚、钱伯荪、焦康寿等先后北返。

苏西太湖地区的反"清剿"斗争自1947年年初起显得格外困难。一方面，国民党青年军二〇二师介入"清剿"，先后成立太湖清剿区指挥部、吴县县政府突击队等机构，爪牙伸向木渎、善人桥、光福、金墅、通安一线，形成沿太湖包围圈，太湖水上警察局不断派出船只武装巡弋，并重金悬赏"缉拿"留守负责人薛永辉等；另一方面，地主收租遭武工队阻挠后，报复心切，勾结军警，通风报信，屡屡"围剿"；再一方面，阳东武工组徐泉根（绰号小豆腐）杀害组长仇全男后叛变投敌，供出了大部武工队宿营地，使武工队连遭破坏。1947年1月14日晨，苏西金墅武工组组长秦大刚等在西泾湾宿营，当地乡长告密，太湖"清剿"区指挥部出动100多人搜捕。秦在掩护队员撤退后，只身被包围在连河浜村石板桥下，他宁死不屈，举枪自戕，以身殉职。敌人将秦大刚的尸体抬到金墅莲花寺场上示众。翌年3月9日，苏西留守分处主任周志敏及武工队队员苏世兴、孙水土等隐蔽在镇湖中庄村联络员家密室中，突遭青年军二〇二师一部200多人包围，突围时3人全部遇难。3位烈士的头颅被分别挂在石路电线杆上和光福汽车站示众。为了开辟新的活动阵地，薛永辉于1948年夏率部分队员重返锡南，经艰苦转战，重新打开了锡南局面，扩大了太湖县武工队的活动地域。

1948年3月6日，苏锡武工队队长吴道元被青年军二〇二师及自卫队200余人包围，吴中弹牺牲。3月13日，苏常太工委副书记徐政率3名武工队队员宿营于李市乡章浜附近。14日早晨，遭敌包围，突围时，徐政不幸中弹牺牲。

第三节　开展锄奸活动

在武装"清剿"的同时，国民党还广设"自新登记站"和"感训所"。被关押在"感训所"的武工队队员，在敌人严刑拷打和"感化"面前，绝大多数经受住了考验，坚毅刚强，宁死不屈。有的被长期监禁，受尽折磨；有的被敌杀害，英勇牺牲；也有个别意志薄弱者背叛革命，成为敌特的帮凶和耳目。敌人采取"以共制共"的办法，指使一些叛徒领捉干部和武工队队员。在敌人淫威面前，一些原来与武工队有联系的自卫队逐渐趋向反动；一些"两面派"乡、保长倒向了国民党反动派，有的死心塌地与共产党为敌。对此，华中局和苏中区党委多次指示："要防止叛徒与反动派之猖獗，应用各种方法去镇压叛徒特务"，"加强锄奸活动，打击叛徒采取的反间政策"。

苏常太工委据此采取相应措施，打击敌人嚣张气焰。新四军苏常昆太留守处和武工队对乡、保长发出警告信，不许他们为虎作伥，胡作非为；对不听警告、作恶多端的反动地主恶霸和叛徒、特务、密探，实行坚决打击，使敌人"清剿"失去耳目，成为"瞎子"和"聋子"。

常熟古里镇镇长邵君弼，在抗日战争时期曾与新四军有来往，在敌强我弱的情况下，死心塌地倒向了反动派。1946年12月11日傍晚，在苏常太工委副书记陈刚部署下，12名武工队队员突然袭击古里镇，处决了邵君弼，缴获长短枪4支。青年军情报员陶根兴（绰号"杀勿忒的猢狲头"），经常下乡窥探武工队行踪，迫害群众，勒索钱财，串通催租人员下乡逼租，群众视若虎狼。武工队经过周密侦察，掌握陶的活动规律。1947年6月27日早上，得悉陶根兴正在常熟小东门外凤岩泉茶馆喝茶。在包厚昌指挥下，任石区武工队钱康元、宋云岩和东横区武工队陆二男化装入城，将陶抓获，当众宣布罪状后，将其击毙。叛徒糜祥祥，抗战时曾是苏常太地方武装的排长，北撤时脱逃投敌。由于他对苏常太党组织和武工队的情况十分熟悉，因而威胁很大。7月4日晚，陈刚、朱英率领武工队队员多人，闯入糜家，将其处决。

新四军北撤后，曾一度参加沙洲武工队的葛桂荣叛变投敌，纠合一伙人敲诈勒索，横行乡里，并打着新四军旗号打家劫舍，残害百姓，破坏武工队声誉，离间武工队同群众的关系。他还挖空心思刺探武工队底细，企图打入内部，里应外合，将武工队一网打尽。沙洲武工队将计就计，于8月中旬设计将葛桂荣秘密处决。

苏西武工队在两年多时间内，先后惩处反动分子数十人。叛徒赵招根，原参加过民兵，后投靠蔡三乐，密告寺桥镇群众积极分子四五十人。1947年12月，苏西武工队队员钱锦南、吴金木等前往捕杀，赵侥幸脱逃，窜往无锡，后被地下党员朱阿林、陆惠良处决。叛徒朱阿六，曾经历"冲山突围"，后投靠蔡三乐，出卖同志。1948年六七月间，苏西武工队将他处死在太湖五子山上。金墅航船浜乡乡长许云航，死心塌地投靠国民党，密告武工队宿营地，致使武工组组长秦大刚被害，1947年4月3日清晨被武工队队员枪决。善人桥皇村大地主张介生，除了大肆收租外，还暗中充任密探，多次向敌密报苏西武工队队员活动情况，使武工队屡涉险境。11月21日，武工队潜入张家将其抓获，处死于荒野。国民党吴县县党部第三区分部书记范文义，坚持反动立场，疯狂催收租米，人称"大头催子"。1948年3月2日晚，武工队队员潜入范家，将其击伤，范后来丧命。镇湖石帆乡小马山保长陈福荣充当中统特务，气焰嚣张。1948年5月，武工队派民兵将其处决，遗尸小马山，震慑了敌人，安抚了群众。

第四节　依靠群众坚持反"清剿"

武工队为民除害，保护群众利益，与人民群众建立了深厚情谊，群众支持武工队坚持斗争，及时为武工队通风报信，使武工队在反"清剿"斗争中减少损失，保存实力。这是武工队在严重白色恐怖下赖以立足生存和进行反"清剿"斗争的关键所在。

1947年4月，太湖县武工队在镇湖杨树园、后孙舍宿营，遇敌"清剿"包围，姚金泉母亲及时报告，武工队队员迅速转移，使敌人扑了个空。1948年4月，敌人按照叛徒徐泉根提供的宿营地分路搜捕，其中一路包围了镇湖西京村交通联络点郁全玲家，时值薛永辉等8人在其家中碰头宿营，由于郁全玲沉着应付，机警掩护，终使全体同志安全转移。

在艰苦的反"清剿"斗争中，人民群众不顾自己安危，千方百计掩护武工队队员。1947年7月下旬，包厚昌宿营于常熟白茆塘南岸的花坝漷，突然遭到国民党青年军包围。包厚昌在群众掩护下，装作病人，乘小船穿过白茆塘，跳出包围圈，安全转移，使敌人一无所获。

光福乡潭西村地下交通联络员黄球娣坚贞不屈，冒着家破人亡的危险，掩护武工队。徐泉根叛变后，黄球娣被抓，受尽严刑拷打，不吐露一点情报。镇湖马山秦招根的母亲掩护武工队胆大心细，忠心耿耿，她家就是武工队的"堡垒户"，被喻为"小莫斯科"。

1948年8月的一天，北周庄章家桥联络站章卫其为掩护武工队被捕。敌人对他严刑逼供，逼他领捉武工队队员，章断然拒绝。敌人无计可施，残酷地将他杀害。9月9日，沙洲杨舍吼山房联络站遭敌袭击，党员陈金才、钱惠安及青年妇女汤兰英等6名群众被捕。汤兰英被捕时分娩还未满月，她经受了夹指甲、坐老虎凳、灌辣椒水等酷刑，还忍受了被捕后婴儿夭折的悲痛，始终不向敌人低头。一次，常熟任石区委委员钱康元同几名武工队队员宿营在周墅杨沙溇农民范九妹家中，遇国民党自卫队下乡收捐，由于范九妹及时通风报信，钱康元等人突围脱险。正是有了人民群众的掩护和支持，武工队才能在敌人的反复"清剿"中有效地保存自己，减少损失，使斗争坚持下去。

反"清剿"斗争中，在周恩来亲自关心下，中共代表团营救了一批被捕关押人员。1946年4月，苏州监狱关押的300多名"政治犯"开展绝食斗争，迫使国民党当局分批释放172人，其余被改为"刑事犯"。其中，苏西北武工队指导员李觉和武进财粮干部郑重、盐东县敌工人员滕小良被吴县地方法院按"刑事犯"判处死刑，3人不服上诉。狱外地下党组织闻讯即派人向驻南京的中共代表团报告情况，要求设法营救。周恩来获悉后，连续5次致函国民党当局及司法部门。7月19日，致信国民党和谈代表、参政会秘书长邵力子，要求"急电苏省王主席转饬苏州地方法院，即予释放"，没有结果。8月27日，周恩来再次致信邵力子，对李觉、郑重、滕小良3人被以"杀人罪"名义判处死刑表示"不胜惊异"，要求立即停止执行，"照政治犯一并予以释放"。并警告国民党当局如一意孤行，"势必影响敝方对于贵方被拘人员之处置"。这表达了周恩来的严正立场和愤慨心情。邵力子于8月29日转致王懋功，要王"迅予转函苏法院，对该3人之死刑暂缓执行，免起重大纠纷"。30日，王将原函抄转江苏高等法院院长孙洪霖和首席检察官韩焘。29日，周恩来致函"三人会议政府代表小组办公室"，严重抗议国民党当局企图变换手法陷害"政治犯"的罪恶行径，有力地揭穿了敌人的阴谋。周恩来的第四、第五封信于9月5日、11月6日写给吴县地方法院，为强加给滕小良的"杀人"罪名辩驳，并出具证明："杀人"案与滕小良无关，敦促法院"宣告无罪"、"予以释放"。周恩来除接连写信营救外，还派人到苏州监狱探视，从经济上给予接济，精神上给予安慰和鼓励。

由于以周恩来为首的中共代表团多次交涉，申明严正立场，国民党当局被迫做出让步，分别对李觉、郑重、滕小良等改判有期徒刑。李觉等在苏州解放前先后出狱。

第五节　抗丁、抗粮、抗税斗争

　　1947年夏秋，国民党尝到了发动内战的苦果。兵力缩减，兵源枯竭，后方空虚，士气低落，斗志尽失，越来越遭到人民反对。而人民解放军节节胜利，越战越强，两者形成鲜明对照。在此情况下，蒋介石下达"戡乱总动员令"，大量征兵征粮，摊派苛捐杂税，以支撑其血腥的内战残局。蒋介石的倒行逆施，进一步激起了群众的反抗。苏州农村由此爆发了激烈的抗丁、抗粮、抗税斗争。华中工委为此发出指示："党对一切抗粮、抗丁、抗捐税、抗捕杀、反'清剿'、反黑暗统治、救灾荒等群众斗争，必须参加争取领导，发展党、锻炼党，但要注意适当隐蔽。"

　　12月1日，太湖县留守处主任薛永辉以"太湖人民自卫总队部"司令兼政委名义发布告示，号召全体人民"以一切可能之办法，一致抗缴国民党反动派粮赋及一切捐税与拒绝出丁"，并告诫各乡保人员及催征吏不要死心塌地为国民党反动派卖力，"一经查出，必予严厉制裁"。太湖县留守处还以"太湖县农会筹备处"的名义散发"三抗"标语，一夜之间，从太湖之滨到苏州胥门，贴出标语1 000余张，极大地鼓舞了群众的"三抗"斗争热情。

　　国民党当局为了补充兵员，不分白天黑夜下乡抓丁，搞得人心惶惶，鸡犬不宁。地下党和武工队因势利导，揭露国民党抓壮丁、打内战的罪行，激发群众的反抗情绪。各村以地下党员和积极分子为骨干，把青壮年组织起来，成立"抗丁小组"。他们挖地洞，筑隔墙，准备好隐蔽场所。白天一起下田劳动，派人放哨，发现敌人下乡抓丁，抗丁小组就带领青年及时隐蔽。晚上，动员青年藏在地洞密室内，或者露宿芦苇坟茔中，也有的躲在小船上漂泊流动。

1948年上半年，常熟县征兵3 103名。到下半年，又追加1 594名，限期1个月完成。由于地下党领导抗丁斗争，到期实际只征得135名，不足1/10。同年，吴县连征3次兵，加上另征的地方保安兵，全年共征6 926人。全县舆论哗然，怨声载道。地下党和武工队领导的抗丁斗争深得民心，有力地打击了当局的征兵狂潮。这一年，吴县第一期征兵从3月2日开始，限期4月15日完成。结果连续7次延期，至6月20日尚缺额100余人。第二期征兵拖到10月底，缺额500余名。第三期更因全国战场形势突变而不了了之。

武工队在组织青壮年逃避抓丁的同时，利用各种机会，打击下乡抓丁的敌人。某晚，沙洲武工队2名队员在南新街附近与抓丁的自卫队遭遇，便主动出击，毙敌1人，缴获步枪1支，余敌狼狈逃窜。在地下党和武工队支持下，群众抗丁情绪越来越高。一天，敌人到八圩岸抓丁，10多名自卫队员追赶1名青年，愤怒的群众拿起钉耙、铁叉进行反抗，打得敌人仓皇逃命。十圩岸1名青年在逃避抓丁时跌伤在地，被2名自卫队员扭住不放。周围农民奋起反击这两名队员，将受伤青年抬到乡公所示威。国民党强拉壮丁，激起民愤，使其陷入更加孤立的境地。县政府不得不哀叹："催丁方法不善，使百姓对政府产生最恶劣的印象。"

国民党一面抓丁，一面强征壮丁费。按1名壮丁30石米计算，摊派给每个适龄男丁。乡、保长趁机搜刮，中饱私囊。许多农民被迫卖田卖屋，倾家荡产，家破人亡。地下党和武工队警告乡、保长，告诫他们不要助纣为虐，要为自己留条后路，如果执迷不悟，后果自负。武工队队员还趁黑夜到乡、保长家"登门拜访"，讲形势，指前途，晓以利害，告诫他们多做好事。沙洲武工队警告乡、保长只准抽"壮丁"（向富户征收壮丁费），不准抽"瘦丁"（不准向贫苦农民征壮丁费），迫使他们有的按富户田亩摊派，有的令殷实富户出钱，有的买二流子或者富有"开小差"经验的"兵痞子"交差。对于确实无法抗拒被抓的壮丁，武工队队员传授他们伺机逃脱的方法。1948年4月，常熟壮丁一次脱逃27名。有的一上前线就枪口朝天，向解放军举手投降，谁也不愿为国民党卖命当炮灰，许多青年由此成了解放军战士。

广大农村，特别是原来新四军控制的地区，当年抗日民主政权实行的减租减息政策已不复存在，加之天灾人祸，租税加重，地主豪绅势力抬头，农民犹如雪上加霜，连"糠菜半年粮"也难以维持。而国民党政府不顾人民死活，强征硬搜，武力"督征"，搞得天怒人怨，民不聊生。地下党和武工队为了维护人民利益，发动群众以报荒、拖欠、藏粮、少交等形式，开展抗粮斗争。秋收前，便发动请愿活动，组织老弱妇孺手捧白穗到乡公所报荒，要求派人验荒，减征免征。秋收时，动员群众尽量延长脱粒时间，防止反动派下乡抢粮。脱粒后，利用密室地洞坚壁清野，使敌人抢粮无法得逞。敌人恼羞成怒，便乱抓人质，逼迫农户交出粮食。

1948年6月14日，国民党常熟县政府"佃租执行处"抓住归政乡2名农民当人质，地下党趁机发动数百农民蜂拥而至镇公所，痛打"佃租执行处"人员，救出人质。

1948年冬，秋熟歉收，地主仍派催头到处催租。梅南地区党组织秘密串联100多名积极分子，分头到梅李、董浜、徐市、古里、白茆等市镇，将镇上四周木桥板撬掉，动员群众不上街，形成罢市局面。催头们见此情景，吓得溜回城去。当年，何市、辛庄、赵市、王市等地，也陆续开展了群众性抗租斗争，绝大多数农民没有缴租。

苏西北地下党和武工队发动群众，先后建立"三抗"小组130多个，参加成员近千名。1948年5月16日凌晨1时，黄埭联合收租栈勾结警察、自卫队下乡武装逼租，在倪汇村和港湾里两地开枪打伤农民3人，激起众怒。8时许，四乡农民千余人奔袭黄埭联合收租栈，一举将租栈砸烂。次日，湘城农民500多人冲入该区租栈，救出被拘禁的佃农，将租栈砸毁。

抗租斗争在沙洲各地也普遍展开。双山沙数百农户大部分耕种福江公司的土地，在地下党组织发动下，以农会名义同福江公司谈判，要求实行"二五"减租，只缴货币，不缴实物，延长缴租期限。经过多次斗争，谈判取得胜利，保护了群众利益。

国民党政府横征暴敛，各种苛捐杂税、临时摊派名目繁多，胜过牛毛。群众讽喻：天下太"贫"，民国万"税"。

吴县素称"鱼米之乡"，国民党政府横征暴敛，疯狂掠夺，各地农民在武工队支持下，软磨硬顶，百般拖延。国民党中央政府责怪吴县"收数极微，殊嫌疲滞"，特派粮食部专员亲临督征，但也无济于事。

在抗捐斗争中，武工队警告乡、保长不要为反动派卖力，不要与人民作对，不许乘机敲诈勒索，中饱私囊。对于个别顽固不化、民愤极大的反动分子，武工队张贴布告，宣布罪状，予以镇压，进一步鼓舞了群众的斗争情绪。有的乡保长是地下党员，为了减轻农民负担，把各种捐税一律按田亩分摊，将主要负担集中到地主、富农身上。1949年年初，太仓沙溪北张泾村马家巷一带，爆发了一场群众性的反苛捐斗争。一天，苏家湾乡公所、保安队派人到马家巷收捐时，残暴殴打无力纳捐的贫苦老人，激起农民义愤。在青年农民马亦岐等带领下，三四百名农民拿着扁担、铁搭，冲进苏家湾乡公所，捣毁了办公室。青年军闻讯赶来，逮捕了马亦岐等多人。武工队闻讯赶去慰问，设法救出了被捕农民。

在"三抗"斗争中，地下党和武工队进一步发展了与人民群众的亲密关系，并在斗争中发现和培养了一批积极分子，发展了党的组织，壮大了武装力量。

第十五章　城区斗争的勃兴

第一节　城区党组织的调整

内战爆发后，国民党在对农村实行全面"清剿"的同时，对苏州城区进一步加强了控制。1946年6月27日，苏州城防指挥部调整了巡查区域，装置了"匪警"专用电话，在闹市、车站设置了密告箱。9月，又将其王牌军青年军二〇二师调驻城区，加紧实施"联保连坐法"，加强对中共地下党的搜捕。城区地下党一如既往，团结争取群众，坚持隐蔽斗争。

1947年1月，华中分局城工部撤销，下属党组织并入上海分局领导。上海分局决定将苏州城区原来分属两个系统的地下党组织合并起来。7月下旬，上级领导人周克主持会议，宣布正式合并，成立中共苏州县委，卜明（陆兆书）任书记，孔令宗、陆天虹、徐懋德为委员。卜明因病未到前，由陆天虹暂代书记。当时有党员二三十人。孔令宗时任从云小学（该校是施剑翘为纪念其叔施从云创办，由冯玉祥当董事长）校务主任，主持校务。9月，卜明来苏后也在从云小学任教，开展地下工作。

县委成立后，工人、店员、教师、学生、郊区农会等工作都有较大进展。10月27日，面粉业支部成立，陆逢治任书记。职青图书馆在原有基础上于8月1日成立职青进修会，还开办职青文化夜校，出版《职青会刊》，进而于当年秋天成立职青党支部，李明谷任书记。尔后，又在丝织业和娄门地区店员中分别建立党小组。到1948年7月，职工党员已发展至30多人。抗战时迁沪的东吴大学自1946年起陆续迁回苏州。随来的党员于1947年春成立党支部，朱澂任书记。翌年春，与苏州县委派去该校的学生党员顾孟琴、徐懋义等合并成立统一的党支部，路尔铭任书记。文心图书馆也在1947年年初成立党支部，唐崇侃任书记。为适应内战爆发后的斗争环境，文心图书馆敦请陆鸿仪、贾古柏、严欣淇、蒋吟秋、顾颉刚等20多位知名人士组成董事会，推定陆鸿仪、贾古柏为正、副董事长，任命吴石牧、徐懋德为正、副馆长，并由董事会出面向当局登记备案，取得合法地位。文心图书馆还支持积极分子建立"大地""行知""孩子""田间"等小图书馆，既扩大联系面，又分散敌人注意力。同时，注意多用普通书刊装点门面，减少大的活动。内部则注意发现培养积极分子，一俟条件成熟即吸收入党，入党后大多与文心支部切断组织关系。由于文心图书馆的读者及发展的党员主要是大中学生，他们回去后对推动学校党组织的发展起了重要作用。由此，于1948年2月23日成立了中学党支部，陈恩冠任书记。社教学院、苏工专、苏女师、苏高工、苏中等院校也都有了党员。到1948年7月，学校系统党员已有50多人。

在近郊农会工作方面，1947年5月汪荣生被吸收入党后，继唯亭、向朝、夷陵3乡农会之后，又在与木机丝织工人有密切联系的致和、悬珠、龙登3乡成立农会，并在唯亭镇关帝庙召开6乡农会代表大会，与会代表千余人。此时6乡农会会员已有2万多人。年底，汪荣生又在外跨塘、临湖、阳澄3乡建立农会，使外跨塘成为地下党在农村的又一据点。汪荣生还利用关系，争取银行发放畜牧、化肥等贷款，帮助农民解决困难，减少高利盘剥。解放前夕，汪荣

第十五章 城区斗争的勃兴

生又在青丘、江边两乡组织农会，使地下党掌握的乡农会达11个，会员4万—5万人，声势越来越大。这一带同时成了疏散隐蔽城区已暴露的地下党员和积极分子的藏身之所。

1947年秋，鉴于一些同志"面目较红"，有的上了城防指挥部的黑名单，加之十地委遭破坏的消息传来，按上级指示，徐懋德、顾孟琴、唐崇侃于1947年11月撤离苏州。接着，陆天虹调往大别山，卜明调往四明山。同时调张云曾、陶戈辉（陶掌珠）来苏州。1948年1月，上海局外县工委决定，成立中共苏州工委，张云曾任书记，孔令宗、陶戈辉为委员。孔分管职工工作，陶分管组织、文教工作并领导义心图书馆支部。8月又调马崇儒来苏任工委委员，分管青年学生工作。按上海局决定，苏州工委归上海局外县工委领导，由周克负责联系。

城区除了中共苏州县（工）委外，还有两个系统的地下党组织开展活动。一个是原南方局系统党组织。1946年8月，武汉大学学生陈邦幸、范文贤按原中共南方局组织部部长钱瑛指示，来苏州景海女中和纯一中学任教。1947年1月，原南方局青委领导成员赖卫民夫妇受钱瑛（此时任上海分局组织部部长）指派到苏开辟地下学生工作，同时领导无锡、吴江等地原南方局系统的党员。赖卫民由范文贤介绍到光华中学任教，其夫人刘淑文（党员）到苏州女青年会搞学生救济工作做掩护。四五月间，陈邦幸、范文贤两人先后入党。5月，经钱瑛批准，成立中共苏州学委，陈邦幸任书记，范文贤、刘淑文任委员，赖卫民为上级领导人。6月，范文贤按赖卫民指示，与陆天虹、徐懋德合作筹办苏英职业中学。9月初，在余天灯巷正式开学，设高、初中各一班，招生近百名，教师大多兼职，不拿报酬，该校实际成了地下党的活动据点。不久，钱瑛派高山来苏接替赖卫民工作。10月，成立苏州工委，领导苏州学委、无锡临时工委及吴江的党员。高山任工委书记兼无锡临时工委书记，陈邦幸、范文贤、刘淑文为工委委员。陈邦幸兼苏州学委书记，范文贤负责联系吴江及苏州部分党员，赖卫民为工委上级领导人。1947年11月至1948年年初，工委领导发动大规模助学运动，从积极分子中发展了一批党员，其中社教学院8名、苏工专6名、苏女师及其他学校也各有若干名。在社教学院及苏女师还建立了党支部。1948年1月中旬，范文贤、刘惕恒（公开身份是工专训导员）因引起城防指挥部注目而同时撤离苏州，苏英职中在处理善后结束不久宣告撤销。同年二三月间，刘淑文、高山先后离苏，只留陈邦幸一人在苏州，赖卫民将陈的组织关系转交上海学委，原南方局系在苏州建立的党组织遂告结束。

在此期间，范文贤以吴江中学为基点，开辟吴江工作。于1947年7月至1948年年初，先后发展时在吴江中学任教的原武大同学倪明、刘玉、佘名清和中央大学毕业的胡斌等人入党，并在进步学生中发展了一批党员。倪明立足校内，领导进步学生改组自治会，对校方克扣学生伙食费行为开展斗争；同时，积极开辟校外工作。经长期考察和苏州工委报钱瑛批准，发展原国民党少将、曾在抗战期间从事抗日武装的赵安民入党。之后，按党组织布置，赵安民利用关系控制东太湖一带自卫队武装，打入国民党部队和特务组织搜集情报，为迎接解放做准备。倪明还在校外发展从事音乐工作的费旭初入党，以吴江中学为基地，组织吴江青年歌咏队，演唱进步歌曲，活跃校内外政治空气。还将工作发展到了省立吴江乡村师范，推动乡师的革命活动。

另一个是上海学委系统地下党组织。1948年4月，上海学委派吴康来苏州，同陈邦幸取得了联系。7月，上海地下党员孙增闳来苏州隐蔽。8月，交通大学地下党支委薛杰也撤来苏州。不久，吴康宣布由陈邦幸、孙增闳、薛杰3人建立党组织（未定名），陈邦幸为负责人，继续领导社教学院支部、东吴大学支部、中学支部（包括苏高中、苏工专、苏女师、景海、振华、有原），共有党员41人。孙增闳在社教学院地下党员顾笃璜帮助下，在仓米巷开办春荫小学，由上海撤来的一些党员陆续被安排在春荫小学任教。

这时，上海学委系统在昆山也建有地下党组织。他们早在抗战期间即以昆山县中为基点开展学生工作。至1946年春，建立了县中学生支部和城区小教支部、职工支部，并将工作拓展到省中和黄渡师范、太仓师范。同年12月，为统一领导苏、常、太、昆、嘉、青等地的学生工作，成立学委系统的外县工作委员会，王正任书记，胡史敏、郑慕贤为委员。1947年7月，外县工委改称昆（山）太（仓）嘉（定）青（浦）松（江）金（山）工作委员会（简称"昆嘉青工委"）。同年10月，中共中央上海局外县工作委员会成立，昆嘉青工委即改属上海局外县工委领导。1948年10月，昆嘉青工委又划分成昆山、嘉太、青松金3个工委。在此过程中，他们以昆山民众教育馆和大众书报社为阵地开展青年工作，领导昆山小教开展罢教索薪斗争，领导昆山县中学生同三青团做斗争，领导省中为改善学生伙食而开展的斗争，领导黄渡师范学生反对校方贪污伙食费的罢课斗争，领导太仓师范学生反对提高学杂费的斗争，以及开展政治攻势和策反工作等都取得了很大成绩。

第二节　反美抗暴斗争

从1946年6月到1947年2月，国民党反动派发动全面内战已8个月，非但没有实现"三五个月内消灭共军"的迷梦，相反，由于战线延长，兵力不足，蒋介石不得不放弃对解放区的全面进攻，改为重点进攻。在政治上，由于国民党坚持卖国、内战、独裁的反动政策，美帝国主义代替日本帝国主义在中国土地上横行霸道，为非作歹，美国商品充斥中国市场，严重打击中国民族工业。在经济上，国民党政府把财政收入的80%用于军费，滥发纸币，致使通货膨胀，物价暴涨。1947年上半年，法币发行额为1946年的10倍。物价比全面抗战前的1937年狂涨6万倍，而城市职工工资只增加六七千倍，广大劳动人民、学生以及中下层资产阶级濒临饥饿、失学、失业的威胁。加之吏治腐败，横征暴敛，置民于倒悬，促使阶级矛盾日益尖锐，政治经济危机加深。在此背景下，国民党统治区以学生为先锋的爱国民主运动日益高涨。

学生运动的高涨固然有其深刻的政治、经济背景，而1946年12月24日北平发生美军士兵强奸北大女学生的事件，则是其导火线。美军的暴行，严重伤害了中国人民的民族感情，激起了全国人民郁积已久的强烈愤慨。12月30日，北京大学、清华大学等5 000余学生举行抗议示威游行。12月31日，中共中央指示国统区地下党组织，发动各大城市响应，"使此运动向孤立美蒋及反对美国殖民地化在中国之途展开"。各地党组织坚持以"美军退出中国"为中心口号，把斗争引向深入。天津、上海、南京、武汉、重庆、苏州等数座城市50万人一致行动，形成全国性抗议美军暴行的风潮。苏州地下党按照党中央指示，积极领导开展斗争。

1946年暑假从四川璧山迁来的国立社会教育学院学生首起响应，宁静的拙政园掀起了反美抗暴怒潮。12月27日，随院东迁暂时失去组织关系的地下党员聂瑾琳和进步社团雷社的主要成员刘哲奎、民主青年联盟社教学院小组负责人杨若星等人串联发动，举行社教学院全体学生抗议美军暴行大会。会上，进步学生高呼"抗议美军暴行！""美国军队撤出中国去！"等口号。特务学生和三青团骨干分子则企图转移视线，别有用心地喊叫"所有外国军队都撤出中国去"。大会在一片混乱中，强迫通过了"一切外国军队都撤出中国去"的《代电》。

进步学生愤愤不平。当晚，雷社成员杨履方、黄万寿重新起草了"要求美军撤出中国去"的《代电》。第二天清早，他们把《代电》稿贴在墙上，同学们纷纷签名表示支持。

在广大同学强烈要求下，抗暴大会继续举行，就《代电》内容进行激烈辩论，进步学生取得了胜利，最后通过了"要求美军撤出中国去"的《代电》，选举产生了"社教学院抗议美军暴行后援会"，通过了自29日起至31日罢课3天的决定，发表了《告杜鲁门总统书》《上国民参政会书》《告全国同胞书》《告苏州人民书》等文告。会后，组织同学分赴苏州各大、中学校联络，共同抗议美军暴行，并到观前街、阊门石路等闹市区张贴标语。

在东吴大学，由以党员为核心组成的进步社团今天社出面，召开抗议美军暴行座谈会，在校内掀起了反美抗暴的高潮。

许多中学也出版抗暴壁报，召开抗暴座谈会，进行各种形式的抗暴宣传。苏州学生同全国学生的抗暴斗争汇成一起，使广大同学认清了美帝国主义的真面目和国民党政府卖国媚外的丑恶嘴脸，促进了苏州学生的新觉醒，为不断高涨的爱国民主运动揭开了序幕。

第三节　反饥饿、反内战、反迫害斗争

1947年2月28日，中共中央发出《关于在蒋管区的工作方针和斗争策略的指示》，号召各地"利用合法形式，力求从为生存而斗争的基础上，建立反卖国、反内战、反独裁与反特务恐怖的广大阵线"。中共中央上海分局据此确定了"从生活斗争的不断发展中来突破"的方针，决定在南京发动大规模的学生运动。

当时国立大专院校的公费生每天的伙食费只能买两根半油条或一块豆腐，连肚子也填不饱，还谈什么营养？南京市委决定首先从中央大学发动"反饥饿、反内战"运动。

5月12日晚，中央大学学生召开代表大会，决定自13日起罢课，要求政府增加伙食费，从每月2.4万元增加到10万元，并联合全国各专科以上学校一致行动。17至18日，南京各大专院校代表集会，商讨组织"南京区大专学校争取公费待遇联合会"，决定于5月20日国民参政会四届三次大会开幕那天举行游行示威，并通电全国各大专院校，希望统一行动，并欢迎来南京请愿。

苏州学生的反饥饿斗争也迅速开展起来。苏州学委决定在基础较好的社教学院以学生社团的名义，从提高学生公费、改善伙食等问题入手，发动反饥饿斗争。

赖卫民布置雷社成员李明杠和聂瑾琳、刘哲奎等串联进步社团同学，于5月16日贴出大字报，呼吁响应南京中央大学同学要求政府增加公费标准的号召，同学们纷纷签名赞同。17日午饭时，同学们敲着饭碗高呼"我们要吃饭""我们要吃饱"。饭后，召开全院学生大会，选出以杨绍宽、刘哲奎为正、副主席、傅道文为秘书长的

由15人组成的主席团,作为社教学院反饥饿斗争的领导机构。还通过了自即日起实行罢课、发表支持中大教授主张及同学要求的宣言、选派代表赴南京请愿等决议。会后,主席团决定选派李明杠、周平野、傅世璜、任建蜀4人为赴南京请愿代表。

17日,江苏省立苏州高级工业职业学校全体公费生召开大会,针对校方经常拖欠公费,致使五斗米钱的公费发到学生手上时买不到三斗的状况,做出了要求校方改善公费待遇、自18日起实行罢课、推选代表赴南京请愿等决定,推举温宗元、颜秉瑜等10人为赴南京请愿代表。

19日,社教学院和苏高工两校赴南京代表冲破重重阻力,乘火车到达南京中央大学。当晚,京沪苏杭16所专科以上学校代表在南京中央大学开会,正式成立"京沪苏杭区十六所专科以上学校挽救教育危机联合会",议定了联合请愿的5项原则、宣言及20条口号。

20日上午,京沪苏杭区16所专科以上学校学生5 000余人,举行声势浩大的"挽救教育危机联合大游行"。游行途中,在珠江路口,警察和宪兵对游行学生大打出手,19名学生受重伤,104名学生受轻伤,28名学生被捕,造成震惊全国的"五二〇"血案。

21日,除李明杠作为京沪苏杭挽救教育危机联合会主席团成员留下外,社教学院和苏高工其他代表返回苏州。社教学院学生大会主席团当天召开抗议国民党政府制造"五二〇"血案罪行大会。赴京代表报告了京沪苏杭四区学生联合大游行的情况及"五二〇"血案的经过。大会决定实行无限期罢课,以抗议国民党政府的暴行。22日,学生大会主席团发表《为抗议国民党政府制造"五二〇"血案宣言》,控诉国民党政府镇压学生运动的罪行,提出严惩凶手、释放被捕学生、赔偿所有损失、确保人身言论出版集会结社自由等六点要求,并号召同学"为了国家的前途,为了人民的生存,为了挽救教育危机,为了免除学生的饥饿"而继续英勇斗争。苏高工公费生也于21日召开抗议大会,决定继续罢课,发动苏州各大中学校学生一起行动。

经京沪苏浙豫五区学联主席团讨论,确定6月2日为"反饥饿、反内战、反暴行日",举行全国学生总罢课和大游行。苏州社教学院学生大会主席团表示坚决响应。苏州城防指挥部得到消息,于2日清晨派兵把社教学院团团包围,架起了机枪。双方在校门口对峙,眼看一场流血事件就要发生,学生大会主席团紧急磋商,决定取消游行,改在校内举行抗议活动。

6月3日,李明杠自南京回苏,向学生大会主席团传达了五区学联关于停止罢课的决定,社教学院遂停止罢课。苏高工公费生在校方答应按时发放公费后,已于5月28日停止罢课。

为防学运再起,社教学院和苏高工校方根据国民党教育部命令,宣布于6月底提前放暑假。苏州城防指挥部开列黑名单,准备大批逮捕学运积极分子。苏州学委赶在敌人下手之前,分批将学运积极分子疏散转移到外地,保存了革命力量。为此,苏州学委受到了钱瑛的表扬。

苏州学生的反饥饿、反内战、反迫害斗争,是全国"五二〇"运动的组成部分,它冲击了国民党当局的反动统治,促进了苏州各阶层人民爱国民主运动的高涨。在苏州学生运动史上写下了光辉的篇章。

5月30日,毛泽东在《蒋介石政府已处在全国的包围中》一文中对学生运动做了高度评价。指出:"中国境内已有了两条战线。蒋介石进犯军和人民解放军的战争,这是第一条战线。现在又出现了

第二条战线,这就是伟大的正义的学生运动和蒋介石反动政府之间的尖锐斗争。"

1947年下半年,苏州县委为了进一步推进反饥饿、反内战、反迫害斗争,决定由文心图书馆、艺声歌咏团、演剧社为主,在社教学院广场搭台组织充满民主气氛的文艺演出,近千青年到校观看,全场齐唱《团结就是力量》,激发了群众的斗志,把爱国民主运动推向各个学校。

东吴大学属教会学校,进步力量较弱,政治空气历来比较沉闷,学生的民主权利没有保障。在全国和苏州学生运动日益高涨的推动影响下,东吴大学学生要求民主自由和成立学生自治会的呼声也随之高涨;东吴大学学生在地下党领导下,冲破学校教会势力的控制,发动了要求配给平价米和争取成立学生自治会的斗争。1947年5月,东吴大学配到平价米100担,校方打算瞒着学生暗中私分。消息传出,学生大哗。当时米价一日数涨,校方私分平价配给米,势必影响学生膳食。地下党通过学生膳委会召开全体学生大会,派出路尔铭等代表与校方交涉,强烈要求按规定比例将学生应得份额全部分给学生。校方怕事态扩大,不得不把配给米分给了学生膳委会。

地下党组织进步学生顺势召开全校学生大会,提出建立自治会的要求,得到了大多数学生的拥护和支持。校方规劝不成,提出要在校方监督下组建。三青团组织"暴风体育会"妄图攫取自治会的领导权。地下党通过进步学生提出,先成立自治会筹备委员会,商讨选举办法,然后进行正式选举的方案,得到学生们的赞同。

进步学生以"文学研究会"的名义提出候选人名单,"暴风体育会"则提出另外人选。双方展开激烈的竞选,各自发表施政纲领,"文学研究会"候选人路尔铭终于当选为学生自治会主席,击败了对方阴谋。

通过学生自治会的选举，爱国民主思想在东吴大学学生中得到广泛传播，要求保障民主权利的呼声日益高涨，学生自治会摆脱了校方的控制，为以后的学生运动奠定了良好的基础。

第四节　大、中学校的助学运动和反美运动

1947年下半年，由于物价飞涨，学习费用高昂，许多困难学生家庭难以负担。中共苏州学委领导各大专院校发起劝募助学金运动，使"五二〇"运动以后趋向低落的学运又走向高潮。社教学院、东吴大学、苏州工专、美专等院校学生代表集会，宣布成立"苏州专科以上学校助学金联合会"，选举社教学院强国瑞、东吴大学路尔铭、苏州工专毛苌、苏州美专屠由云等4人组成主席团，发表《苏州专科以上学校助学金联合会宣言》，呼吁社会各界予以同情和支持。接着，各校相继开展劝募活动。

12月，苏州学委书记范文贤（当时尚未撤离）及上级领导人高山等以"品茗聊天"为名，经常到观前街吴苑茶馆与社教学院、东吴大学、苏工专、美专等地下党支部联系，掌握动态，指导运动。各校通过学生自治会或学生社团，组织劝募小分队进行劝募。同学们唱着自编的《助学歌》，拿着劝募簿子，深入大街小巷、茶馆酒楼、车站码头等场所义卖助学章，助学运动很快进入了高潮。

大专院校助学运动开展后，中共苏州县委也接着发动中等学校开展助学运动。12月中旬，确定已有党员的光华、慧灵、高工、苏中4所中学作为发起单位召开筹备会议。下旬，光华、慧灵、高工、苏中、晏成、有原等13所学校代表在北局青年会开会，正式成立

"苏州中等学校助学金联合会"，金重固当选为执行委员会主席。中学助学联一面发表《宣言》，扩大宣传，争取社会各界的同情和支持；一面给苏州国民党军政要人发函，"敦聘"他们为顾问，并将聘书送给县长、参议长、城防指挥官和教育局局长，使他们不便公开反对劝募活动。

这次助学运动，大、中学校之间互相配合，进展顺利。1947年年底和1948年元旦，大、中学校曾两次联合上街劝募，学生们的勇敢精神赢得了社会各界的同情和支持，许多市民纷纷解囊相助。

1948年元旦以后，大专助学联假座大华戏院举行助学义演，一二天后，城防指挥部即蛮横禁演。寒假期间，各校学生回到家乡继续劝募，直至寒假结束，历时3个多月。

1月中旬，中学助学运动进入高潮。各校劝募小分队冒着凛冽寒风和漫天大雪，分赴工厂、商店、公共场所和殷实富户劝募。2月中旬，艺声歌咏团在玄妙观中山堂为中学助学联义演《农村曲》，也遭到城防指挥部的蛮横禁止。中学助学运动从12月中旬持续到2月中旬，前后共2个月。

这次助学运动，参加人数多、规模大、时间长，大专院校募得4亿元法币，中学劝募所得折合大米约6万斤，不仅解决了部分贫困学生的困难，而且沟通和加强了大、中学生之间的联系，涌现出一批积极分子。运动以后，地下党在社教学院、苏州工专和不少中学发展了一批党员，壮大了地下党的队伍。

与此同时，昆山省中、县中党支部也发起救济清寒学生活动，建立清寒学生救济会、助学委员会，组织电影义映，受到社会各界同情和支持，帮助一部分清寒学生解决了困难。

第二次世界大战以后，美帝国主义重新武装日本，保留日本法西斯军官，扶植日本军事工业发展，国民党政府屈从美帝旨意，与日本签订《贸易协定》，日货随着美货大量倾销我国市场。1948年4月30日，中共中央发布五一口号，提出"反对美帝国主义者扶植日本侵略势力复活"的号召，得到各界人士的热烈响应。五六月间，反美扶日运动便在全国范围广泛开展起来。

1948年春，社教学院地下党支部为了密切进步社团之间的联系，扩大进步社团的影响，由支委胡尊贤出面召开社团联合会成立大会。5月，社团联合会先后召开"'五四'纪念座谈会""'五二〇'运动周年纪念会""土地改革座谈会"和"反美扶日座谈会"，邀请著名教授参加，师生共同抨击美帝扶植日本军国主义的罪行。并由进步社团整理成文，编成反美扶日壁报，在校园内广为宣传。6月6日，晓角、大路、真理等社团共同举办反美扶日资料展览会，广大学生和校外群众参观者络绎不绝。展出第二天，院长陈礼江带人撕毁展览资料。晓角社、大路社成员闻讯赶来跟陈礼江评理。责问校长：学生宣传反美扶日，何罪之有？陈礼江无言以对，悻悻而去。

社教学院学生开展的反美扶日活动，加强了进步社团之间的联系，提高了学生们的觉悟，活跃了学校的政治空气。

第五节　罢工斗争和抢米风潮

在苏州城区第二条战线的斗争中，除了接连不断的学生运动外，由于民族经济备受打击，物价飞涨，粮荒严重，工人生活困顿，罢工、怠工斗争络绎不绝。1947年，苏州发生劳资纠纷112起，波及厂商、作坊3 620家，参与罢工等各种形式斗争的职工3万多人。四五月间，沪宁沿线发生大规模抢米风潮，波及苏州。监狱中的犯人，也行动起来反抗狱方的虐待凌辱。这些斗争互相呼应，形成了苏州城区波澜壮阔的爱国民主运动。

位于道前街金狮河沿的时和烟厂，女工工资低，劳动时间长，劳动条件差，资本家还经常拖欠工人工资，有时发几条劣质纸烟作为抵充，工人们从"鸡叫做到鬼叫"（清晨做到深夜），连肚子也吃不饱。

锡包车间女工周素珍，在地下党员吴志良启发教育下，觉悟不断提高，认识到要改变工人的现状，只有团结起来，共同向资本家进行斗争。1947年10月5日，厂方又一次欠薪，周素珍团结锡包车间姐妹举行罢工，喊出了"我们要吃饭，要活命"的口号，向资本家提出按时发放工资和增加包烟工价两项要求。

资本家指使"拿摩温"花言巧语"规劝"复工，工人不予理睬。第二天，资本家又使出硬的一招，扬言要抓共产党嫌疑分子，谁不复工就把谁当作共产党送去坐牢。周素珍挺身回答："我们做工的只晓得做工吃饭，不晓得什么共产党不共产党！"把资本家顶了回去。

当时正值香烟旺销季节，锡包车间工人不干活，香烟出不来，资本家眼看工人人心齐、力量大，只得妥协，答应其所提条件。

苏州针织行业的罢工斗争，抗战时期也一直没有间断，抗战胜利后一度有所缓和，但不久又再趋高涨。1947年2月，产销转入淡季，资方对工人工资打"双八折"，工人不答应，资本家以停工相威胁。一时间，全城35家针织厂竟有28家歇业。10月间天气转凉后，旺季到来，大部分工厂复工，资本家又从米价上动脑筋剥削工人。当时每石白米60万元，资方却以糙米价每石50万元计发工资，工人要求恢复以上白米九六折计算，双方僵持不下。工人们不顾省政府"不准聚众游行"的禁令，于11月4日聚集三四百人由总工会常务理事陶国梁率领前往县政府请愿。县政府不顾请愿,支持资方意见。工人愤而实行全行业总怠工,并于11月15日在《苏州明报》刊登了由王勇华等318名工人签名的呼吁书,要求各界予以支持,事态顿时扩大。20日,江苏省政府社会处急忙派员来苏,召集劳资双方协商。县政府怕事态进一步扩大,资方也担心工人旺季罢工损失太大,无奈做出让步,被迫接受了工人按白米价计发工资的要求。

1947年春节过后,物价"如脱羁之马,几不可收拾"。5月份与1月份比较,白米涨价4倍,面粉涨价4.5倍,肥皂涨价5.5倍,火柴涨价3.3倍。由此抢米风潮席卷苏州,胥门、阊门和金门许多粮店米行被抢。5月10日,男女饥民五六十人拥入胥门协记米行抢米12石。警察急忙去镇压,逮捕4人。第二天,风潮扩大。阊门外永丰、彭裕龙、天丰等米行、米厂,金门外集成米店,盘门外震茂余米号等5家均发生抢米事件。军警又逮捕24人。苏州城防指挥部发布文告,声称"倘再有抢米事件发生,决予严惩不贷",企图用高压政策来收拾抢米风潮。

5月25日,昆山县城贫民反对米行老板囤积居奇,也发生抢米事件。警察拘捕20余人。不久,迫于舆论压力,只得释放被捕群众,开仓平粜大米两个月。

1948年,国统区物价继续高涨。据报载:"入夏以来,涨风炽烈,尤以食米,一再腾昂,迭创高峰,升斗小民,惶惶终日,影响所及,以致各地抢米风潮,时有所闻。"进入7月,苏州"食米飞速上腾,每日频创新盘"。许多米商囤积居奇,故意抬高米价,或关门停售,导致抢米风潮又起。

7月10日,"衣衫褴褛之贫民""掺杂女子孩童",拥入阊门外集成、乾泰、正泰等米店抢米。警察赶往出事地点,驱散抢米群众并逮捕为首者。

同年11月,吴江县盛泽区区长勾结米业同业公会会长压价购进大米,囤积居奇,将大批粮食运往上海,高价抛售,谋取暴利。许多家庭无米下锅。盛泽镇纺织业地下党支部书记俞永泉和盛泽地区党组织负责人俞双人在中共吴嘉工委支持下揭露区长勾结奸商囤积倒卖粮食内幕,发动工人罢工。工人们高呼"要吃饭!"的口号,拥进米业同业公会和镇上18家米行,将所藏大米全部搬上大街分发,居民无不拍手称快。

盛泽纺织工人反饥饿斗争的胜利,长了工人阶级志气,灭了反动当局威风,还从中发现和培养了一批积极分子,先后发展入党。

第十六章 迎接苏州解放的斗争

第一节 党组织的统一和发展

1947年7月,中国人民解放军转入战略进攻阶段,国内形势发生了巨大变化。10月10日,中国人民解放军总部发表宣言,提出"打倒蒋介石,解放全中国"的口号。国民党军队被迫实行全面防御和分区防御,战线逐步南移,国民党反动派拼命加强对江南地区的控制。敌人的镇压愈大,人民的反抗愈烈;国民党搜刮愈重,群众斗争也愈广泛、愈高涨、愈尖锐。加之敌人在节节败退下内部产生分化和动摇,造成了坚持江南斗争的有利条件。

1948年5月10日,中共华中工作委员会"为了加强江南各单位及长江两岸工作的领导",决定建立江南工作委员会,由管文蔚兼任书记,吕炳奎、包厚昌为副书记,江坚、谢克东为委员,统一领导江南工作。同时决定第一、第二、第九地委亦分别建立江南工作委员会。华中一地委江南工作委员会于7月2日成立,由地委书记钟民兼任书记,张志强为副书记,张卓如(联络部部长)、焦康寿(组织部部长)、杨增为委员。下设澄锡虞工委(书记赵建平)、澄武锡工委(代理书记王鹏)和长江工作委员会(书记俞乃章)。工委机关设在如皋黄家市原江南办事处所在地。华中九地委江南工作委员会于8月5日成立,由地委书记周一峰兼任书记,陈刚为副书记,曾子平(组织部部长)、钱伯荪、浦太福等为委员。工委机关设在启东徐家仓，隔江领导苏常太地区和崇明的工作。

关于江南工作的方针任务，华中工委指示：第一，大力开展群众合法斗争，以贫雇农为骨干，团结中农，争取一切可能利用的力量，更有力地打击敌人。第二，有重点、有计划地发展党的组织。要求精干隐蔽，适合坚持秘密活动，又能适合领导群众的合法斗争。第三，武装斗争应服从隐蔽发展的总方针，为支援群众合法斗争服务。并要求打通大江南北非法与合法的交通联系，任何时候不致中断。

各地认真传达、学习华中工委的指示，认清了形势，明确了方向，增强了完成各项任务的信心。

同时，中共上海局外县工委系统和上海学委系统在苏州的地下党组织也有了发展和变化。

1948年9月，中共上海学委副书记吴学谦派浦作到苏州，与陈邦幸接上关系，代替吴康领导苏州的工作。10月，上海复旦大学地下党总支委员张渝民撤来苏州，在桃花坞民化小学教书，开展地下工作。同月，浦作在张渝民住处召开会议，宣布上海学委的决定：成立中共苏州学生工作委员会，张渝民为工委书记，薛杰为组织委员，孙增闶为宣传委员，陈邦幸为调研委员。为防止敌人破坏，苏州学生工委与当地党组织不发生组织上的联系。

苏州学生工委在学生中广泛宣传解放战争的大好形势和党的政策，不断壮大党的力量，通过各种群众组织和学生社团开展工作，团结中间力量，孤立和削弱反动力量。11月，学生工委分别在河南大学（1948年暑假由河南开封迁来）、苏州工专建立了党支部。至1949年2月，苏州学生工委系统的社教、东吴、河大、工专、苏中、苏女师、景海、振华、有原、河南助产学校、民化小学等11所大、中、小学校共有党员97人。

1948年秋冬，中共苏州工委建立下属职工区委，由工委委员孔令宗兼任书记，李明谷、陆逢治为委员。职工区委成立后，在职工中进一步领导开展反饥饿、争生存的斗争。到1949年秋，区委属下有面粉业、职青两个支部，丝织业、娄门地区两个小组，连同单线联系的在内，共有党员36人。

1949年1月，苏州工委还成立了文教区委，由沈若兰任书记，许甫如、王兰珍为委员，领导伯乐中学、苏女师两个支部，文教小组及中学、医务界单线联系的党员，共有党员23人。此外，苏州工委还直接领导文心图书馆和工委机关两个直属支部。

1949年2月上旬，根据上海局指示，上海市委将学委领导的苏州学生工委的组织关系全部移交给上海局外县工委领导的苏州工委。张渝民、孙增闳调回上海；薛杰、陈邦幸留苏州工作，苏州学生工委的党员组织关系全部由薛杰移交给苏州工委。至此，苏州城区地下党组织全部统一了起来。

城区地下党统一后，苏州工委成立青年区委，由工委委员马崇儒兼任书记，薛杰任副书记，陈邦幸、杨源为委员。区委下辖社教、东吴、河大、工专、苏中、苏女师以及中学支部等党支部。

到苏州解放前夕，城区地下党已有12个支部、20多个小组，共有党员200多人，成为迎接解放和配合接管的一支强大力量。

1948年冬，太湖县留守处与中共华中一地委江南工委接上关系，暂归一地委领导，苏西武工系统和秘密工作队伍不断壮大。至解放前夕，党员已发展到六七十名。

同期，苏西北地区的甲种党（武工队系统）和乙种党（秘党）合并，成立苏锡县工作委员会，实行统一领导。储新民任工委书记，顾明、陈锡昌为委员。1949年1月8日，储新民率顾明、陈锡昌、唐胜祥等在北桥乡钱埂上宿营，遭北桥自卫队袭击，储不幸罹难。2月，吴甦调任苏锡工委书记。到解放时，苏西北地区的党员已发展到58名。

1948年11月，中共苏州学生工委决定建立地下学联，把进步学生团结在党的周围。12月底，东吴大学、河南大学开始发展地下学联成员，由地下党员个别联系或编成小组，接受党的领导，根据党组织的布置开展工作。至苏州解放时，河南大学共发展地下学联成员54人，东吴大学亦发展多人。

1949年1月1日，中共中央做出建立中国新民主主义青年团的决定。此后，苏州地下党组织便陆续开展建团工作。

1月，苏州工委在苏高工、光华等中等学校发展地下团员22人；1月中旬，澄武锡工委在社教学院也发展了若干地下团员。到解放前夕，苏州学生、教师中有团员63名。2月至4月，太湖县党组织也在苏州城区发展地下团员百余人。地下学联和地下团在党的领导下，团结广大学生、青年，努力完成党布置的各项任务，在应变护校和迎接苏州解放的斗争中做出了积极贡献。

第二节 城市斗争的新进展

1948年，国统区经济陷于崩溃状态，物价疯涨。苏州地下党组织采取灵活的斗争策略，领导开展了以提高工资、改善生活为主要内容的经济斗争，使反饥饿、争生存的斗争又一次趋向高涨。全年发生劳资纠纷95次，遍及针织业、面粉业、爆竹业、木器业、香烛业、茶食糖果业、戏院电影业、石粉业、人力车业等十几个行业，涉及工人2万多人。

1948年8月，国民党政府颁布《财政经济紧急处分令》，发行金圆券，以300万元法币兑换1元金圆券，这实际是又一次对人民进行大搜刮。同时强行冻结物价，冻结工资。为了冲破冻结的生活指数和工资，改善工人生活，苏州工委通过吴县总工会中的地下党员，发动各业工人相继提出增加工资底薪的要求。

9月10日，吴县县政府召开劳资评断会，仲裁劳资双方关于工资底薪的纠纷。会上，工会代表进行了充分的说理斗争。会议最后决定：各业底薪如确系过低者，可由劳资双方协商解决。当时针织业工人底薪过低，要求增加，资方置若罔闻。地下党员李坚英率领针织业工会常务理事王勇华、朱青燕等发动工人，于22日实行全行业总罢工，一直坚持到10月10日，达19天之久。当时正值针织业销售旺季，资方怕受损失，被迫接受工人要求，答应除原工资外，再加二成临时津贴。

11月1日，国民党政府宣布放弃限价政策，物价涨风更剧。针织业工人要求将10月份下半月工资照实得数加2倍发放。经劳资双方协商，资方答应11月份工资照生活指数计算，但大多数资方未能按约办理，借故拖延推宕。针织业工人在地下党领导下，于11月12日又举行第二次总罢工，并联名300多人在报上呼吁各界予以支持。至15日，资方被迫让步，同意先借给每个工人金圆券10元，等生活指数宣布后多退少补。

国民党政府发行金圆券和取消限价政策后，物价如脱缰之马狂涨猛升。至11月12日，半月之间，大米、豆油、食糖分别上涨了25倍、19倍和13倍，使工人生活濒于绝境。

苏州工人的工资，向来按上海社会局每月16日公布的生活指数

9折计算。当时上海有平价米、油、煤等生活必需品供应,苏州却没有,还要打9折,使工人无法生活。中共苏州工委为维护工人利益,通过总工会内地下党员领导开展自编生活指数的斗争。工委书记张云曾与总工会中的地下党员惠志方、汪荣生详细研究了斗争步骤。先由丝织业工会发起,由各行业工会联名一起向总工会提出编制合理生活指数的要求。总工会在征得49个工会代表和常务理事会一致同意后,决定由经地下党策反争取的军统分子、总工会常务理事吴鉴生负责测算编制11月上半月的生活指数。同时要求各基层工会做好发动工人开展斗争的准备。结果,苏州工人自编的生活指数为限价时的16.5倍。11月14日,经总工会理监事联席会审议通过后于15日抢先在《苏州明报》上公布,与滞后一天公布的上海社会局编制的生活指数8.1倍相差甚远。自编指数公布后,广大工人要求按苏州指数结算工资,而资本家坚持按上海指数结算,双方争执不下,矛盾十分尖锐。11月17日,县长王介佛破例主持召开劳资评断会,双方各执己见,互不相让。王介佛拍桌大骂总工会自编生活指数是"目无政府,无理取闹",企图强迫工会代表就范,并拂袖而去,使会议陷入僵局。消息传来,早有预见和准备的丝织业工会,按原计划马上组织4 000余工人怠工、罢工,其他行业工人配合响应,迅速形成1万多人参加的全市大罢工态势。与此同时,各业工会代表二三百人聚集在县政府木兰堂前,声援总工会代表。王介佛怕事情闹大,只得重新到会,再三要求总工会代表体谅政府和工商界的困难。总工会代表根据有理、有利、有节的斗争策略,经过磋商,与资方达成协议:苏州执行上海社会局公布的指数,本月上半月为8.1倍,但苏州另支(即增加)三成,今后如上海追加,苏州也援例追加。

协议达成后，总工会要求各业工会尽最大努力维护工人利益。在工人压力下，丝织业资方同意按14倍指数结算工资外加三成。机械行业和新华丝厂等都按苏州自编的16.5倍指数结算。苏州面粉厂100多名工人经过斗争，得到了每人每月一袋面粉的补贴。这一斗争成果，鼓舞了其他5家面粉厂600多名工人一起怠工、罢工。各厂资本家慑于罢工威力，被迫答应了工人补贴生活费的要求。其他行业也取得了增加工资底薪或实物补贴等较好结果。

苏州地下党领导自编生活指数的斗争，达到了预期目的，维护了工人利益，增强了工人团结，并影响到上海、无锡、常州等周边地区。

苏州女子师范学校是一所规模和影响较大的省立师范学校。1948年，国统区物价飞涨，货币贬值，校方经常拖欠教师的工资，省教育厅还要每月扣发教师工资30%—40%，使教师生活陷入十分困顿的境地。地下党支部组织进步教师出版《生活》墙报，刊登反映教师困苦处境的文章，呼吁大家起来开展索薪斗争，得到全校教职员工的响应。他们数次推派代表向省教育厅交涉，要求发放欠薪，但都没有结果。地下党支部决定将教师索薪斗争和学生要求增加伙食费的斗争结合起来，掀起斗争高潮。

1948年11月，省教育厅厅长洪钧培来苏视察，党支部推派师生代表前往洪的住处请愿，并将洪"请"到苏女师听取师生要求发放欠薪和增加学生伙食费的呼声。洪钧培在群情激愤的师生包围下理屈词穷，被迫签字答应。

为了对付日益高涨的爱国民主运动，1948年上半年，国民党当局建立"特种刑事法庭"，采用传讯拘捕等高压手段对付进步学生。苏州城防指挥部开列黑名单，着令各大专院开除大批学运积极分子，其中有社教学院地下党支部书记强国瑞、东吴大学地下党支部书记路尔铭、苏工专地下党员徐伯铭等共60多人，还有一批学生受到留校察看和警告等处分。8月22日，中共中央指示国统区各地防止国民党反动派"疯狂的法西斯独裁的最后挣扎"，"坚决实行疏散隐蔽、积蓄力量、以待时机的方针"。苏州工委遵照这一指示，坚决果断地将已暴露的地下党员和进步学生转移外地，停止公开的大型活动，广泛建立学生社团，争取中间力量，采取有效策略，控制各校学生自治会领导权，团结带领广大学生投入应变护校和迎接解放的斗争中去。

1949年4月1日，国共两党在北平举行和平谈判期间，南京学生6 000余人举行示威，要求国民党接受中国共产党八项和平条件，国民党南京卫戍总司令张耀明指使军警特务镇压示威学生，酿成了"四一"流血惨案。消息传到苏州，4月4日，河南大学、社教学院、东吴大学、苏州工专、苏高工、苏女师、光华中学、苏州中学等18所大、中学校代表，在河大校本部怡园召开"南京'四一'血案苏州学生后援会"成立大会。会上，代表们群情激愤，许多代表力主罢课游行，以抗议国民党镇压学生运动的罪行，声援南京学生的正义斗争。苏州城防指挥部同时召开大、中学校校长和学生自治会负责人会议，扬言"学生如果上街游行，人身安全概不负责"。在此紧急关头，苏州地下党正确掌握斗争策略，果断决定不组织罢课和游行，由各校分散进行声援活动，以保存革命力量，将青年学生的革命热情引导到护校和迎接解放的斗争上来。上述决定迅速传到正在参加后援会成立大会的党员中间，会议最后通过了三项决议：一、发表《告全国同胞及社会人士书》，揭露"四一"血案的真相；二、各校分散进行声援活动，在社教学院和苏州工专分别召开追悼会；

三、发动各校学生节食、募捐，并派代表赴南京慰问受伤同学。

根据后援会的决议，各校普遍向南京发出慰问信，召开各种形式的座谈会、声援会，开展募捐活动，并派学生代表将募捐到的钱物专程送到南京。经过精心准备，社教学院和苏州工专分别召开了大型追悼会。东吴大学由膳委会出面召开了声援大会，苏州中学、苏女师等许多中等学校也分别召开了声援座谈会。

第三节　发动政治攻势

从1948年9月到1949年1月，中国人民解放军连续取得辽沈、平津、淮海三大战役的胜利，大大加速了解放全中国的进程，人民解放军饮马长江，直捣京沪已指日可待。迎接苏州解放，成了地下党的中心任务。

当时，苏州工商、文教界一些人士，由于不明形势真相，不了解共产党的政策，有的惶恐不安，想随国民党南下；有的疑虑重重，去留举棋不定。为了粉碎国民党的欺骗宣传，安定人心，争取一切可以争取的人留在苏州迎接解放，苏州地下党采取各种方式，加强宣传工作，发动政治攻势。

苏州工委布置地下党员秘密收听新华社广播，秘密印刷党的城市政策、工商业政策等宣传材料，分送各界人士。甚至在1949年2月3日吴县总工会召开代表大会期间，当着县参议长的面，地下党员在各界代表中巧妙地散发传单。工委委员马崇儒和地下党员许甫如以老共产党员蒋铁如的名义，写信劝谕上层人士审时度势，为保护国家财产和解放苏州出力。对国民党军政人员也规劝他们认清形势，将功赎罪，弃暗投明。通过宣传，不少人明白了共产党的政策，消除了疑虑和恐惧，安心留在苏州，有的还参加了"吴县人民安全促进会"，在维护地方治安和迎接解放等方面，做了不少工作。

各大、中学校地下党也加强了宣传工作。河南大学地下党支部向校领导和院系负责人以及部分教职员邮寄了100多封公开信，宣传毛泽东主席关于时局的声明，以及《中国人民解放军布告》中有关约法八章等内容，规劝他们忠于职守，安心工作，保护学校财产。社教学院地下党还利用教学用的实验电台收听新华社电讯，将内容写成大字报，贴在学校走廊上。地下学联编印的《新生》报，也在同学中间广为散发。东吴大学、苏州工专、苏高工等大、中学校地下党团和学联，也用邮寄信件或宣传品等方式，发动宣传攻势，收到了较好的效果。

1948年10月，中国民主同盟苏州地下支部成立后，与中共地下组织密切配合，出版刊物，向文教、科技、工商界人士宣传解放战争的大好形势。1949年1月，民盟支部将《民工通讯》改版为《光明报》，在深夜沿街发送或邮寄给指定对象。临近解放，民盟支部印发2 000多份《告苏州同胞书》，呼吁人民以检举敌人、保护财产、安守本职的实际行动迎接苏州的解放。吴江地下党组织进步青年秘密收听解放区电台的广播，把新华社广播的《向全国进军的命令》用毛笔写成大字布告，同油印的《中国人民解放军布告》一起贴在县城主要街道上，安定了民心，稳定了社会秩序。

第四节　加强统一战线工作

为了削弱国民党反动力量,团结一切可以团结的力量,共同迎接苏州解放,中共苏州工委切实加强了统一战线的工作。

1948年10月,中国民主同盟苏州地下支部成立,中共苏州工委通过地下党员许甫如、蒋赉与民盟成员金琪、黄肇模等取得联系,相互配合,成了同盟军。临近解放,金琪等人被列入城防指挥部黑名单,地下党获悉后及时通知,使其迅速转移,避免了损失。

吴县总工会在联系广大工人、协调劳资关系、维护工人权益及发挥政治影响等方面都有很重要的地位。苏州地下党十分重视在总工会中开展工作。工委书记张云曾直接联系领导总工会中的地下党员、常务理事汪荣生和地下党员、主任秘书惠志方,并通过他们团结争取总工会中的核心领导人物,掌握总工会的实际领导权。汪、惠两人以喝茶、聚会等形式,首先团结了政治态度较好的常务理事陶国梁、李天益,又团结争取了总工会理事长汪文焕。在摸清了常务理事吴鉴生虽然加入军统,但仍以电厂工资为生,并非职业特务,且早有弃暗投明之心的政治态度后,又团结争取了吴鉴生。这样,由5名常务理事和1名主任秘书组成的总工会核心班子,已基本上为地下党所掌握。同时通过结拜兄弟等方式团结各行业工会的活动分子,使总工会所属49个行业工会的2/3控制在地下党手里。1949年1月7日,县参议会举行换届选举,汪、惠两人通过总工会和县农会中的参议员串联其他各阶层参议员,支持汪文焕竞选当上了副参议长,为在参议会中贯彻党的意图,为推动"工商自卫队"和"吴县人民安全促进会"的成立,开展应变迎解放等活动提供了条件。

第十六章 迎接苏州解放的斗争

1949年1月28日（旧历除夕）下午，张云曾以"中国人民解放军江南挺进纵队特派员"身份，经汪荣生联系，在丝织业公会会址约见工商界代表人物陶叔南、张寿鹏和朱宏涌，向他们宣传形势和党的政策，进一步消除其疑惧心理，推动县参议会成立吴县人民安全促进会和"应变委员会"，组建工商自卫队，控制粮食等战略物资，积极开展护厂、护店，迎接苏州解放。2月6日工商自卫队正式成立，于解放前夕派驻电厂、电信局，协助地下党保护这两个单位，并在解放军进驻前的几天"真空"时期，巡逻值勤，站岗放哨，维护了社会秩序和地方治安。

昆山工委在城区开展统战工作，派地下党员俞明做知名人士周梅初和俞楚白的团结争取工作，在教育界、工商界上层人物中揭露国民党的腐败和反动，宣传共产党的政策和主张，消除反动谣言，稳定人心。

甪直地下党员严修桢、陈大经抗战胜利后即在镇上开办青年图书馆和健身院，团结教育广大青年。1948年下半年，按照中共昆嘉青工委布置，对当地上层人士沈柏寒、陈逊先等开展统战工作。通过他们出面开办业余夜校，成立工商自卫队。1949年4月，以严修桢为书记的中共甪直支部成立，实际控制了自卫队的领导权，击破了国民党吴县、昆山两县县长企图解散自卫队、收缴武器、逮捕为首人员的阴谋。5月初，党支部利用这支武装，封闭国民党甪直区公所和警察分局、田粮处等机构，缴获长短枪10支，宣布甪直解放。

1948年年底，中共九地委江南工委邀请常熟工商界人士毛柏生赴苏北解放区参观，使他加深了对共产党保护民族工商业政策的了解。毛柏生返回常熟后，利用自己的社会地位，宣传党的政策，做好工商界人士工作，起到了积极作用。

第五节　分化瓦解打击敌人

内战爆发后，除华中局城工部系统、原南方局系统、上海学委系统地下党组织在苏州、昆山、吴江城区活动外，在各县一些乡镇也有若干来自其他系统的地下党立足隐蔽。临近解放时，他们纷纷冲破黎明前的黑暗，利用各种机会分化瓦解打击敌人，为解放苏州做贡献。1946年10月，丹北工委特派员孙瑞成来吴江同里表兄吴伯荣所开鼎泰南货店立足，发展14人入党，建立了中共同里支部。1947年6月，同里发生国民党中央训练团驻同里中队5名军官轮奸女教师致死惨案，全镇轰动，全县震惊。党支部因势利导，由吴伯荣以同里南货业同业公会负责人身份出面，联系各界一致停业、停工、停课，举行追悼会，制止罪犯逃逸，造成强大声势。并在《大公报》《大江南报》《苏州明报》揭露惨案真相，报道事情经过，引起中央大学、清华大学、交通大学、浙江大学等10所大学吴江籍学生联名致电吴江县长，强烈要求惩办凶手，迫使国民党当局将凶手逮捕法办，打击了国民党的嚣张气焰。

1947年10月，上海永安公司分党团书记许克端为躲避当局追捕，乔装改扮，利用关系，打入太仓县警察局，结识了时任警局总务科员的进步青年齐阗，由齐阗出面在局内开设图书馆，在社会上举办读书会，团结培养了柴立平、柴玉山等一批积极分子。1948年年初，齐阗利用改任警局人事管理员和县保安团扩编的机会，将一批积极分子打入保安团，柴立平还担任了三连副连长，控制了部分兵力。1949年4月24日，太仓国民党军政人员仓皇撤离，保安团三连担任后卫任务，柴立平趁机率三连90多人成功起义。

第十六章　迎接苏州解放的斗争

上海十八民校党组织自1947年秋天起，将多名党员转移到太湖畔东山镇安定、鉴塘两小学立足，并于1948年9月成立中共东山地下支部。至解放前夕，在农民、师生、医生中发展党员12名。他们为贫苦农民、渔民送医送药，开办夜校，秘密成立农民协会，恢复图书馆，传播革命思想，团结了一批妇女、青年、店员中的积极分子。临近解放，党支部领导成立东山人民应变委员会，发表布告，创办《红星报》，宣传党的方针政策，给当地反动头目以很大震慑。1949年4月26日，组成20多人的武装队伍袭击警察所和自卫队，迫使他们缴出长短枪104支和大批弹药，勒令国民党机构停止一切活动，成立临时政权——太湖军政委员会及太湖区中队，防止湖匪袭击，维持地方治安，迎接南下人员正式接管。

太湖县党组织在苏西光福镇发展进步医生范济春，教师王哲纯、王道伟等入党。依靠他们在光福、东渚、金墅等集镇举办民众俱乐部，宣传党的主张，开办茶室、球队、剧团、图书室、夜校等，团结教育各阶层群众。1947年夏秋，地下党团结上层人士，发动群众赶走了中统特务、汉奸张仲熙和强奸民女未遂的镇长府云，赢得群众信任。还通过各种关系，不同程度地控制了东渚、金墅、通安、西华、彭山等乡的自卫队，与驻光福的水警大队也建立了联系。解放前夕，他们受武工队委托，出版《大众周报》，在苏西、锡南散发，鼓舞群众斗志，瓦解敌人士气，促使一批国民党乡镇长和自卫团反正。

与此同时，城区地下党组织也通过各种关系开展策反工作，分化瓦解敌人营垒。1948年年底，原国民党吴县县政府社会科长陆绍芬因遭排挤，赋闲在家。苏州工委书记张云曾派沈若兰以"解放军特派员"身份规劝陆弃暗投明。苏州解放前一天，陆策动吴县保安队起义，虽被国民党军队发觉，在横塘附近武装拦截，保安队被打散，起义未成功，但客观上起了瓦解敌人、减少解放苏州阻力的作用。陆绍芬还动员其女婿、上海龙华机场油库负责人金天德拒绝上司下达的炸掉油库后飞往台湾的命令，设法保障了油库安全，将其完好地交给了中国人民解放军。

1948年八九月间，苏州工委委员孔令宗布置虎丘镇民众自卫大队副队长、地下党员何健，团结争取中山镇自卫大队副队长凌伯扬、金闻镇自卫大队副队长武金声，要他们保存好枪支弹药，迎接苏州解放。解放前夕，吴县国民党军政要员纷纷逃跑，苏州城呈"真空"状态。凌伯扬、武金声拒绝接受上司撤退命令，搜集抛散武器，组织值勤巡逻，维持社会秩序。解放军进城后，将所缴枪支弹药悉数上交军管会。

1949年2月，吴嘉工委划归苏州工委领导，按照苏州工委书记张云曾的布置，吴嘉工委书记金佩扬会同地下党员赵安民控制松陵、南库、八坼、溪港、横焜等地自卫队1 000多人。4月19日，以此为基础建立的吴嘉湖独立团在江浙交界的新农乡新桥庙正式成立。由刘先正任团长，沈如淙任政委。独立团拥有400多人。吴嘉湖独立团的建立，打击了反动势力，保护了地方安全，为迎接解放做出了贡献。

第六节　开展护厂护校斗争

1949年1月，上海局和上海学委先后发出做好护厂护校、迎接解放的指示。上海局外县工委副书记周克多次来苏州，要求苏州党组织发动群众，团结一切可以团结的力量，大力开展反破坏、反屠杀、反迁移斗争，护厂护校，迎接解放，把千年古城完整地交还人民手中。

按照上级要求，苏州地下党接过国民党"应变"口号，发动地下党员和可靠群众打入内部，控制机关、学校、工厂"应变委员会"的领导权；团结广大工人、学生、市民，坚守岗位，坚持生产，保护工厂、商店、学校；成立"护厂队""纠察队"等组织，站岗放哨，值班巡逻，同国民党的破坏和搬迁阴谋做斗争。同时，各工厂、学校之间也相互组织联防，互通情报，互相支持。

4月中旬，苏州工委书记张云曾和马崇儒、惠志方、汪荣生等，在乔司空巷志成小学内成立了临时指挥所。惠志方日夜守候在苏州发电厂观前办事处内对讲电话总机旁，与各单位密切联系，了解敌情变化，及时沟通信息，以便工委正确领导护厂护校斗争。

解放前夕，地下党获悉国民党军队在逃跑前，准备破坏电信局、发电厂和面粉厂等重要单位。工委迅速研究应对措施，决定对这3个单位实施重点保卫。

电信局地下党员陈冠伦团结一批积极分子，掌握"应变委员会"的领导权，重点做好争取局长章祖伟的工作，规劝其保护好国家财产。章团结全局员工，拒绝上司关于拆除部分载波机转移的命令，并请工商自卫队驻局保护。4月26日，城防指挥部下令电信局20分钟内撤出驻局工商自卫队，并派武装威胁。章一面把重要设备进行伪装隐蔽，一面安排丰盛酒席"款待"士兵。当国民党士兵进入机房准备破坏时，全体话务员不畏强暴，挺身而出保护机器。由于城外国共两军已经交火，士兵们在慌乱中抢了一些钱物慌忙逃窜，终于使电信局完好地交还人民手中，保证了解放后通信畅通无阻。

苏州发电厂的安全关系重大。苏州工委委派总工会惠志方、汪荣生前往电厂领导护厂工作，同时在鸿生火柴厂组织一支武装协助保护电厂。电厂工会组织了"生产护厂队"，组织职工坚持生产，值班巡逻，防止敌人破坏。从4月25日起，在积极分子带领下，职工们自觉地留在厂里坚守岗位，确保正常运转。临近解放时，电厂燃煤将尽，护厂队员一面铲掘地脚煤，一面外出设法运煤，保证了苏州解放前后的正常供电。

解放前夕，苏州面粉厂有库存面粉5 000包、小麦356包。同时，该厂五层厂房大楼是当时苏州的最高建筑物，是敌我双方战斗时必争的制高点。根据苏州工委指示，职工区委委员、党支书陆逢治组织以地下党员和积极分子为骨干的护厂队，值班巡逻，防止敌人破坏。同时坚壁粮食，将库存面粉和小麦隐藏在地下室，并在厂门口构筑防御工事。工人们响亮地提出了"决不让敌人拿走一袋面粉"的口号。4月25日，城防指挥部派兵进驻面粉厂，企图占领五层大楼作为顽抗据点。地下党用软磨办法与敌人周旋。国民党军队要不到钥匙，便懊恼一阵、悻悻而去。次日，几十名溃兵乘坐轮船来提军粮，地下党采取"智斗"的办法，一面客套应酬，一面故意高声谈论"解放军快进城了"，使溃兵惊恐万状，急忙上船逃命。

这时，大、中学校的反迁校和护校斗争也在苏州地下党领导下，全面开展起来。

1948年年底，社教学院策划南迁，三青团骨干贴出迁校建议，发动同学签名。地下党支部通过学生自治会和各种进步社团，以举办讲座会、讨论会、文娱晚会、出壁报等形式，广泛进行反迁校宣传。艺教系学生演出了活报剧《我们不流亡》，用文娱形式反映流亡师生颠沛流离的生活，揭露反动院长陈礼江领取南迁经费的丑恶嘴脸，驳斥迁校南逃的谬论。在广大师生坚决反对下，当局的迁校阴谋未能得逞。

河南大学校方也企图将学校继续南迁至桂林或广州。迁校意图一披露，立即遭到师生们的反对。地下党支部通过党员、地下学联成员和积极分子，出版壁报，召开座谈会，举办文娱晚会，驳斥校方的主张。校方以"不迁校，不管饭"相威胁，师生开展多种形式的筹粮活动相抵制。并通过召开辩论会，举行民意测验，结果90%以上师生反对迁校。慑于舆论压力，河南大学也终于未能南迁。

在中等学校方面，江苏省教育厅下令苏州女子师范学校迁往松江。消息传出，师生们一致反对。地下党召开座谈会，做时事报告，使同学们认识到国民党败局已定，苏州解放指日可待，迁校诸多不利。地下党支部还写信给校长俞钰，规劝她认清形势，不要给反迁校设置障碍。俞钰顶住了省教育厅的压力，苏女师反迁校斗争也取得了胜利。

在反迁校的基础上，各大、中院校纷纷建立由师生员工组成的"应变委员会"或"护校委员会"，以合法身份领导开展应变护校迎解放的活动。社教学院地下党通过"应变委员会"将全院学生按系科班级编成应变生活小组，将居住校外的教职员工家属动员到校内集中居住，组织纠察队昼夜巡逻，保护学校的财产、图书、档案。东吴大学"应变委员会"集中全校师生在维格堂居住，并组织纠察队对维格堂、科学馆、图书馆、办公楼等值班巡逻，保证安全。苏女师组成以校长俞钰为首的"应变委员会"，发动师生囤足粮食，日夜站岗，使学校财产得到有效保护。

在苏州工委的领导下，护厂护校斗争取得了完全的胜利，工厂、商店、学校和市政设施都得到了保护，苏州这座千年古城终于完整无损地回到人民手中。

第七节　策应大军南下

淮海战役以后，国民党统治中心南京已处于解放军的直接威胁之下，国民党军队加强了沿江防务，妄图凭借长江天堑，负隅顽抗。中共华中一地委江南工委多次指示沙洲工委："做好沿江敌军（特别是要塞守备队）工作，使解放军大军渡江时能有安全的渡口，以减少渡江的损失与困难。"当时，沙洲至老海坝一线，由国民党江阴要塞守备总队第三大队驻守，配合游动炮兵营，担负正面江防的守备任务。沙洲地下党和武工队遵照江南工委"利用关系、多路进行"的指示，布置施正荣等地方上层人物同驻防的敌军连排长"交朋友"，发动当地群众以"攀干亲"等形式同士兵建立关系。一些下层官兵眼看蒋介石大势已去，军心涣散，想找退路，有的表示愿意同共产党建立联系，有的秘密拆除火炮部件，卸下炮弹引信，转移弹药，做策应解放军渡江的准备。在解放军渡江时，这些基层官兵大多参加了阵前起义。

沙洲地下党还重视做好自卫队的分化争取工作。许多自卫队员经过争取、教育，有的为地下党散发传单，张贴标语；有的为武工队搜集情报，提供弹药；有的磨短撞针，使枪械失灵。解放军渡江时，许多人随即携械投诚。

为了掌握国民党军政动态，沙洲地下党于1948年11月建立了护漕港情报站，从巫山港到泗兴港一线建立了20多个联络站，挑选积极分子以杂货店老板、医生、自卫队教练、保长、三青团区队长等身份为掩护，分段搜集敌军情报，及时送往苏北。

1949年年初，苏州工委发动所属党组织和党员开展社会调查。

地下党员通过各种关系，对苏州国民党党政机关、工厂、企业、商店、学校及国民党驻军等情况，进行全面深入的调查，还将国民党从南京转移来苏州未及带走的一批档案查获，从中取得了大量重要情报。地下党指定专人分类整理，交上级组织送往苏北解放区。苏西、苏西北地区的党组织及澄锡虞交通组和地下团员，也搜集了大量地方信息、敌情动态，以及苏州地区各警察所及武器配备情况、中统特务组织的花名册和军统特务机构动态等重要情报。华中工委根据这些情报编纂了苏州和常熟、昆山、太仓、吴江、无锡、江阴等县概况，为解放苏州接管政权发挥了重要作用。

做好长江两岸的船民、渔民和其他群众工作，准备好船只和向导，是解放军大军渡江的重要保证。1948年9月10日，一地委江南工委成立长江工作委员会，负责泰兴口岸至南通天生港、扬中至沙洲十二圩港长江沿线的渡江准备工作。九地委江南工委亦成立长江工作委员会，在启东、海门、南通一线控制船只，做好渡江的物资准备。

人民解放军渡江前夕，沙洲党组织按照一地委江南工委要求，在长山、巫山、双山、中兴等地动员了近百名船民、农民，驾船偷渡长江，或转道上海到达苏北，编入江南船舶管理处第一大队，参加军事和政治训练，担负渡江向导任务。同时，在沿江一线以不脱产的地方武装小组为骨干，组织群众做路牌、画路标，分区安排好向导，以便接应解放军渡江。

沙洲党组织和武工队还在后塍、杨舍、锦丰等地，控制部分粮库、粮店，掌握数十万斤粮食，做大军渡江后的军需准备。

太湖县留守处为完成上级下达的筹集2000石军粮的任务，逐乡逐村进行落实。还以"太湖县政府"和"太湖人民自卫总队部"名义，向苏西各地米业公会、米商、米厂写信，警告他们不得为国民党提供军粮。同时，积极打击下乡抢粮之敌。苏西北亭太武工组动员各阶层有力出力，有钱出钱，有粮出粮，在通安、金墅、浒关、望亭、黄桥、黄埭、南北桥等地储备大米400余石。

1948年11月，蒋介石为保其半壁江山，下令封锁长江，致使南北交通线中断。沙洲地下党和武工队在群众支持下，想方设法冲破敌人封锁，先后建立了护漕港、长山、双山沙等3条地下交通线。

沙洲工委派"两面派"乡长施正荣出面，用金条买通要塞部队驻护漕港某连长，在港口设置渡船，驶往苏北。从此，江南的布匹、大米、纸张等物资及各地的情报，照常陆续送往苏北。江南工委的文件、指示和宣传品，也经该线送来苏南。直到1949年3月初，国民党二十一军某部接防护漕港，该交通线才中断。

1949年2月初，江南工委布置为解放军运输军用物资的长山安全村商人陆留宝从事交通工作，负责接送南来北往的人员和情报。江南工委从靖江派出两条舢板，专门沟通与长山之间的水上交通。每晚，陆留宝等翻过长山，隐蔽江边，与苏北来的交通员交接情报，接送人员。1949年4月初，国民党军队严密封锁长江，该交通线遂告中断。

双山沙是紧靠长江南岸的江心小岛，距南岸张家港仅1公里，离北岸靖江新港约3公里多，是沟通长江南北的江心跳板。岛上的部分土地由南岸群众耕种，驻岛国民党军队的给养也由南岸送去。因此，敌人无法切断双山沙与南岸之间的交通。小岛四周芦苇丛生，便于隐蔽。岛上绝大多数群众是贫雇农。双山沙地下党控制了当地的保长和船保长，上层关系可靠。1949年2月，解放军渡江日益逼近，国民党对长江的封锁也更加严密，南京以东的长江交通线大多被切断，情报交通工作日趋艰难。沙洲地下党根据江南工委指示，利用双山沙独特的地理环境和良好的群众基础，在敌人眼皮底下保持着这一条秘密交通线不致中断。在敌人严密封锁下，交通员胆大心细，机智灵活，常以割猪草、捕鱼虾为掩护，进入芦苇丛中，同苏北来的交通员交接情报，接送人员。从1949年2月至解放军渡江前，经双山沙交通线南下或北上的人员有数百人。其中，有打入国民党江阴要塞的二十九军工作人员，有苏常太、澄锡虞及上海、南京等地的大批政治交通员，有解放军第十兵团的数十名干部和侦察员，等等。经双山沙传递的情报和文件达数百份，其中有黄田港至福山港之间的敌军番号、兵力部署、武器装备、江防工事情况；有江阴要塞司令部发布的绝密作战命令；有要塞部队官佐名册、武器清册；有江防部队的口令及陆海、陆空联络信号；有南岸江滩地形及江中水雷、梅花桩的布防情况；有国民党南京指挥所长江江防部署和作战方案要图及苏南地区重要市、镇地图；还有江南工委的工作指示等。直至4月21日夜，人民解放军横渡长江，双山沙交通线胜利完成了历史使命。

解放军渡江前夕，一地委江南工委为确保长江南北的交通联络畅通，还布置渔民杨六斤担任机动交通员。杨以捕鱼为掩护，驾着小船来往于长江南北，负责接送那些不宜使用固定交通线的情报和人员。沿江一线的许多群众也出生入死，传递情报，接送人员。特别是德积乡的张老太和三甲里的范老太，虽均年过半百，但经常以卖布为掩护，带着党的地下工作者或密件，来往于沙洲与苏北江南工委之间。沙洲地下党建立起来的一条条地下交通线，突破了敌军吹嘘的"鸟也飞不过的巩固江防"，及时传递了许多重要情报和文件，接送了大批人员，为解放军渡江做出了重要贡献。

第八节　苏州全境解放

1949年4月1日，以周恩来为首席代表的中国共产党代表团同以张治中为首席代表的国民党政府代表团，在北平举行和平谈判。20日，国民党政府拒绝在《国内和平协定》上签字，谈判宣告破裂。

4月21日，毛泽东、朱德发布《向全国进军的命令》，在"打过长江去，解放全中国"的号令下，中国人民解放军在西起江西九江湖口、东至江苏江阴的千里战线上，百万雄师横渡长江，国民党苦心经营3个半月的长江防线，顷刻瓦解。二十九军八十五师是江阴东段的渡江突击师，在数十名沙洲向导带领下，船队乘风破浪，向长山、双山沙疾驶。这里江面宽阔，双山沙屹立江心，敌人将它作为掩护要塞东侧安全的江中堡垒，支援江防舰队活动的江心跳板。由国民党二十一军一四六师四三七团1个加强营固守。21日夜，人民解放军八十五师二五三团一营、二营于双山沙北岸强行突破了敌军的滩头阵地，在双山人民配合下，与敌人展开激战，毙敌50余人，生俘100多人。22日黎明解放了双山沙。在战斗中，有数十名解放军战士英勇献身。

十里长山原是国民党要塞部队的防区，渡江前一天，要塞守备总队缩防到长山以西，长山以东由国民党二十一军接防。21日夜，人民解放军先头部队在要塞地下党员接应下，于长山中部登陆，直插山顶，攻占了敌人的山头阵地，夺取了炮台。然后兵分两路，向长山东西两头守敌出击，于黎明前击溃敌军，控制了长山。至22日上午8时许，全部肃清长山残敌。战斗中，解放军指战员百余人伤亡。

第十六章 迎接苏州解放的斗争

在渡江战役发起前的1949年年初,二十九军就派遣八十五师的李干、王刚、陆德荣等打入江阴要塞,会同要塞内部地下党组织一起,做好接应解放军大军南渡的准备。解放军渡江时,经地下党有计划、有组织的策动,江阴要塞国民党军队于4月22日凌晨举行起义,正在黄山炮台指挥所的要塞司令戴戎光被迫放下武器。要塞地下党指挥游动炮兵团调转炮口,向敌军阵地猛轰。人民解放军浩浩荡荡,陆续登上南岸,击败任家桥、孙家埭、蟠龙山等地守敌,乘胜南下,向无锡挺进。

解放军渡江炮声一响,沙洲武工队就全部出动,占领国民党乡公所,收缴敌人武器,保护粮仓,控制要道,接应解放军过江。在强大的军事压力下,各乡自卫队纷纷投诚。国民党江防舰队某部100余人,分乘5艘汽艇,携带大量银圆及枪支弹药,仓皇逃窜。行至东莱附近,汽艇搁浅。沙洲武工队集合队伍,包围敌艇,同时发动政治攻势,宣传解放军优待俘虏的政策,该部被迫缴械投降。仅一两天,武工队就收缴到步枪900余支、轻重机枪10多挺,汽艇5艘,战马5匹,并全面控制了沙洲。

吴县各地武工队积极行动,接收、控制了大量国民党地方武装,不断扩充队伍,打击敌人,保卫地方治安。在蠡口、太平等地,缴获各种枪支30余支。在黄埭接收了镇自卫团机枪1挺、长短枪120余支,子弹5 000余发。苏西北武工组用收缴的武器迅速在铁路以北发展成1个百余人的"路北连"迎接解放。苏西武工队接收金墅、通安自卫团武器三四十件,在枫桥、西津桥收缴长短枪28支,在东渚收缴自卫团长短枪16支,子弹194发,接收木渎自卫团步枪12支、机枪1挺及弹药一批。连同胥口、横泾等地在内,武工队共收缴各种武器769件。

人民解放军胜利渡江，国民党二九六师仓皇逃离苏州，向上海龟缩。吴县县政府要员们携带家眷和金银细软，纷纷向松江、上海和吴江、嘉兴方向逃命。至4月24日，县属机关已全部撤离苏州，省政府机关迁苏人员及其家属3 000余人也再度撤退。25日，吴县县长朱维汉逃出苏州。国民党苏州驻军只剩一二三军一八二师，以及交警大队、保安队等地方武装，分别布防于城北、城西之虎丘、枫桥、横塘一线，掩护主力东撤，并炸毁了浒墅关东西两侧的120、113号两座铁路桥，妄图阻滞解放军的行动。

人民解放军二十九军于4月23日夜解放无锡。所属八十五师、八十六师及八十七师之二六〇团、军炮团等部担任解放苏州的主攻任务。部队于26日凌晨从无锡出发，沿沪宁铁路向苏州进军。先头部队过望亭后，遭敌机轮番轰炸扫射，部队稍有伤亡。下午2时许，军指挥所和八十五师师部进抵浒墅关，接侦察员报告，敌一二三军一八二师布防于虎丘山、104号铁路桥1个营；枫桥、高板桥一线1个团；横塘1个团。另外，木渎有1个交警大队。二十九军指挥部迅即部署八十五师沿铁路两侧展开，其中所属二五四团（叶挺团）为右翼，从浒墅关向南经史家桥攻击枫桥镇；二五三团为左翼，沿铁路北侧力求攻占虎丘山而后转向城垣攻击；二五五团随二五四团跟进。八十六师二五八团攻占横塘，然后插至城南控制苏嘉公路和沪宁铁路，截敌之退路；另以二五七团经通安桥攻占木渎；八十七师二六〇团为军预备队；军炮团分别配属给八十五师、八十六师指挥。

26日下午4时许，八十五师二五四团一营越过西津桥、吴思巷，与敌前哨部队接触，将敌击退至枫桥。入夜，该团以一、三营在枫桥铁铃关北、南两侧展开。由于古枫桥旁铁铃关三面环水，易守难攻，敌军在桥上和关上构筑碉堡，架设机枪，凭险固守。加之桥南百米处江村桥上敌人也有工事据守，与铁铃关守敌成犄角之势，攻击未果。

27日拂晓，二五四团三营在机枪火力掩护下，同时向枫桥、江村桥猛攻。但敌人居高临下，火力交叉密集，仍屡攻不下。团长李力群立即组织力量，在华盛造纸厂处架设浮桥，打算迂回到铁铃关和江村桥背后攻击，断敌后路。此时，配属八十五师的军炮团占据有利地势开始射击，两处守敌被迫仓皇撤逃。三营乘胜追击，直至火车站，歼敌一部后从平门入城。

在此同时，一营从西北侧向枫桥发起攻势，遭敌顽抗。一营前卫三连二排迅速切断敌人东西两端退路，向敌猛烈开火，将敌击溃，缴获机枪2挺，俘敌数十人。部队随即进入枫桥镇，沿运河东进，经阊门入城。另一部由营长率领尾随逃敌追击，经火车站沿铁路从娄门入城。

26日夜，二五三团沿铁路北侧向虎丘方向前进，途中遇大河阻拦，当地地下党组织群众搭起浮桥帮助渡河。进至黄花泾，遇守敌抵抗。次日拂晓前，二五三团从三面展开攻击，守敌撤逃。部队继续沿铁路北侧向城区进发，经平门入城。

二五五团于26日傍晚在高板桥一线展开。27日拂晓前发起进攻，遇敌抵抗。一营组织两路突击队：一路用裹着棉被的桌子当土坦克，挡住敌人火力冲入敌阵；一路从桥侧泅渡插到对岸。两路合击，攻占敌人阵地，俘敌60余人。部队随后从阊门、金门入城。

协同八十五师攻占苏州的八十六师以二五八团一营为前卫、三营殿后，向横塘搜索前进。一营与据守横塘镇西庙之敌接火，一举将敌击溃，敌撤向横塘镇东街，凭亭子桥固守。一营领导在侦察地形、组织火力时，遭河东岸敌火射击，副营长王都龙被击中，英勇献身。拂晓时，该团发起攻击，敌后撤。该团一部猛插觅渡桥，控制了苏嘉路。

八十六师二五七团于27日凌晨进抵木渎镇，该地已无敌踪，当即占领。

4月27日6时40分，古城苏州宣告解放。民盟苏州地下支部印发了大量《光明报》号外，向苏州人民报道苏州解放的特大喜讯。工人、学生、市民倾城出动，纷纷涌向街头，人们载歌载舞，欢呼"天亮了、解放了"，热烈欢迎解放军的到来。

在解放苏州的战斗中，歼敌一八二师五四四、五四五团近两个连，保安团1个连投降，敌主力东窜昆山。

由于人民解放军以摧枯拉朽之势迅速推进，刚于22日移驻常熟的国民党军三〇八师师部，次日即带领部队向太仓方向撤逃。至23日下午，国民党驻军全部撤离常熟县城，留下一部分保安团部队亦于25日下午全部逃跑。

国民党军政人员逃离常熟城时，工人、学生、店员和工商界人士纷纷行动起来，组织了护厂队、护校队，日夜守护工厂、仓库、学校、邮电、商店等设施，维持社会秩序，防止破坏。在城的秘工人员则设法通知在乡下的武工队尽早入城。各区武工队队员和地下党员迅即行动，散发传单，张贴标语，组织积极分子维持治安。并组织力量收容国民党的溃军残兵，收缴各地自卫队的武器。短短几天里，武工队分别收缴了王市、福山、莫城、杨园、练塘、唐市、横泾、何市、任阳、石牌等地自卫队和警察的枪支。东横区武工队队员和地下党员接受了逃窜至白茆坞丘山的国民党三〇八师1个营的溃军缴械投诚。武工队大队长朱英通过多种关系，教育争取了保安团驻梅李的1个营长率部投诚起义。几天内，武工队就接收国民党投诚残兵540余人，枪支550支，其中机枪12挺。

4月27日早上，梅北、梅南各地的武工队队员、地下党员到梅李镇集中。下午，武工大队队长朱英率部分武工队队员由大东门进入常熟城，在总管庙庙场上受到了各界人士的欢迎。当武工队队员队列整齐、步伐雄健地进入常熟城时，街道两旁挤满了欢迎的人群。

苏常昆太武工队的入城，宣告常熟人民获得了解放。

武工队入城后，组织力量保护工厂、仓库、学校，保持电信畅通，保证电厂正常供电，动员商店恢复正常营业，还在维持社会治安方面做了大量工作。

4月28日晚11时半，中共吴嘉工委书记金佩扬与党员赵安民带领地方武装400余人，从太湖四都村迅速进入吴江县城，关闭城门，保护银行、商店、工厂，维护地方治安，防止敌人破坏。29日上午，中国人民解放军二十九军八十七师二六〇团顺利挺进吴江，从北门入城。当晚，金佩扬、朱帆等地下党领导同志与随军南下接管政权的干部队伍胜利会师。吴江中学、吴江师范的同学们兴高采烈，奔向街头，张贴"拥护共产党、欢迎解放军"的标语。

4月30日，以地下党员为向导，二十九军八十七师二六〇团三营为前锋，进驻水乡古镇同里。5月1日下午，吴江县城各界人民召开庆祝大会，晚上举行火炬游行，人们载歌载舞，欢庆解放。

与此同时，吴江东南各镇也次第解放。4月30日下午，震泽镇民盟成员沈求我到南浔，与中共地下党员商定，派人去湖州迎接解放军。5月2日晚上11时，盛泽附近的苏嘉公路桥被敌炸断，顾锡九部向嘉兴溃退。3日凌晨，解放军七十九师二三七团进驻震泽镇。

5月3日，十兵团第二十八军八十三师侦察营挺进平望镇，平望解放。平望镇人民鸣放爆竹欢迎，大街小巷一片欢腾。

5月4日上午，二十八军八十三师"丹阳支队"由平望地下党员顾其行带路，冒雨徒步进驻黎里镇。黎里群众夹道欢迎，鞭炮声、口号声不断。同日，二十八军八十三师侦察营由盛泽地下党负责人俞双人带路，解放被称为"日出万绸，衣被天下"的盛泽镇。

5月5日，"丹阳支队"在地下党负责人吴关龙陪同下，进驻县境东隅的芦墟镇。二十七军七十九师二三七团先头部队从震泽经严墓、桃源去乌镇、新塍。至此，吴江全境解放。全县大军云集，吴江人民喜气洋洋，运草筹粮，热烈欢迎解放军。

国民党军队的长江防线崩溃之后，在上海近郊布下重兵，准备死守上海。

原驻苏州的国民党一二三军一八二师5 000余人溃退至昆山，在小西门、火车站、马鞍山、青阳港、西巷等地，挖掘战壕，构筑工事，企图苟延残喘，阻滞解放军前进。

5月12日，解放军第三野战军发起上海战役外围战。当晚6时，解放军二十六军按照"水陆并进，迂回包围，断敌后路，一举全歼"的作战方案，以七十八师二三二团、二三三团从昆山以西向县城之敌实施正面攻击，二三四团迂回到县城东北的鸭脚浜等地，切断敌人与嘉定方面的联系。正面战斗发起后，县城守敌未敢抵抗，就弃城沿铁路向东逃窜，并炸毁青阳港铁路大桥，企图逃脱被解放军追歼的命运。七十八师二三二团、二三三团即入城搜剿残敌，二三四团对东逃之敌实施追击。

二十六军七十六师二二六团、二二七团、二二八团，分乘民船400余条，沿吴淞江分别向西巷、陆家浜、青阳港方向迂回，堵住敌人东逃上海的退路。二二六团指挥果断，行动迅速，于当晚10时先期抵达西巷车站东侧，与东逃之敌相遇，歼敌 300 余人。13 日拂晓，该团攻克西巷车站，歼灭、俘虏敌 1 700 余人。二二七、二二八团也分别进抵陆家浜、青阳港一带，歼灭、俘虏东逃之敌 200 余人。至此，战斗结束，昆山宣告解放。人民解放军进入县城，受到人民群众热烈欢迎。

5 月上旬，人民解放军在武工队和群众的协助下，先后解放太仓璜泾全区和沙溪、双凤、浮桥等区的部分乡镇。12 日，十兵团二十八军八十三师二四七、二四八团和华东军区警备第八旅二十二团 1 个营进抵毛家市一线。黄昏，二四八、二四七团分别从东西两面包围太仓县城；八十四师二五二团迂回到太仓城南新丰镇附近，切断沪太公路，阻敌南逃；警备八旅二十二团的 1 个营伴攻太仓北门。战斗打响后，二四八团一营三连首先攻克东门，守敌军心大乱，弃城南逃，二四八团乘胜追击，在南门歼敌一部。二四七团尾追敌人至浏河塘桥，歼敌 600 余人。残敌沿公路朝上海方向逃窜。在新丰镇附近，二五二团将逃敌全歼于野外，俘敌千余人。深夜 11 时，太仓解放。

至此，苏州全境宣告解放。

第九节　人民政权的诞生

1949 年 4 月 30 日，中国人民解放军苏州市军事管制委员会发布第 1 号布告，根据中国人民解放军华东军区司令部、政治部命令，宣告成立苏州市军事管制委员会。军管会为苏州市实行军事管制时期的最高权力机关，由韦国清、叶飞、陈庆先、刘培善、朱绍清、陈美藻、宋季文、惠浴宇、宫维桢、许亚、李干成、林修德等 12 人组成，十兵团政委韦国清任主任。同时，中共苏州市委员会和苏州市人民政府也宣告成立，惠浴宇任市委书记兼市长，林修德任市委副书记，吴明任副市长。苏州市军管会和苏州市人民政府的成立，标志着旧苏州的结束和新苏州的诞生。

早在3月间，中共华中工委即抽调淮阴、淮安、盐阜和胶东等地党政干部组成接管苏州的班子，并在如皋白蒲进行了1个多月的集中学习，确定了"自上而下，按照系统，原封不动，整套接收"的方针，为接管苏州做好了思想和组织准备。

4月29日，苏南行政公署决定：划苏州市及吴县、常熟、昆山、吴江、太仓5县为苏州行政区，成立苏州行政区专员公署，李干成任专员，张维兹任副专员。宫维桢为中共苏州地委书记，许亚为副书记。早在白蒲组建的各县班子，也陆续到职工作。4月27日，吴县县委书记俞臻、副书记刘鑫，到达县机关所在地浒墅关。5月1日，吴县县长傅宗华发布第1号布告，正式宣告吴县人民政府成立，下辖东山、西山、黄埭、浒关、木渎、淞北、淞南、阳澄等8个区。

4月29日晚，吴江县委书记鲁琦带领南下干部一行93人到达吴江，与金佩扬、朱帆等地下党领导同志会师。5月3日，吴江县人民政府发布第1号布告，宣告吴江县人民政府正式成立。鲁琦为中共吴江县委书记，李前、金佩扬为副书记，杨明任吴江县县长，朱帆任副县长。下辖城厢、同里、芦墟、黎里、平望、盛泽、震泽、严墓等8个区。

4月30日，常熟市军事管制委员会宣布成立，主任王治平，副主任孙加诺、李凌。中共常熟县委书记李凌，副书记陈刚、康克。钱伯荪任常熟县县长，韩培信任副县长。

由李聚茂、刘同温、吕功臣、史机恕、荣木棠、冷作述、刘振东等7人组成的中共昆山县委员会于4月底抵达昆山正仪,设立办事机构,张贴安民布告。5月13日拂晓,人民解放军解放昆山。当天,县委、县政府进入县城,县长刘同温出示布告,宣布昆山县人民政府正式成立。

5月上旬,中共太仓县委和太仓县人民政府驻沙溪办公。5月12日深夜,太仓解放。13日上午,县委、县政府进驻县城。李铭堂为中共太仓县委代理书记,王一峰为副书记;浦太福任太仓县县长,王杰任副县长。

至此,苏州地区及所属各县新政权宣告全部诞生。

解放战争,前后只短短3年时间。解放军凭着"小米加步枪",打败了由美国支持的几百万国民党军队,开创了中外战争史上以小胜大、以弱胜强的奇迹。以毛泽东为首的中共中央领导人,敢于斗争,善于斗争,充分表现了无产阶级革命家、战略家的雄才大略和革命胆识。在战争中,胸中自有雄兵百万,屡出奇招而节节取胜,其驾驭战场的能力和指挥战争的艺术,达到了出神入化、炉火纯青的地步。用"运筹帷幄之中,决胜千里之外"来形容一点也不过分。马克思主义与中国革命实践相结合的产物——毛泽东思想闪耀出灿烂的光芒。

在这场革命斗争中,苏州农村地下党领导的少量武工人员牵制了像青年军二〇二师那样的国民党精锐之师。在强敌面前,在长期无眠无休、忍饥挨饿、日晒雨淋、风餐露宿、常人难以忍受的情况下,在反复"清剿"、搜捕、告密,内部不断有人叛变,随时随地可能遭受杀害的险恶环境中,共产党人凭着坚定的信念和意志,坚持进行艰苦卓绝的反"清剿"斗争。他们这种处处以人民利益为重、舍生忘死、无私无畏、百折不挠、前赴后继的革命精神,不能不令人肃然起敬。他们的功绩将永垂青史，鼓舞人们去战胜一切困难，夺取胜利。

城市地下党领导的工人斗争和学生运动高潮迭起、频频取胜，而自身没有受到什么损失，且队伍不断发展壮大。坚决执行隐蔽立足的方针，严守地下工作的纪律，从实际出发机智灵活地开展斗争，是取胜的根本原因。他们坚持以合法身份出现，通过吴县总工会及所属基层工会和大、中学校学生会及进步社团进行工作，组织斗争，而绝不暴露党组织和党员的身份。他们始终生活在群众之中，同群众打成一片，熟知群众的思想脉搏，坚定不移地代表群众的利益，得到群众的由衷拥护和爱戴，保证了他们长期隐蔽而不致暴露。他们多谋善断，随时随地掌握斗争火候，机智灵活地调整斗争策略，不提过激口号，不硬拼硬斗，不做无谓牺牲，有理、有利、有节，适可而止。他们广交朋友，团结一切可以团结的力量，知己知彼，一遇险情，处置果断，毫不犹豫地将遇险同志转移。他们的成功是来之不易的，取得的经验是极其宝贵的。正是由于他们凭借自己坚定的革命信念和聪明才智，最终将苏州这座跨越2 000多年时空的历史文化名城完好地交还到人民手中，为革命做出了不可磨灭的贡献。

结　语

从1919年"五四"运动到1949年中华人民共和国成立，历时30年。从1921年中国共产党诞生，到中华人民共和国成立，则有28年。无论是30年还是28年，在历史的长河中只是一瞬间。可是，就在这一瞬间，中国发生了翻天覆地的变化。奴役中国人民长达2 000多年的封建势力，100多年的帝国主义势力，20多年的官僚资本主义势力，被统统地打倒了，历来受剥削、受压迫的广大劳动群众成了国家和社会的主人；大地主、大资产阶级的封建专制统治变成了以工人阶级为领导的人民民主专政的国家政权；中国工人阶级的先锋队组织——中国共产党，从无到有、由小到大，成为中国人民的领导核心，成为执政党；中国人民接受共产党的领导，走上了由新民主主义到社会主义的道路。

这种翻天覆地的变化，意味着被人耻笑为"一盘散沙""东亚病夫"的中国人民从此站起来了，掌握了自己的命运，团结凝聚成了一股不可战胜的力量；意味着以前贫穷落后的中国将从此迈步走向日益繁荣昌盛的新中国；意味着中华民族任人宰割凌辱的历史一去不复返，强盛的中华人民共和国必将屹立于世界民族之林；意味着国际力量对比发生重大变化，推动了民族解放斗争在全球蓬勃兴起。

苏州人民和全国人民一样，从此挺起胸膛，扬眉吐气，成了新中国的主人。

然而，这种巨变并不是一帆风顺的，是在不断探索中前进并经过无数艰难曲折之后才取得的，是来之不易的。从苏州来说，在土地革命时期国民党"围剿"和党内"左"倾冒险主义路线影响下，在抗战时期日伪进行灭绝人性的"清乡"中，在解放战争时期国民党反动派实施的"清剿"中，革命力量受到了很大损失。无数革命前辈为之呕心沥血，赴汤蹈火；无数革命先烈为之前仆后继，英勇牺牲，方才换来了新民主主义革命的伟大胜利，迎来了人民共和国的诞生。

是什么力量使得在如此艰难困苦、险象环生中的中国革命历万劫而不覆，挽狂澜于既倒，最终取得胜利的呢？是伟大、光荣、正确的中国共产党，是战无不胜的马克思列宁主义、毛泽东思想，是亿万真心拥护革命的人民群众。诚如毛泽东所指出的那样："一个有纪律的、有马克思列宁主义的理论武装的、采取自我批评方法的、联系人民群众的党。一个由这样的党领导的军队。一个由这样的党领导的各革命阶级各革命派别的统一战线。这三件是我们战胜敌人的主要武器。"

纵观这20多年，苏州地方党组织及其领导的革命斗争，具有以下特点：

一、各个时期的党组织是坚强的，具有战斗力的；是比较注意结合当时当地实际贯彻执行党中央的路线、方针、政策，创造性地开展工作的；也是比较注意总结吸取经验教训，注重斗争策略，讲究斗争艺术，不断提高斗争水平的。从而保证了苏州的革命斗争在严重的白色恐怖和险恶环境中，在党内右的、"左"的错误路线干扰下，尽量避免和减少了损失，推动各个时期的工作向前发展，党组织自身得到锻炼和壮大。

二、由于政治、经济、社会、地理等多方面原因，各个时期的阶级矛盾、民族矛盾错综复杂，斗争极其激烈、残酷。但由于党组织充分相信群众，大力发动群众，紧紧依靠群众，一切以人民群众的利益为出发点和归宿，团结一切可以团结的力量，注意把斗争矛头指向最主要的敌人，从而屡屡化险为夷、转危为安，终于取得了一个又一个的胜利。

三、党组织处处从革命大局出发，立足地方，着眼全局。在历次革命斗争中，尤其是在抗日战争和解放战争中，不断从人力、物力、财力诸方面支援全局，为赢得全局的主动和胜利做出了贡献。

四、在长期革命斗争实践中，不仅取得了以完好保存苏州这座历史文化名城为标志的物质成果，而且积累了丰富的斗争经验，造就了大批人才，形成了理论联系实际、密切联系群众、勇于批评和自我批评，以及无私无畏、不怕牺牲，英勇顽强、艰苦奋斗，勇于实践、敢于创新等优良革命传统，留下了十分宝贵的精神财富。这一切，不仅对于赢得当时革命斗争的胜利，而且对于中华人民共和国成立后的经济恢复和发展，对于建设中国特色社会主义和实现中华民族伟大复兴的宏伟目标，对于增强我们党的拒腐防变、抵御风险的能力，以及提高执政和领导水平，都具有极其重要的意义。

我们一定要十分珍惜革命先辈用鲜血换来的革命胜利成果，牢记历史的经验教训，继承和发扬革命优良传统，坚定不移地沿着革命先辈开辟的航向，不断开创新的业绩，夺取新的胜利。

历史以无可辩驳的事实证明：没有共产党，就没有新中国，也就没有新苏州。苏州人民在中国共产党领导下，取得了新民主主义革命的伟大胜利；也必将在中国共产党领导下，夺取建设中国特色社会主义的辉煌胜利。